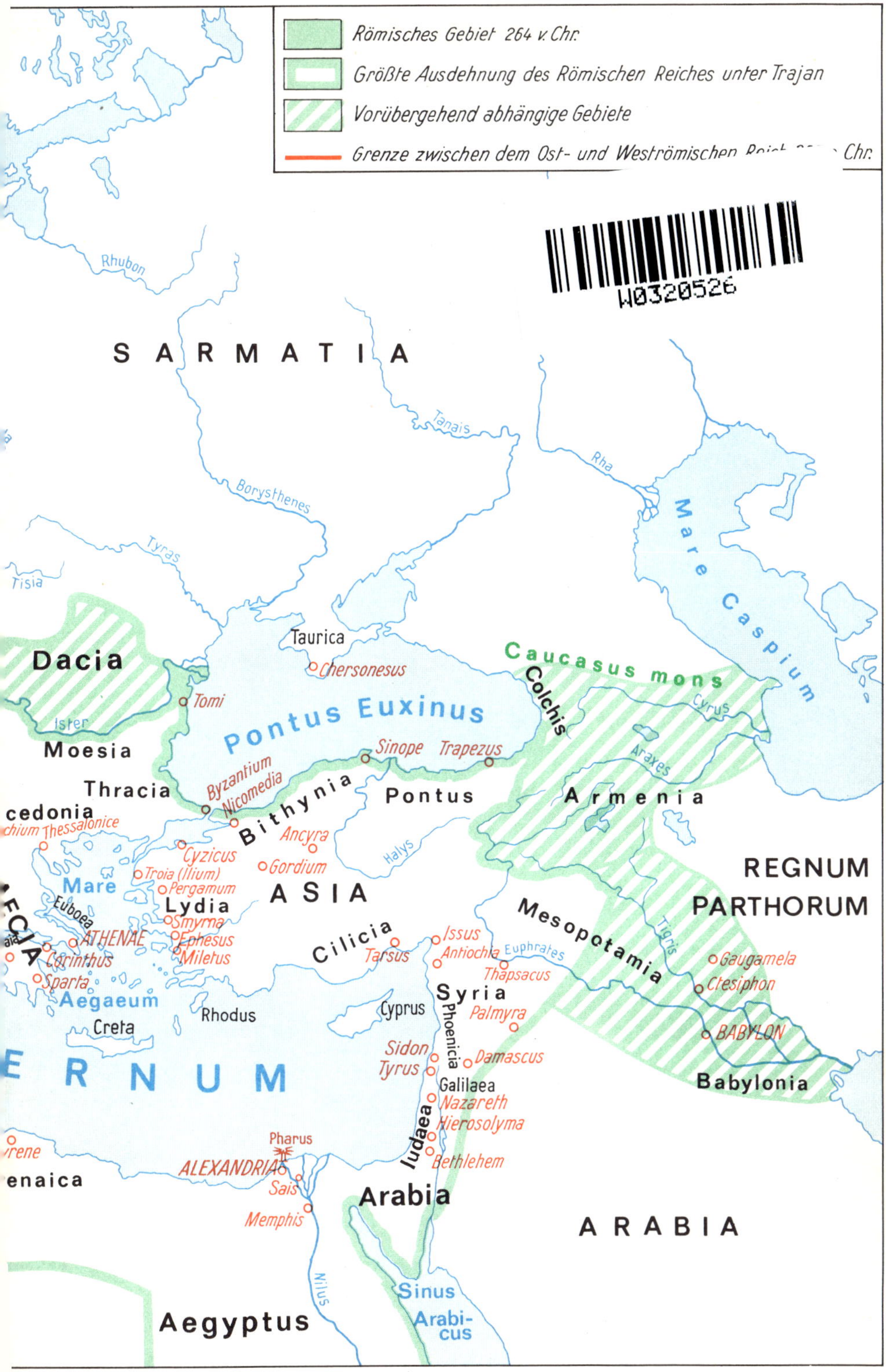

Römisches Gebiet 264 v. Chr.
Größte Ausdehnung des Römischen Reiches unter Trajan
Vorübergehend abhängige Gebiete
Grenze zwischen dem Ost- und Weströmischen Reich ... Chr.
SARMATIA
Rhubon
Tanais
Rha
Borysthenes
Tyras
Tisia
Mare Caspium
Taurica
Chersonesus
Dacia
Caucasus mons
Colchis
Cyrus
Tomi
Pontus Euxinus
Ister
Moesia
Sinope
Trapezus
Araxes
Thracia
Byzantium
Nicomedia
Bithynia
Pontus
Armenia
Thessalonice
Ancyra
Halys
Cyzicus
Gordium
REGNUM PARTHORUM
Troia (Ilium)
Mare
Pergamum
ASIA
Lydia
Euboea
Smyrna
Mesopotamia
ATHENAE
Ephesus
Cilicia
Issus
Corinthus
Miletus
Tarsus
Antiochia
Euphrates
Tigris
Gaugamela
Sparta
Thapsacus
Ctesiphon
Aegaeum
Syria
Rhodus
Cyprus
Palmyra
Creta
Phoenicia
BABYLON
Sidon
Tyrus
Damascus
ERNUM
Galilaea
Babylonia
Nazareth
Iudaea
Hierosolyma
Pharus
Bethlehem
ALEXANDRIA
Sais
Arabia
ARABIA
Memphis
Nilus
Sinus Arabicus
Aegyptus

LATEINISCHES UNTERRICHTSWERK

LATEINISCHES UNTERRICHTSWERK

HERAUSGEGEBEN VON MAX KRÜGER†

LATEINISCHES ÜBUNGSBUCH

Ausgabe A: Zweite Fremdsprache

ERSTER TEIL

Neubearbeitet von

HANS-JÜRGEN HILLEN
und
HERIBERT MEURER

VERLAG MORITZ DIESTERWEG

FRANKFURT AM MAIN · BERLIN · MÜNCHEN

Genehmigt für den Gebrauch in Schulen. Genehmigungsdaten teilt der Verlag auf Anfrage mit.

ISBN 3-425-06827-X

10. Auflage 1972

Druck und Bindearbeiten: Union Druckerei GmbH Stuttgart
Karten: Rudi Hubert, Berlin

VORWORT ZUR ERSTEN AUFLAGE

Die Aufgabe des lateinischen Elementarunterrichts ist die Vorbereitung auf ein verständnisvolles Lesen der lateinischen Schriftsteller, die Grundlage dafür die sichere Kenntnis der wichtigsten sprachlichen Erscheinungen und der Besitz eines angemessenen Wortschatzes.

Da im Leben der Sprache die Wörter als sprachlicher Ausdruck für psychologische Einzelvorstellungen im allgemeinen nicht vereinzelt auftreten, sondern durch die Sprachform des Satzes zu einer Gesamtvorstellung verbunden sind, so geht die Methode des lateinischen Elementarunterrichts vom lateinischen Satz aus. Induktiv wird von ihm aus durch Beobachtung der Einzelerscheinungen und Vergleich mit der Muttersprache der Einblick in den Aufbau der Sprache gewonnen.

Die Darbietung erfolgt aus psychologischen Gründen fast von Anfang an in kleinen, allmählich umfangreicher werdenden sinnvollen Zusammenhängen mit möglichst enger Anlehnung an Originalstücke. Um zu vermeiden, daß der Gang der Lektüre durch die Erarbeitung der grammatischen Tatsachen fortwährend unterbrochen und der Schüler in stetem Wechsel vom Inhalt zur sprachlichen Form hin und her gerissen wird, empfiehlt sich die Isolierung der sprachlichen Erscheinungen.

Das vorliegende Übungsbuch geht daher folgenden Weg: es versucht in den *a-Stücken* zur Einzelbeobachtung und Einübung einen sorgfältigen und konsequenten grammatischen Aufbau und gibt in den *b-Stücken* den wachsenden sprachlichen Kenntnissen angepaßte Lesestücke. Bei den letzten wird eine Aufhellung sprachlicher Erscheinungen nicht mehr vonnöten sein und der Gang der Lektüre im allgemeinen ohne Unterbrechung durch die Erklärung grammatischer Einzelheiten fortschreiten können.

Der lateinische Elementarunterricht erfüllt seinen Zweck nur dann, wenn er den Schüler zugleich mit der Sprache in die Welt des Altertums einführt, ihm eine erste Vorstellung von dem Leben und der Bedeutung der Antike vermittelt und durch eine erste Schau Ehrfurcht vor der Leistung der antiken Kultur erweckt. Wir halten dies Streben für eine Pflicht gegen die lateinlernenden Schüler. Viele von ihnen führt ihr späterer Bildungsweg nicht zur griechischen Sprache, sie gilt es von allem Anfang an nicht von der Welt des Griechentums auszuschließen. Dies ist die Welt, an der der Römer sich „gebildet" hat; dies die Welt, die unsere eigenen Dichter, Denker und Künstler erlebt haben. In sie wollen wir durch das Tor der lateinischen Sprache mit unserem Übungsbuche eintreten, in dessen zweitem Teile wir dann auch zu den Römern als den primi Graecorum discipuli das rechte Verhältnis finden werden.

Wir sind uns dessen durchaus bewußt, wie wenig es ist, was wir von dem großen Reichtum der Antike in unsern Lesestücken mit den noch geringen sprachlichen Mitteln zu bieten vermögen; um so mehr gilt hier, daß der Lehrer den Funken zur Flamme schüre und aus dem Schatze seines Wissens im Zusammenhange mit den Lesestücken alles erzähle und alles an Anschauungsmaterial zur Vertiefung heranziehe, was er für seine Klasse als geeignet ansieht. Dem gleichen Zwecke mögen auch unsere *Abbildungen* dienen, die nicht die einzelnen Lesestücke erläutern wollen, sondern im Einklang mit dem Gesamtinhalt der Stücke die Grundlage für eine erste bildmäßige Erfassung der Antike zu schaffen versuchen.

Der grammatische Stoff wird vor allem in den a-Stücken mit reichlichen Beispielen schrittweise aufgebaut. Dem vorliegenden ersten Teil des Übungsbuches fällt die Aufgabe zu, gründliche sprachliche Kenntnisse vor allem in der sogenannten regelmäßigen Formenlehre zu vermitteln, gleichzeitig aber auch eine Einführung in die wichtigsten syntaktischen Erscheinungen zu geben in immer neuer und sich allmählich erweiternder Behandlung, unter Berücksichtigung der stilistischen Ausdrucksformen des Deutschen im Vergleich zum Lateinischen, und zwar immer im Hinblick auf die spätere Lektüre, zur Erzielung einer guten, stilistisch einwandfreien deutschen Übersetzung. Durch die Anordnung des Stoffes mit der gleichzeitigen Behandlung der einzelnen Kasus in der o- und a-Deklination, sowie der a- und e-Konjugation wird bereits von Anbeginn eine allzu flächenhafte Behandlung der Formenlehre vermieden und eine stärker in die Tiefe sprachwissenschaftlicher Betrachtung dringende und die Gesetzmäßigkeit des sprachlichen Aufbaus in den Gesichtskreis zwingende Art der Behandlung erreicht, die erfahrungsgemäß nicht verwirrend, sondern klärend wirkt. Die möglichst frühzeitige Behandlung und Einübung ungewohnter Konstruktionen, wie des a. c. i. oder des Partizips, dürfte allen zu einem frühzeitigen Lektürebeginn hinstrebenden Praktikern erwünscht sein, da bei einem Beginn des lateinischen Unterrichts im 7. Schuljahre kaum mehr als zwei Jahre für den sprachlichen Einführungskursus zur Verfügung stehen. Das Tempo wird bei einem Beginn im 5. Schuljahre (auf dem Gymnasium der alten Form) naturgemäß langsamer sein müssen, bei nur vierjährigem Lateinunterricht kann es infolge der größeren Reife der Schüler beschleunigt werden.

Die Benutzung der *Grammatik* soll möglichst früh erfolgen, damit der Schüler sich an sie gewöhne und beizeiten lerne, sie auch als Nachschlagewerk für alle sprachlichen Fragen zu benutzen. Jedoch dürfte am Anfang für die Erlernung der syntaktischen und stilistischen Besonderheiten die zusammenhängende systematische Darstellung der Grammatik nicht am Platze sein; diesem Zwecke dienen vielmehr die *syntaktischen Musterbeispiele*, die jeweils an das Ende der einzelnen Vokabelstücke gestellt und zur besseren Benutzung bei Wiederholungen und Zusammenstellungen durchlaufend numeriert sind. Sie bedeuten eine fruchtbare Vorarbeit für die spätere systematische Behandlung im Anschluß an die Lektüre und mit der Sprachlehre.

Nach der induktiven Behandlung des einzelnen lateinischen Übungsstückes werden die neuen Formen oder sprachlichen Erscheinungen eingeübt. Der Lehrer hat hier völlig freie Hand, zu tun, was er für erforderlich, zu lassen, was er für entbehrlich hält. Die *Übungen* beabsichtigen nicht, den erfahrenen Praktiker zu gängeln, wohl aber, dem noch unerfahrenen Kollegen oder Neulehrer einen Weg zu zeigen, den er einschlagen könnte. Daß ein aufgelockerter, frei gestaltender Unterricht schon vom lateinischen Lesestück aus auf mancherlei Weise (durch Hör- und Leseübungen, Frage und Antwort in lateinischer Sprache, Umformung, Nacherzählung und dergleichen mehr) eine Einprägung und ausreichende Beherrschung des grammatischen Stoffes erreichen kann, wird niemand bezweifeln. – Die Übungen versuchen, überwiegend von der Fremdsprache aus, auf mannigfaltige Arten den Schüler zu selbständiger Arbeit anzuregen: durch das Bestimmen von Formen, besonders ähnlich klingenden und mehrdeutigen, durch Einsetzübungen, Änderungen der Person, der Zeitstufe usw., Aufgaben, die zum Teil auch für schriftliche häusliche Übungsarbeiten zu verwerten sind. Doch möge davor gewarnt werden, jede der gestellten Aufgaben bedenkenlos ohne Vorbereitung von dem Schüler zu verlangen. Vieles, wie namentlich Umformungen syntaktischer oder stilistischer Art, Anleitungen zum Übersetzen lateinischer Sätze, Aufgaben zur Wortbildungslehre und ähnliche, dürften nur nach sorgfältiger vorbereitender Denkarbeit in der Klasse zu bewältigen sein. Der Fähigkeit des Lehrers, das Leistungsvermögen seiner Schüler richtig abzuschätzen, muß hier einiges zugemutet werden.

Auch wird der Schüler nicht alle *deutschen Sätze* ohne Vorbereitung in der Arbeit der Klasse ins Lateinische übersetzen können. Manche Schwierigkeit wird zuvor aus dem Wege geräumt werden müssen. Die Übersetzung der deutschen Sätze würde ihren Zweck verfehlen, wenn sie nichts wäre als ein weiteres Mittel der Einübung des Sprachstoffes unter Verzicht auf eine wichtige, aber schwierige und daher vorzugsweise in Gesamtarbeit der Klasse zu leistende Seite sprachlicher Bildung, die Begriffsschulung.

Der Einübung eines angemessenen Wortschatzes dient zunächst nur das *Vokabelverzeichnis*. Die im Rahmen des Unterrichtswerkes erscheinende Wortkunde ist erst später zu benutzen. Das Vokabelverzeichnis gibt zur Erleichterung der nachschaffenden Arbeit des Schülers bei der Wiederholung der lateinischen Lesestücke die Wörter in der Reihenfolge, wie sie im Zusammenhang des Stückes auftreten. Die Längen der Vokale werden bezeichnet, um die Schüler von Anfang an zu einer guten Aussprache zu erziehen. Die Zahl der angegebenen deutschen Bedeutungen wird nach Möglichkeit beschränkt, fast immer wird die Grundbedeutung zuerst gegeben. Auf verwandte Wörter, die bereits erlernt sind, wird unter Angabe der Nummer des Lesestückes verwiesen. Um die Selbsttätigkeit des Schülers zu wecken und den Lehrer nicht einzuengen, haben wir davon abgesehen, deutsche Lehn- oder Fremdwörter anzuführen. Aus dem gleichen Grunde ist auch verzichtet auf Zusammenstellungen zur Wiederholung, etwa nach Wort- oder Sachgruppen, stamm- und begriffsverwandten Wörtern, formähnlichen Wörtern oder solchen von gegensätzlicher Bedeutung. Solche Übungen, die durchaus nötig sind zur tieferen Einsicht in die Sprache und Durchdringung des Wortschatzes, sollen unter Anleitung und mit Hilfe des Lehrers im Unterricht oder auch in häuslicher Arbeit von den Schülern selbst vorgenommen werden. Anregungen dazu geben die Übungen an vielen Stellen, ohne den Lehrer irgendwie einengen zu wollen. Der Wortschatz ist im Hinblick auf die künftige Lektüre sorgfältig ausgewählt.

Berlin, 1952

Im Auftrag der Arbeitsgemeinschaft: *Dr. Max Krüger*

In der vorliegenden Neubearbeitung haben wir uns darum bemüht, die methodischen Prinzipien des bewährten Übungsbuches von Dr. Max Krüger auf Grund der Fortschritte der modernen Sprachwissenschaft und der Forderungen der Unterrichtspraxis weiterzuentwickeln.

Um parallele Erscheinungen zusammenzufassen oder charakteristische Unterschiede (z. B. Adverb – Prädikativum; erfüllbarer Wunsch – unerfüllbarer Wunsch) gegenüberzustellen, haben wir einige stoffliche Umgruppierungen vorgenommen.

Die lateinischen *Übungsstücke* sind nunmehr in kleinere Abschnitte – entsprechend dem Stoff der Lektion – aufgeteilt, die auch der Schüler leicht überschauen kann. Überall haben wir darauf geachtet – zum Teil durch zusammenhängende Sätze auch schon in den Übungsstücken –, daß die sprachlichen Erscheinungen aus dem jeweiligen Zusammenhang heraus verständlich werden.

Die neuen syntaktischen und stilistischen Erscheinungen jedes Stückes werden wie bisher in *Musterbeispielen* im Anschluß an die Vokabeln zusammengestellt.

Auf Wunsch vieler Kollegen erscheint zum Übungsbuch ein knapper *grammatischer Anhang*, der in einfacher Form den Lernstoff des ersten Bandes enthält. Daß der Schüler daneben möglichst früh an die Benutzung einer größeren Grammatik[1] gewöhnt werden sollte, ist bereits oben gesagt (S. VI).

Die *Lesestücke* sind im engen Anschluß an die Quellen überarbeitet worden. Wie bisher ist der erste Band der griechischen Welt vorbehalten; daneben wird auf den Einfluß der Griechen für die Entwicklung des Römertums[2] hingewiesen.

Wegen der großen Bedeutung der unmittelbaren Begegnung mit der Antike in ihren Kunstwerken wurde auf den *Bildschmuck* größter Wert gelegt. Ein Teil der Abbildungen erscheint jetzt auf besonderen Tafeln; kurze Erläuterungen zu den Bildern finden sich am Ende des Buches.

Von den ersten Lektionen an werden nach den Lesestücken *Sprüche, Sentenzen und einprägsame Formulierungen aus dem Schrifttum* geboten.

In den Übungsstücken 1–16 sind die Längen der Vokale bezeichnet, um die Schüler zum korrekten Lesen anzuleiten; in den zugehörigen Lesestücken sollen sie dann lernen, auch ohne diese Hilfe richtig zu lesen. So werden sie ab Stück 17 imstande sein, auf diese Hilfe ganz zu verzichten.

Die *Übungen* sind durchweg so gestaltet, daß sie schon vor den Lesestücken zum Einüben, Vertiefen, Zusammenfassen und Wiederholen des grammatischen Stoffes herangezogen werden können. Die deutsch-lateinischen Übersetzungsübungen (b) sollen die sprachlichen Kenntnisse festigen; in ihnen werden Stoff und Vokabeln der Lesestücke vorausgesetzt.

Das Lernen der *Vokabeln* soll durch die reichlich gegebenen Hinweise auf ver-

[1] Lateinische Grammatik von Dr. Hans-Jürgen Hillen (Diesterweg 6834) oder Lateinische Kurzgrammatik von Curt Haussig, Dr. Paul Troll und Wilfried Stosch (Diesterweg 6835).

[2] Vgl. die Textsammlung GENS CORNELIA von Dr. Max Krüger (Diesterweg 4342) und den Lehrerkommentar dazu von Dr. Bruno Prehn (Diesterweg 4332).

wandte Wörter erleichtert werden. Dazu kommen zahlreiche wortkundliche Übungen innerhalb des Übungsteiles, in denen vor allem die Wortbildungslehre berücksichtigt wird. Alle wichtigen Erscheinungen der Wortbildungslehre sollen bis zum Beginn der Lektüre den Schülern bekannt werden. – Wegen der einschneidenden Beschränkung des Lateinunterrichts und der größeren Lernfreudigkeit der Schüler im frühen Alter erscheint ein erheblicher Teil der Stammformen jetzt schon im ersten Band.

Im Wörterverzeichnis und zu einer Reihe von wortkundlichen Übungen werden *englische Parallelen* gegeben, vereinzelt auch bei syntaktischen Übungen. Auf der einen Seite erhält der Schüler so eine Hilfe durch das, was er bereits aus dem Englischunterricht kennt; andererseits wird ihm die Nachwirkung des Lateinischen im englischen Bereich bewußt. Diese Teile des Buches sind von Herrn Dr. Eugen Ewald (Mönchengladbach) bearbeitet worden, dem wir auch an dieser Stelle herzlich danken möchten.

Wertvolle Hilfe erfuhren wir durch viele Zuschriften und Gutachten von Fachkollegen. Unser Dank gilt vor allem Frau Dr. Holl (Berlin) und Frau Wiechmann (Hamburg) sowie den Herren Dr. Ahrens (Oldenburg), Dr. Atzrott (Fischbeck bei Hameln), Dr. Holtorf † (Hamburg-Lokstedt), Dr. Knoke (Osnabrück), Dr. Schwamborn (Köln) und Dr. Neumann (Bad Bramstedt), der freundlicherweise seine Hilfe auch bei der Korrektur zur Verfügung stellte. Herr Oberstudiendirektor Dr. Krüger (Berlin) und Herr Studienrat Haussig (Berlin) haben unsere Arbeit mit herzlicher Anteilnahme begleitet und aus ihrer reichen Erfahrung und ihrem großen Wissen heraus uns immer wieder gern ihren Rat erteilt; ihnen gilt darum unser größter Dank.

Rheydt	30. März 1961	Neuß
Heribert Meurer		*Dr. Hans-Jürgen Hillen*

ÜBERSICHT ÜBER DIE LATEINISCHEN ÜBUNGS- UND LESESTÜCKE

Stck.	Formenlehre	Satzlehre	Inhalt der Lesestücke
1	Wörter auf -us, -a, -um: I Geschlecht, Artikel, Schreibung, Betonung II Eigennamen III gramm. Geschlecht	—	Von Rom und den Römern
2	Wörter auf -us, -a, -um: Nom. Sg. und Plur. est, sunt	Subjekt nominales Prädikat adjekt. Attribut Wortstellung	—
3	a- und e-Konj.: I 3. Sg. u. Pl. Präs. Akt. II Inf. Präs. Akt. – esse	I verb. Präd. II Inf. als Subj. u. Obj. I–III Wortstellung	ERRARE HVMANVM EST
4	Wörter auf -us, -a, -um: I Akk. Sg. u. Pl.	I Akk.-Objekt Verbindung von Akk. und Inf. II Aufzählung III Fragesätze mit -ne IV per	MARCVS AVVM VISITAT
5	natürliches Geschlecht Städte u. Inseln auf -us	Apposition apud	APVD NAVTAS
6	esse, a- u. e-Konj.: I 3. Sg. u. Pl. Impf. Akt. Wörter auf -us, -a, -um: II Abl. Sg. u. Pl. IV Plurale tantum	II Abl. instr. III de	DE GRAECIA
7	—	in b. Akk. u. Abl. freie Übersetzung von esse	DE INSVLA SICILIA
8	esse, a- u. e-Konj.: I 3. Sg. u. Pl. Fut. I Akt. Wörter auf -us, -a, -um: II Gen. Sg. u. Pl.	II Gen.-Attr. III Gen. part.	LITTERAE SVNT DIVITIAE
9	a- u. e-Konj., esse: I Imperativ Wörter auf -us, -a, -um: I Vokativ II Dativ Sg. u. Pl.	II Dat. Obj. III suus IV prope, contra	DE DIONYSIO TYRANNO
10	o-Dekl.: I Wörter auf -r	II ad, cum III erweitertes Attr. IV dopp. Akk. b. appellare	DE VITA PVERORVM ROMANORVM
11	a- u. e-Konj., esse: Präs., Impf., Fut. I Akt.	—	DE PATRIA LITTERARVM
12	—	I–IV a.c.i. als Objekt IV doppelte Negation V Akk. der zeitlichen Ausdehnung	DE EVROPA
13	a- u. e-Konj., esse: I Perf. Akt. II Plusqu. Akt. III Inf. Perf. Akt.	I Unterschied zwischen Impf. und Perf. IV a.c.i. als Subjekt	DE DAEDALO ET ICARO

Stck.	Formenlehre	Satzlehre	Inhalt der Lesestücke
14	I Personalpron. III Cardinalia und Ordinalia: 1–10	II a(b) III Abl. temp.	—
15	a- und e-Konj.: I–III Ind. Perf. u. Plusqu. Pass. IV Inf. Perf. Pass. V Part. Perf. Pass.	I a(b) beim Pass. V erweitertes Part. VI inter	DE TRIBVTO DVRO
16	a- und e-Konj.: I Präs., Impf., Fut. I Pass. II Inf. Präs. Pass.	III e(x), sine abl. sep.	DE THESEO ET ARIADNA
17	a- und e-Konj., esse: I Konj. Präs. u. Impf. VI griech. Eigennamen auf -as und -es	I Konj. als Wunschmodus; erfüllbarer und unerfüllbarer Wunsch für die Gegenwart II Konj. d. Aufforderung III abh. Begehrssätze cons. temp. IV Unterschied zwischen a. c. i. und Begehrssatz V Finalsätze; cons. temp.	DE FVGA AENEAE
18	a- und e-Konj., esse: I–II Konj. Perf. u. Plusqu.	I erfüllbarer und unerfüllbarer Wunsch für die Vergangenheit II Kausalsätze cons. temp. (Forts.) III Temporalsätze mit cum IV Dativ des Besitzers V Abl.limitationis	DE NIOBA
19	a- und e-Konj., esse: I Futur II	Konditionalsätze: I sog. realer Fall II irrealer Fall III Konzessivsätze IV dopp. Nom. bei appellari u. vocari	PER ASPERA AD ASTRA
20	I e-Deklination V Komposita von esse	II Gen. subi. u. obi. III collocare in m. Abl. IV Abl. modi VI ante, post, pro	—
21	I Relativpronomen II attr. (adj.) Interrogativpronomen III prodesse IV posse	I Relativsätze	DE REBVS DIVINIS
22	u-Deklination: I masc.; II fem.; III neutr.	IV postquam V praeter	DE CORINTHO ANTIQVA
23	Konsonantische Deklination: I–VI Dauerlautstämme auf -r, -l und -s	VII Konsekutivsätze	DE SERVIS
24	I–IV Kons. Dekl.: Verschlußlautstämme	—	DE AETATE AVREA

Stck.	Formenlehre	Satzlehre	Inhalt der Lesestücke
	V–VIII Kons. Konj.: Ind. Präs. und Impf., Imperativ und Inf. Präs.		
25	I Kons. Konj.: Fut. I, Konj. Präs. u. Impf.	II neve	—
26	I–IV is, ea, id	I Pron. der 3. Pers. reflex. u. nicht-reflex. Verhältnis II is, ea, id im a. c. i. III demonstrativer Gebrauch von is, ea, id IV is, qui V propter, ob	DE IPHIGENIA
27	—	Übersetzungsmöglichkeiten des Partizips	DE EQVO TROIANO
28	I idem II ipse III Adverb	I idem atque (ac, qui) II Gebrauch von ipse III Gebrauch des Adverbs	DE VLIXE
29	I–II Kons. Dekl.: Dauerlautstämme auf -n III nemo, nihil IV Personalpron.: Gen. part.	III nisi nach nemo und nihil IV Gen. part. (Forts.) V Abl. causae VI sub	DE ALEXANDRO MAGNO
30	I–V Kons. Konj.: Stammformen VI Kons. Dekl.: Adjektive	—	DE ARISTIDE
31	Adjektive der o/a-Dekl.: I-III regelm. Komparation IV unregelm. Komparation V Adverb: Komparation	I quam nach Komparativ II Abl. compar. VI dopp. Akk. u. Nom. bei putare und iudicare	DE CROESO, REGE LYDORVM
32	I-II Pronominaladjektive III hic, ille	II Prädikativum III ponere in m. Abl.	DE SOLONE
33	i-Deklination: I Feminina II Fluß- und Städtenamen III Neutra IV–VI e-Konj.: Stammformen	III Abl. locativus	—
34	gemischte Deklination	—	DE VRBE ATHENIS
35	i-Dekl.: Adjektive	—	—
36	Adjektive der i-Dekl.: I-II Komparation IV Adverb Adjektive der kons. Dekl.: III Komparation	—	DE MVRE VRBANO ET DE MVRE RVSTICO
37	i-Konjugation: I Aktiv II Passiv	III in mit Akk. bei advenire und convenire IV Dat. fin.	DE ANTIGONA
38	Part. Präs. Akt.	Part. der Gleichzeitigkeit	DE ORPHEO ET EVRYDICA
39	I Cardinalia II Ordinalia	I Gen. part. bei milia III prae	—

ÜBERSICHT ÜBER DIE GRAMMATIK-PARAGRAPHEN ZU DEN EINZELNEN STÜCKEN

Hillen = Lateinische Grammatik von Dr. Hans-Jürgen Hillen (Diesterweg 6834)
Haussig = Lateinische Kurzgrammatik von Curt Haussig, Dr. Paul Troll und Wilfried Stosch (Diesterweg 6835)
Anhang = Grammatischer Anhang zur Neuausgabe des Lateinischen Übungsbuches A, Band I (Diesterweg 6842)

Stck.	FORMENLEHRE			SATZLEHRE		
	Hillen	Haussig	Anhang	Hillen	Haussig	Anhang
1	16c; 20; 24; 14; 2; 5	10.1.2.3.14	1.2.3	—	—	—
2	19; 23a/b; 113a; 222a	10.11.35	1.2.10.28	359a; 358d–f; 369a; 381; 383a; 384a/b; 388a; 406b/c; 407c/d	47.48.50	—
3	205; 207a; 222d	32.35	24.27.28	358b; 381; 268; 270b; 406b, d, e	47.48.92	—
4	19; 23a/b; 113a	10.11	1.2.10	78a; 272a; 294b; 354b; 133	49.93.108. 87	32.35
5	16d; 20A.; 24A. 1	14.15	3	370a; 389; 133	50.87	35
6	205; 222a; 19; 23a/b; 113a; 17c	35.32.10.11. 17	24.28.1.2	97a; 134	78.88	34.35
7	—	—	—	135	89	35
8	205; 222a; 19; 23a/b; 113a	35.32.10.11	24.28.1.2	52a; 371; 64	50.60	30
9	205; 222a; 19; 23a/b; 113a	35.32 10.11.17	24.28.1.2	110; 68a/b; 142; 144a; 133	49.23.87	31.35
10	23c; 113b	12.23	2	133; 134; 407h; 365c	87.88.72	35.33
11	203; 205; 222a	35.32	24.28	—	—	—
12	—	—	—	272b; 273; 274a; 87	94.70	36.32
13	200,1.2; 206; 207a; 222c/d	35.32	26.27.28	245a/b; 246a–c; 275	105.94	36
14	138; 140a, c; 189; 190a–d; 191a, f	22.29	16.23	134; 107a	88.77	35.34
15	201a–c; 206; 207a/b	32	26.27	94; 407h; 133	78.98.87	35
16	203; 205; 207a	32	24.27	134; 92a; 93a	88.73	35.34

ÜBERSICHT ÜBER DIE GRAMMATIK-PARAGRAPHEN (FORTSETZUNG)

Stck.	FORMENLEHRE			SATZLEHRE		
	Hillen	Haussig	Anhang	Hillen	Haussig	Anhang
17	205; 222a; 22a	35.32.17	24.28.1	254a/b; 256a; 306a–c; 309; 263	109.121.112. 123	38.40
18	206; 222c	35.32	26.28	254a; 320b; 319a; 263; 410c; 72; 100	109.128.112. 127.67.82	38.40.31.34
19	206; 222c	35.32	26.28	345a–d; 253; 335a/b; 347b; 365d	129.105.112. 133.72	39.33
20	30; 31; 224a	10.14.15	4	55; 106f; 103a/b; 133; 134	53.54.76.84. 87.88	30.34.35
21	160; 158; 224c/d	25.35	20.19.29	161a; 162a; 163a; 159	116	—
22	27; 28; 29b	10.14.15.17	5	333a/b; 133	125.87	35
23	34a; 36a	10.14–16	6	311a–c	124	—
24	34c; 36c; 205; 207a	10.14–16.32	6.25.27	—	—	—
25	205	32	25	294d	109.123	—
26	145	24	17	144b; 146a–c; 133	23.24.87	17.35
27	—	—	—	—	99.101	37
28	147; 149; 126a/b; 127d	24.20	17.15	148a/b; 150a; 125a, c, d	135.49	—
29	34b; 36b; 182b; 138	10.14–16. 26.22	6.22.16	300; 140b; 99; 135	135.60.22. 79.89	30.34.35
30	200; 114a	30.13.11	26.11	—	—	—
31	120a/b; 121a; 124; 130	19.20	13.14.15	118a; 96; 365c/d	19.75.72	35.33
32	184; 182b; 151; 153	28.24	21.22.17	365a, g; 106f	50.76	—
33	39–42; 33	10.13–16.30	7.26	106a Z. 2	—	34
34	44–46; 33	10.13–16	8.9	—	—	—
35	115	11.13	12	—	—	—
36	120a/b; 127a/b; 126e; 121b	11.19.20.13	13.15.14	—	128	—
37	205; 206; 207a/b	32	25.26.27	85e; 76a	70.69	31
38	207b	32	27	288	98.100.101	37
39	189; 190	29	23	190e; 134	60.88	30.35

INHALTSVERZEICHNIS

Tafel I oben: *Concordia-Tempel von Agrigent (Sizilien)*
unten: *Akropolis von Lindos auf Rhodos*

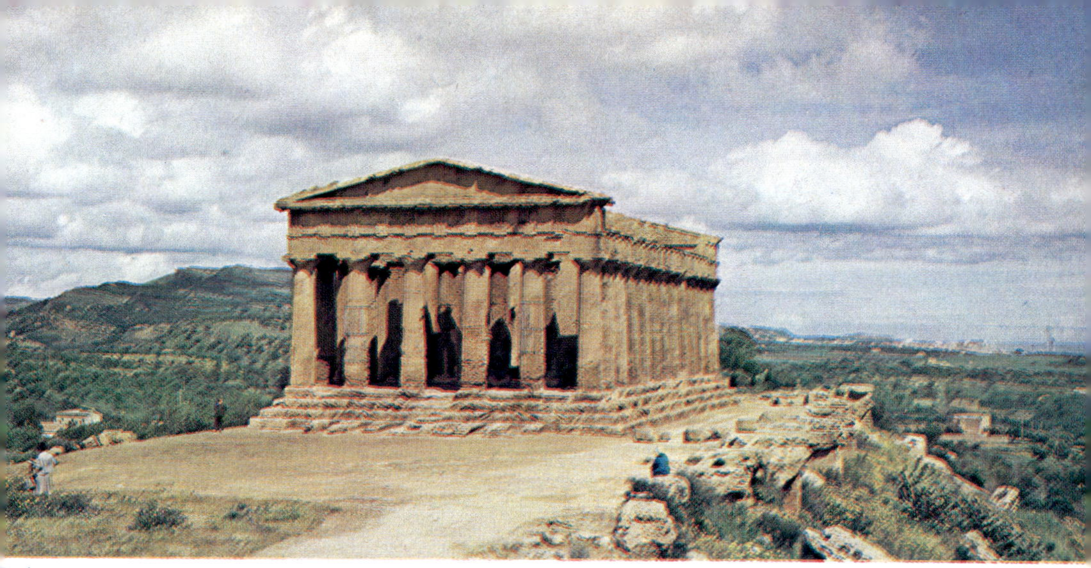

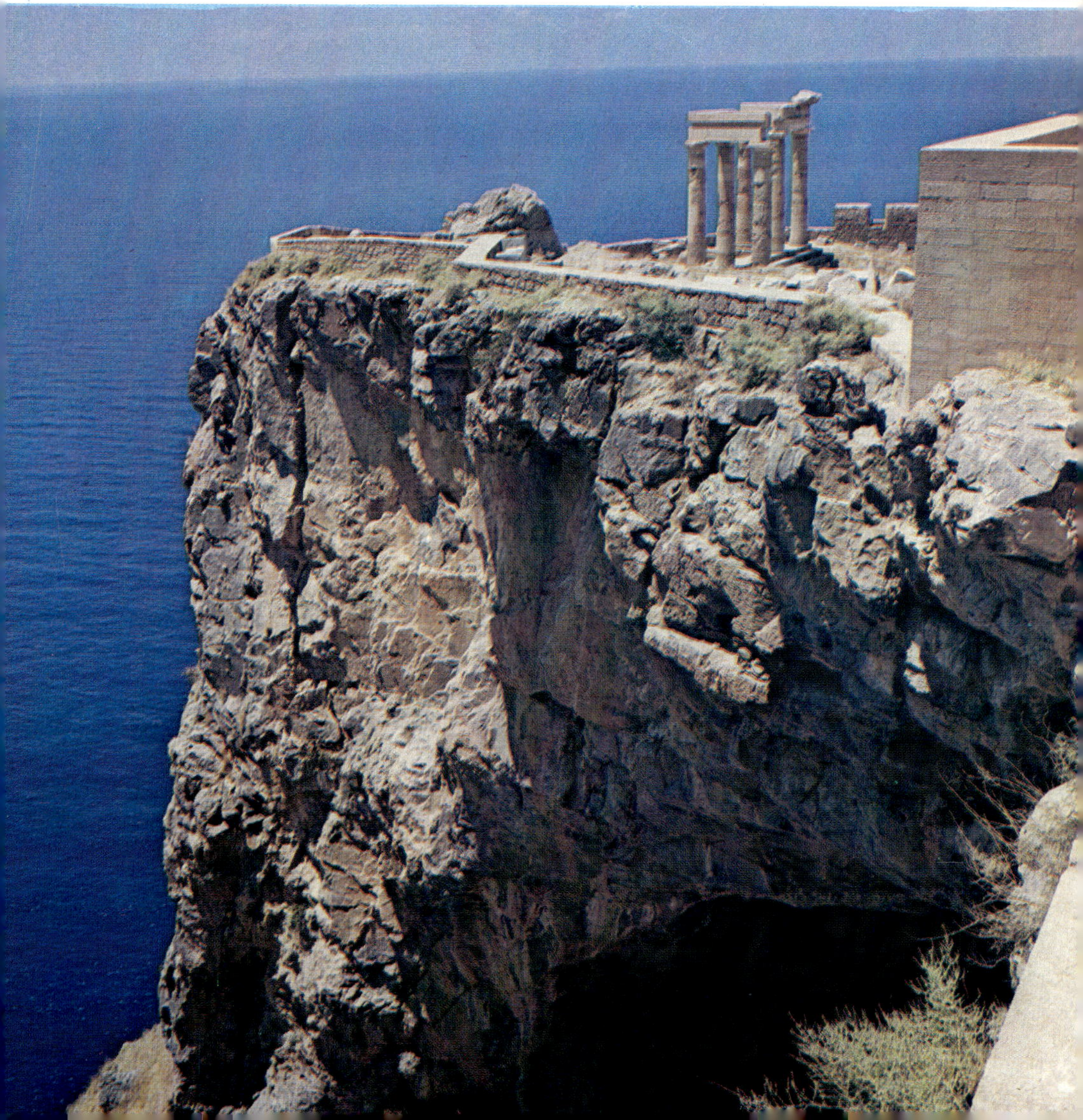

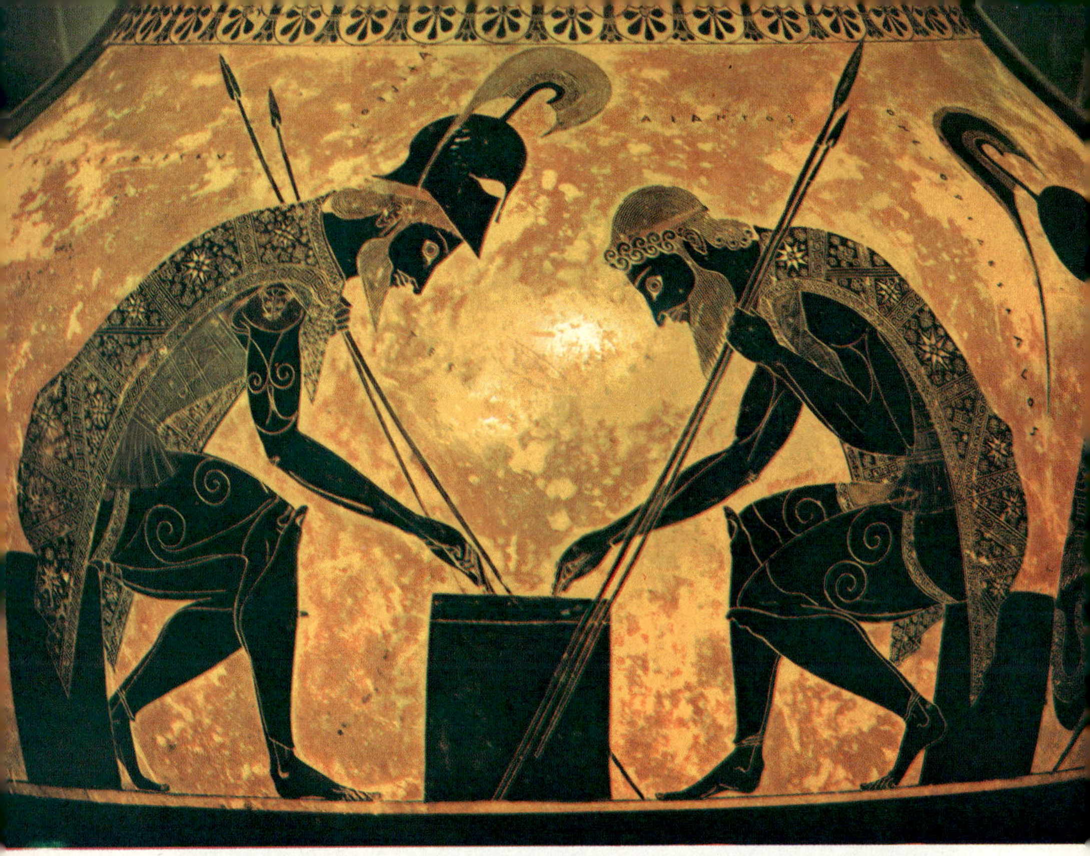

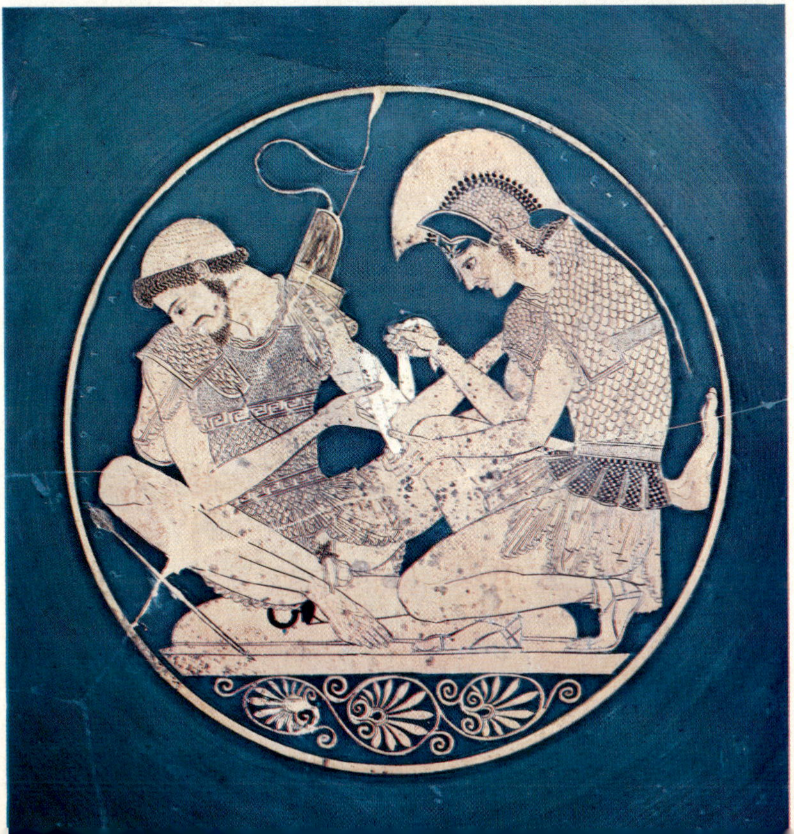

LATEINISCHE ÜBUNGS- UND LESESTÜCKE

1

a)

I 1. globus aula gymnasium
radius, circus; arēna, vīlla; studium, iūbilaeum
2. elephantus figūra metallum
chorus, saccus, stilus, triumphus; forma, nātūra, medicīna, disciplīna, camera; īnstrūmentum, fēstum, fundāmentum, testāmentum, castellum
3. circulus, titulus, mūsculus; īnsula, rēgula, epistula, fābula; ōrāculum
4. flamma, familia, bēstia, palma, cella, cista, statua, urna, rosa, cōmoedia, tragoedia, charta
5. tabula, schola; theātrum

II Mārcus, Lūcius, Iūlius, Aemilius, Augustus, Paulus, Petrus, Ōceanus, Nīlus; Iūlia, Claudia, Paula, Petra, Eurōpa, Āfrica, Asia, Italia, Germānia, Britannia, Rōma, Sparta, Colōnia; Latium, Tarentum, Brundisium, Arīminum

III 1. *Bei manchen Wörtern haben es die englischen Schüler leichter:* populus (people), carrus (car); victōria (victory), pictūra (picture), scientia (science), lingua (language), lingua Latīna (the Latin language); exemplum (example), exercitium (exercise), imperium (empire), imperium Rōmānum (the Roman Empire)
2. numerus, nāsus, camēlus, crocodīlus; fenestra, nebula, ancora; templum, vallum, praemium, vocābulum

b) VON ROM UND DEN RÖMERN

Schau dir die Karte von Italia an! An der Westküste Italiens findest du die Landschaft Latium. Nach ihr hat die lingua Latina ihren Namen. Im Nordwesten dieser Landschaft liegen die Städte Ostia, Tusculum und Roma. Nach der Sage wurde Rom von Romulus gegründet. In Rom herrschten zuerst Könige. Nachdem L. (= Lucius) Iunius Brutus den König L. Tarquinius Superbus aus Rom vertrieben hatte, standen zwei Konsuln an der Spitze des römischen Staates.

Als die Römer schon fast ganz Italien beherrschten, legte Ap. (= Appius) Claudius Caecus die erste gepflasterte Landstraße, die via Appia, an (312 v. Chr.). Diese via führte von Rom nach Capua; sie wurde später bis Brundisium verlängert. C. (= Gaius) Flaminius baute die via Flaminia (220 v. Chr.). Sie verband Rom mit Ariminum. Die Fortsetzung dieser Straße heißt nach M. (= Marcus) Aemilius Lepidus via Aemilia (187 v. Chr.).

Der erste Kaiser der Römer war Augustus. Bei Actium – du findest es auf der Karte von Graecia – besiegte er in einer Seeschlacht M. Antonius und die ägyptische Königin Cleopatra.

Tafel II oben: *Achilleus und Aias beim Brettspiel*
unten: *Achilleus und Patroklos*

6827 – Bg. 2

Auf der Karte, die das imperium Romanum zeigt, siehst du, daß die Römer fast ganz Europa und große Teile von Africa und Asia beherrschten. Im Westen reichte das imperium Romanum bis zum Oceanus Atlanticus. Die Nordgrenze bildeten die Flüsse Rhenus und Danuvius. Römische Legionen schützten die Grenzen des Reiches. Die römische Flotte lag seit Augustus in Ravenna und im Westen von Neapolis beim Vorgebirge Misenum.

Der Mittelpunkt des gewaltigen Weltreiches war Rom. Wahrscheinlich hast du schon einmal ein Bild vom Colosseum, dem riesigen amphitheatrum in Rom, gesehen und von den Gladiatorenkämpfen und den Schiffsschlachten in der arena dieses großen Bauwerkes gehört. Weißt du vielleicht auch etwas von den Wagenrennen im Zirkus von Rom, den man wegen seiner Größe Circus Maximus nannte?

2

a)

I 1. Mārcus discipulus est. – Mārcus et Paulus discipulī sunt.
Dānuvius fluvius est. – Dānuvius et Rhēnus fluviī sunt.
2. Claudia puella est. – Claudia et Lūcia puellae sunt.
Graecia terra est. – Graecia et Italia terrae sunt.
3. Tarentum oppidum est. – Tarentum et Mediōlānum oppida sunt.
Aurum metallum est. – Aurum et ferrum metalla sunt.
4. Mosella fluvius est. – Mosella et Āllia fluviī sunt.
Rōma oppidum est. – Rōma et Vērōna oppida sunt.
Stilus īnstrūmentum est. – Stilus et tabula īnstrūmenta sunt. – Stilī et tabulae īnstrūmenta sunt.

II 1. stilus longus, stilī longī – Stilus longus est. – Stilī longī sunt.
circus magnus, circī magnī – Circus magnus est. – Circī magnī sunt.
2. puella parva, puellae parvae – Puella parva est. – Puellae parvae sunt.
tabula nova, tabulae novae – Tabula nova est. – Tabulae novae sunt.
3. fundāmentum firmum, fundāmenta firma – Fundāmentum firmum est. – Fundāmenta firma sunt.
exemplum bonum, exempla bona – Exemplum bonum est. – Exempla bona sunt.

III 1. Rōma et Vērōna oppida clāra sunt. 2. Rōma oppidum magnum et clārum est. 3. Stilus longus et acūtus est. 4. Lūcius et Iūlius aegrōtī sunt.

b)

1. Theatrum novum magnum est. 2. Exempla mea recta sunt. 3. Marcus et Lucius amici tui sunt. 4. Claudia et Cornelia discipulae strenuae sunt. 5. Multi fluvii magni sunt. 6. Multae statuae clarae sunt. 7. Multa instrumenta mala sunt. 8. Multi sunt sani, pauci aegroti. 9. Multa sunt recta, pauca falsa.
10. Quis aegrotus est? – Quis amicus tuus est? – Quis discipulus strenuus est?

3

a)

I 1. Puella cantat. Puellae cantant. – Servus labōrat. Servī labōrant. – Stēlla lūcet. Stēllae lūcent. – Aedificium ardet. Aedificia ardent.
2. Quis cantat? – Quid ardet?
3. Puella nōn cantat. – Stēllae nōn lūcent.
Servus aegrōtus nōn est. – Tabulae novae nōn sunt. – Aedificia firma nōn sunt.
4. Aemilius et Paulus gaudent; itaque cantant. – Iūlia ambulat; nōn iam aegrōta est.

II 1. Cantāre iūcundum est. – Licet intrāre. – Clāmāre nōn licet.
2. Servī labōrāre et pārēre dēbent. – Discipulus attentus esse dēbet.

III 1. Rosae nunc flōrent. 2. Puellae parvae saepe flent. 3. Lūna et stēllae lūcent. 4. Hodiē lūcet lūna plēna. 5. Dominus imperat, servus pāret. 6. Servus nōn labōrat. 7. Exempla tua rēcta nōn sunt. 8. Servī nōn semper fīdī sunt. 9. Servus saepe nōn libenter pāret. 10. Discipulī nōn semper obtemperant. 11. Tacēre saepe stultum est.

b) ERRARE HVMANVM EST

Aemilius et Paulus boni discipuli sunt. Libenter laborant. Etiam Iulia et Lucia attentae et strenuae sunt. Nam studium Latinum verum gaudium est. Hodie fenestrae patent. Procul clamat asinus. Paulus interrogat: „Quis cantat?“ Tum Aemilius puellaeque rident et exclamant: „Errare humanum est.“

VERAE AMICITIAE SEMPITERNAE SVNT.
MEDICVS CVRAT, NATVRA SANAT.

4

a)

I 1. Aemilius amīcum interrogat. – Aemilius amīcōs interrogat.
Medicus discipulam cūrat. – Medicus discipulās cūrat.
Discipulī aedificium intrant. – Discipulī aedificia intrant.
2. Dominus servum strēnuum laudat. – Servī dominōs iūstōs amant.
Fābula puellam aegrōtam dēlectat. – Avus fābulās novās narrat.
Servī īnstrūmentum rūsticum apportant. – Mārcus templa clāra videt.
3. Quem medicus cūrat? – Quem dominus laudat? – Quid avus narrat? – Quid servī apportant?
4. Avus rosās flōrēre videt. – Puellae avum servōs laudāre vident. – Dominus servōs vīnum apportāre videt.

II 1. Gallia, Italia, Graecia sunt terrae. – Gallia et Italia et Graecia sunt terrae. – Gallia, Italia Graeciaque sunt terrae. 2. Discipulī stilōs, tabulās, alia īnstrūmenta apportant. – Discipulī stilōs et tabulās et alia īnstrūmenta apportant. – Discipulī stilōs, tabulās aliaque īnstrūmenta apportant.
3. Discipulī narrant, interrogant, respondent. – Avus est doctus, iūstus, benīgnus.

III Fletne puella? Flet. (Nōn flet.) – Licetne nunc ambulāre? Nōn licet. – Aegrōtusne est avus? Aegrōtus est.

IV Amīcī per multa oppida migrant. – Libenter avus per silvam vel per hortum ambulat.

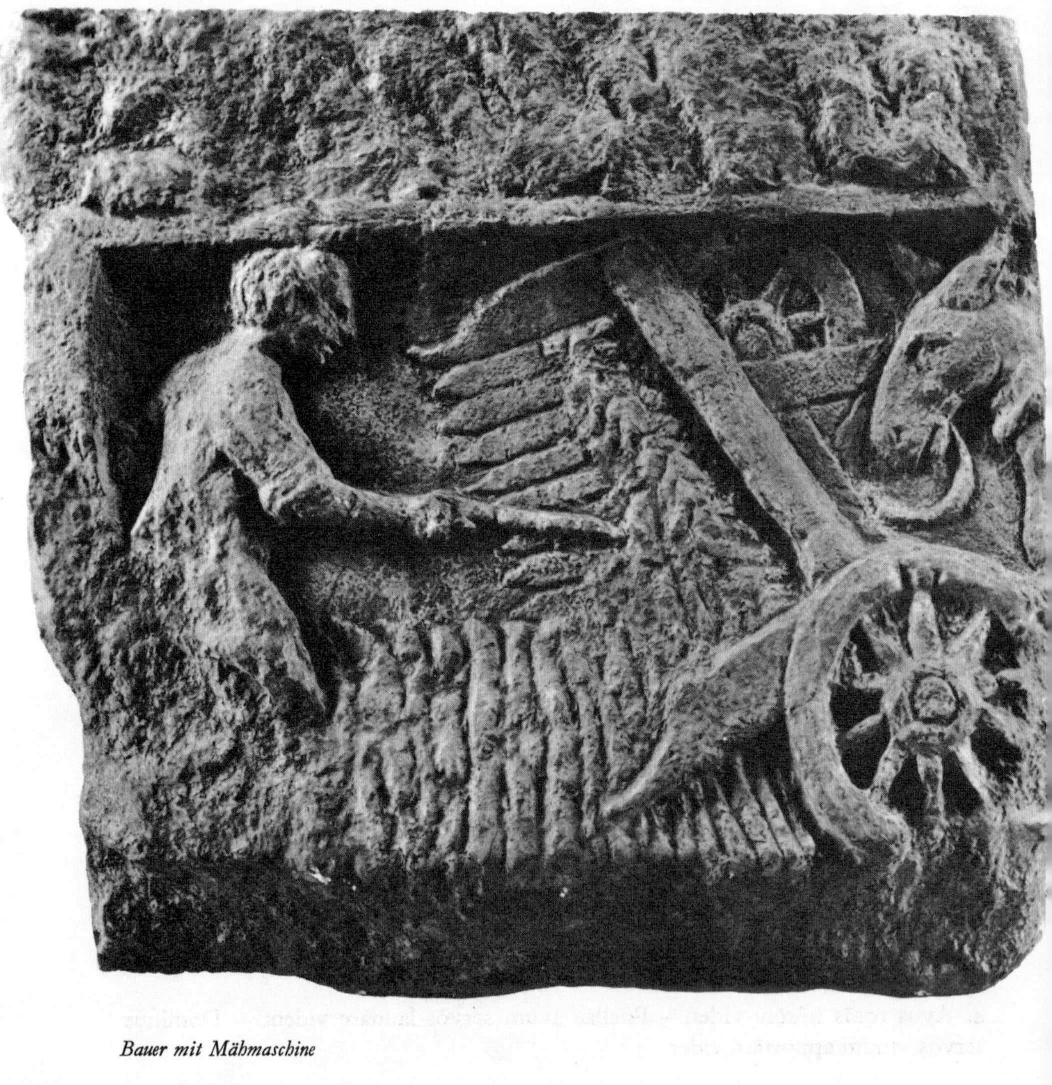

Bauer mit Mähmaschine

b) MARCVS AVVM VISITAT

Nuntius epistulam apportat. Avus aegrotus est. Statim Marcus interrogat: „Licetne avum aegrotum visitare ? Hodie caelum clarum et serenum est. Itaque iucundum est per silvam et hortos migrare."

Marcus avum valde amat. Nam avus benignus et doctus est: libenter fabulas narrat, saepe stellas observat. Etiam iustus est: laudat servos strenuos, ignavos vituperat.

Marcus avum salutat. Morbus non iam periculosus est; itaque Marcus gaudet. Deinde Marcus magnum horreum intrat. Ibi aratrum et alia instrumenta rustica videt. Servi frumentum apportant. Equi et asini Marcum valde delectant. Tum per hortum ambulat. Murus altus bestias arcet. Porta patet. Marcus servos laborare videt: aquam apportant. Deinde cena avum, Marcum, servos delectat. Marcus laudat vitam rusticam.

VEROS AMICOS SEPARARE DIFFICILE[1] EST.

5

a)

1. Nauta strēnuus est. – Multī incolae hodiē per silvam migrant. – Servī agricolam benīgnum laudant. – Multī poētās Graecōs et Rōmānōs amant.
2. Corinthus clāra est. – Poēta parvam Dēlum et magnam Rhodum vīsitat.
3. Avus Homērum, poētam Graecum, amat. Etiam Vergilius et Ovidius, poētae Rōmānī, avum valdē dēlectant.
4. Apud avum vīta iūcunda est. – Discipulī libenter apud nautās sunt.

b) APVD NAVTAS

Cornelius et Aemilius, amici boni, nautas visitant. Nebula caelum non iam obscurat atque venti secundi sunt. Itaque nautae gaudent et multi per undas navigant.

Navigia per fluvios et per Oceanum multa apportant. Nam nautae pericula non timent. Hodie incolae navigium Graecum exspectant. Iam appropinquat. Incolae nautas Graecos salutant. Tum nautae navigium exonerant. Frumentum et vinum incolas delectant. Cottidie multi nautae Samum et Ephesum et Miletum visitant.

Nautae multa et mira vident. Itaque libenter fabulas narrant. Apud Graecos clari nautae sunt Argonautae et Ulixes. Homerus et alii poetae antiqui nautas impavidos laudant. Ulixes diu per undas errat, miras terras spectat multaque tolerat.

---

1 difficile est = es ist schwierig

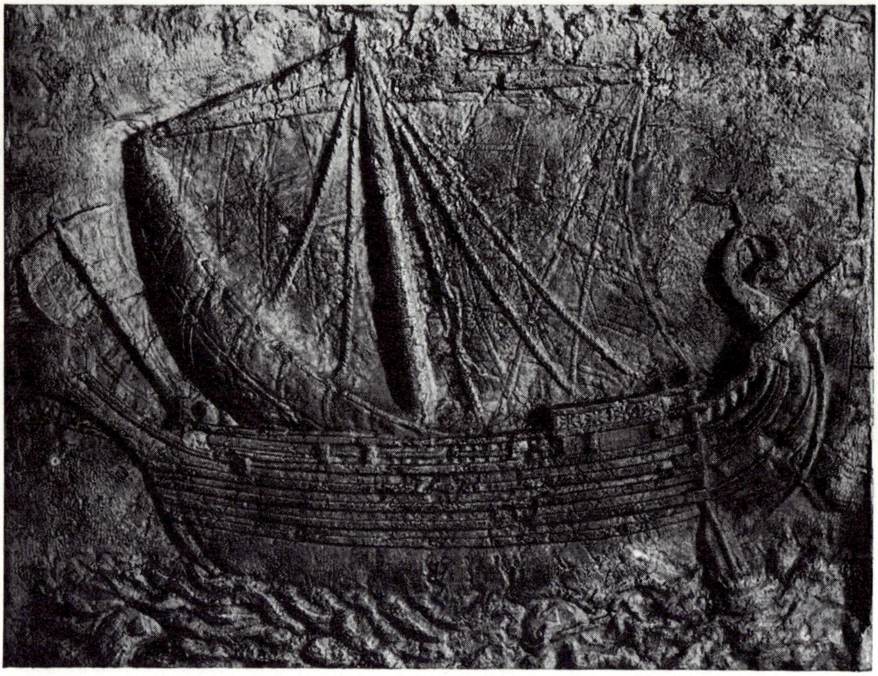

Segelschiff aus dem Altertum

Per Oceanum navigare periculosum est; nam venti saepe adversi sunt. Sed pericula nautas impavidos non terrent. Navigare nautas valde delectat; libenter nautae terras et insulas alienas magnaque oppida spectant.

NAVIGARE NECESSE[1] EST.

6

a)

I 1. Mūrus altus erat. – Mūrī firmī erant. – Poēta doctus erat. – Agricolae piī erant.

2. Puella cantābat. – Puellae cantābant. – Stēlla lūcēbat. – Stēllae lūcēbant. – Avus libenter fābulās narrābat. – Servī vīnum apportābant. – Nūntius tacēbat. – Fenestrae patēbant.

II 1. Hortus meus mūrō tūtus est. – Incolae oppida mūrīs firmant.

2. Nautae templum statuā novā ornant. – Avus puellās fābulīs novīs dēlectābat.

3. Italia avum caelō serēnō dēlectābat. – Ōceanus nautās multīs perīculīs terrēbat.

[1] necesse est = es ist notwendig

III Multae stēllae dē caelō lūcent. – Incolae dē mūrō altō spectābant. – Homērus poēta etiam dē bellō Trōiānō narrat.

IV Dīvitiae meae magnae nōn sunt. – Castra firma erant. – Litterae tuae avum valdē dēlectant. – Athēnae litterīs flōrēbant. – Amīcus meus multa et clāra oppida vīsitat: Rōmam, Brundisium, Delphōs, Athēnās, Corinthum, Hierosolyma.

a. c. i.: Dominus portam patēre vidēbat. – Amīcī puellās flēre vidēbant.

b) DE GRAECIA

Graecia parva est, sed clara miris aedificiis magnisque poetis et philosophis. Graeci pii erant. Itaque aras et templa aedificabant templaque columnis et statuis ornabant. Athenae, Thebae, Corinthus clara oppida sunt. Antiqua oppida muris firmis tuta erant. Athenae et doctrina et litteris florebant, Corinthus divitiis. Athenae multis templis aliisque aedificiis clarae erant. Graeci non modo litteras et sapientiam amabant, sed etiam ludos. Clara sunt imprimis Olympia.

ET ARMA ET VERBA VVLNERANT.
LITTERAE SVNT DIVITIAE.

7

a)

1. Ubĭ servī labōrant? – In hortō. In hortīs.
Ubĭ bēstiae sunt? – In silvā. In silvīs.
Ubĭ statuae erant? – In templō. In templīs.
Ubĭ nautae habitant? – In īnsulā. In ōrā.
2. Quō puellae ambulant? – In silvam.
Quō servī aquam portābant? – In hortōs.
Quō nautae nāvigābant? – In īnsulam.

a. c. i.: Avus puellās āram rosīs ornāre vidēbat. – Amīcī multōs nautās per undās nāvigāre vidēbant.

b) DE INSVLA SICILIA

Nonnulli nautae Graeci navigia per undas gubernant. In terram alienam emigrant. In patria erant inopia et discordia. Itaque ibi non manebant.

Diu Neptunus undis altis et ventis adversis nautas terrebat. Nunc Siciliam, novam patriam, spectant. Nautae insulam salutant, pocula vino implent, deos implorant; nam in insula Sicilia habitare in animo habent.

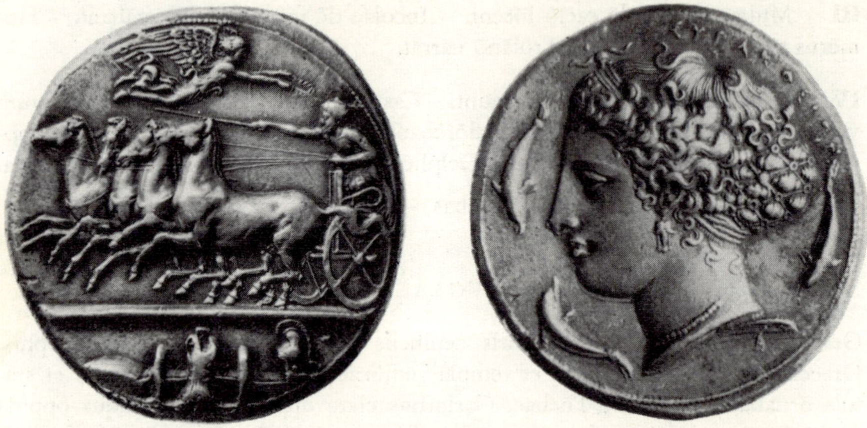

Münze aus Syrakus

Olim multi Graeci in Siciliam navigabant. Nam insula fecunda erat et magnae copiae ibi erant. Primo Graeci in oris habitabant, deinde totam fere insulam occupabant. Magna oppida aedificabant et aris templisque ornabant. Atque incolas linguam Graecam et litteras docebant. Imprimis Syracusae clarae erant; magnis divitiis florebant. Etiam hodie in insula Sicilia multae reliquiae de Graecis monent.

PERICVLVM IN MORA.
VBI BENE[1], IBI PATRIA.
IBI SEMPER EST VICTORIA, VBI CONCORDIA EST.

8

a)

I 1. Puella mox sāna erit. – Puellae mox sānae erunt. – Oppidum tūtum erit. – Oppida tūta erunt.

2. Nauta crās nāvigābit. – Nautae crās nāvigābunt. – Discipulus respondēbit. – Discipulī respondēbunt. – Dominus in silvam migrābit. – Ventī adversī nautam impavidum nōn terrēbunt. – Agricolae in patriā manēbunt. – Servae vīllam ornābunt. – Servus pōculum vīnō implēbit.

[1] bene = gut (*Adverb*)

Tafel III *Die Meerfahrt des Dionysos*

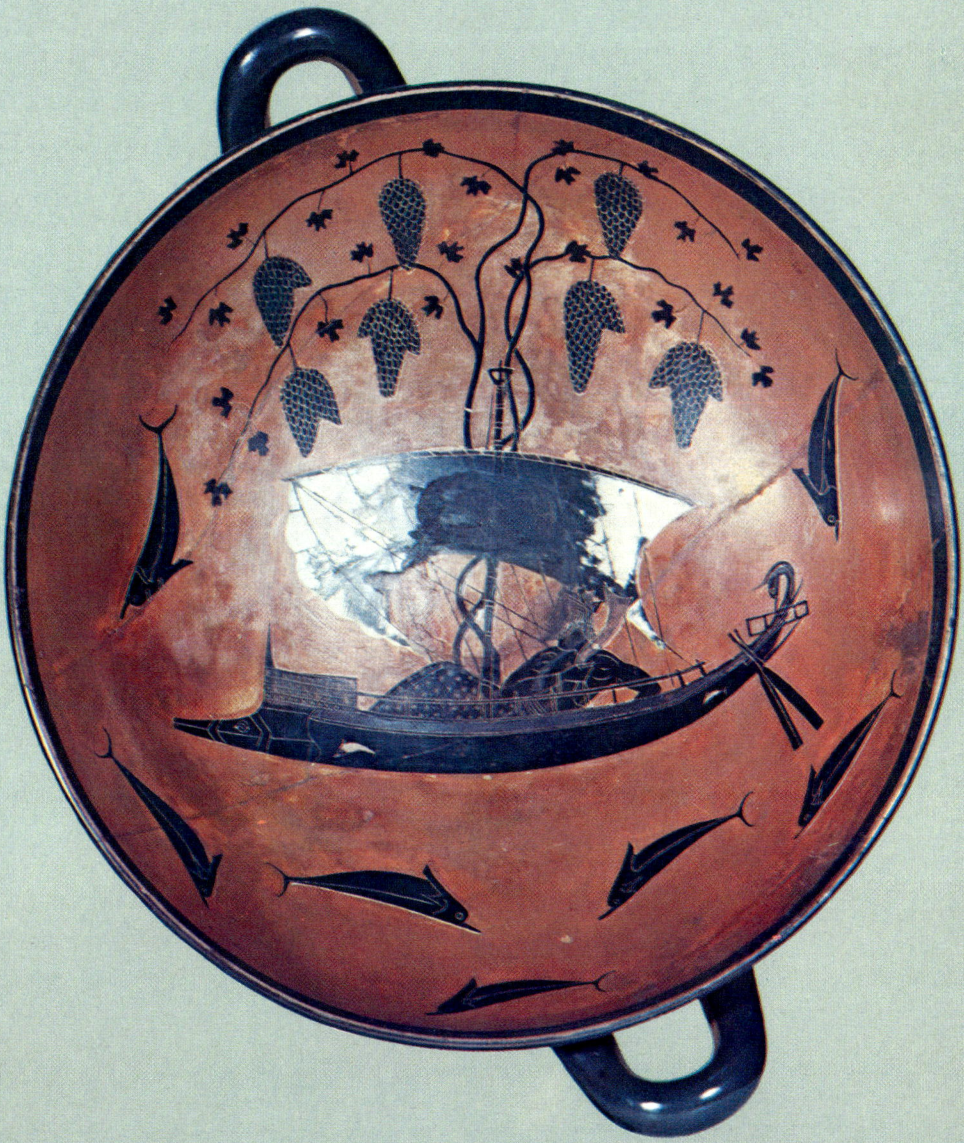

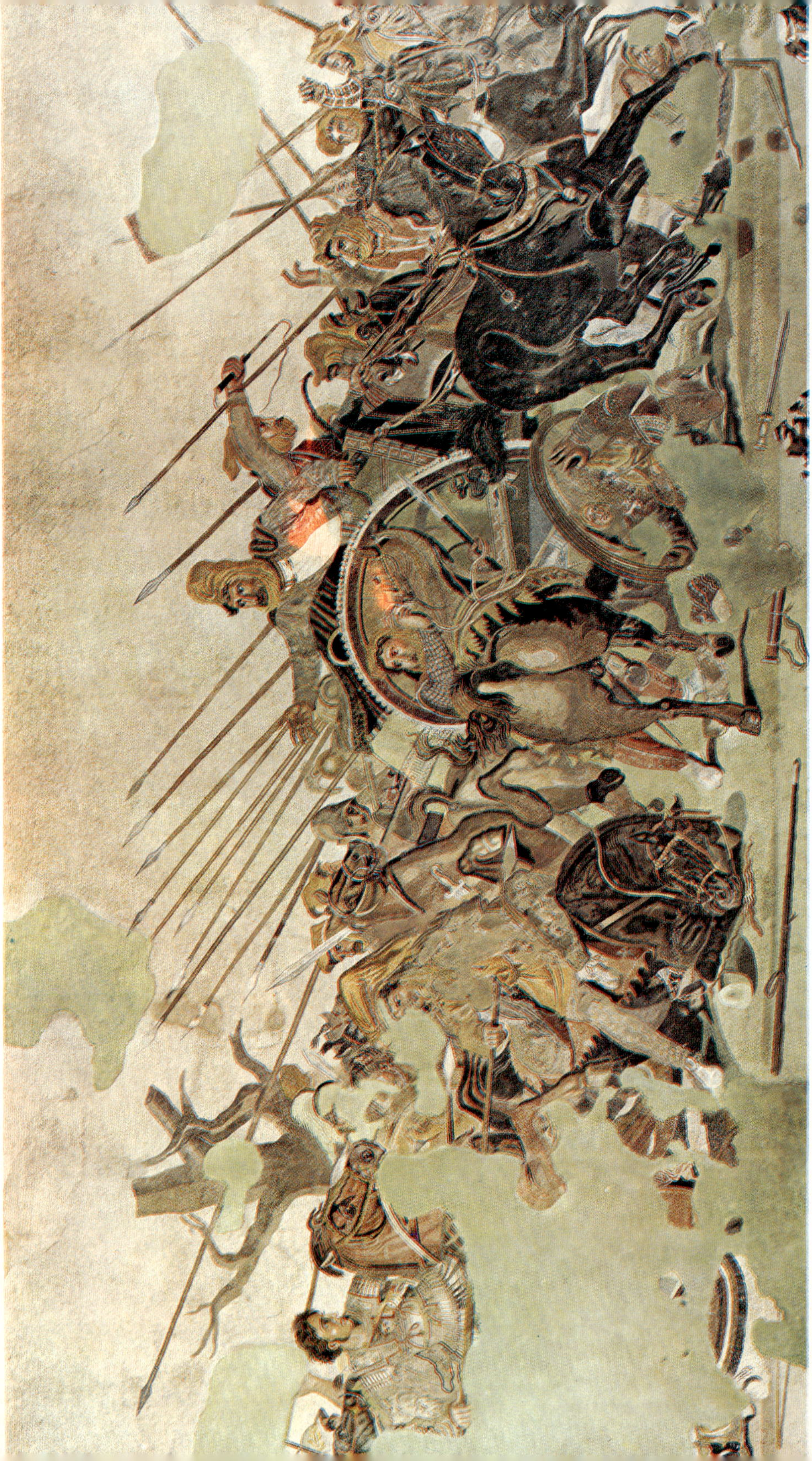

II 1. Servus avī in hortō labōrat. – Industria servōrum dominum dēlectābat. Avus puellae aegrōtus est. – Dīvitiae agricolārum magnae sunt.
Portae oppidī patēbant. – Reliquiae templōrum Graecōrum clārae sunt.
2. Incolae īnsulae parvae in patriā manēbunt. – Amīcī meī industriam agricolārum strēnuōrum laudābunt. – Discipulī aedificia Athēnārum et reliquiās templōrum antīquōrum vidēbunt. – Per hortum avī ambulāre nōn licēbit.
3. Cuius servus in hortō labōrat? – Cuius reliquiae clārae sunt? – Cuius industriam amīcī laudābunt?

III Fīlia agricolae pōculum vīnī apportat. – Discipulī in circō magnum numerum equōrum vidēbunt.

a. c. i.: Dominus servōs labōrāre vidēbit. – Mox agricolae cicōniās in terrās aliēnās āvolāre vidēbunt.

b) LITTERAE SVNT DIVITIAE

Poeta agricolam visitat. Agricola in horreo magnas copias frumenti atque in stabulis magnum numerum equorum et porcorum et vaccarum monstrat. „Profecto“, inquit poeta, „quis divitias tuas non laudabit?“ Agricola autem respondet: „Divitiae etiam curas parant. Saepe bestiae aegrotae sunt. Caelum non semper serenum est; itaque horrea non semper plena sunt.“ Tum poeta: „Poetae“, inquit, „litteras amant. Semper umbram silvarum, ripas fluviorum, lunam stellasque cantabunt; semper concordiam et iustitiam, fundamenta vitae humanae, celebrabunt. Ita semper vitam humanam ornabunt atque in tutela Musarum erunt. Itaque vita poetarum beata est semperque erit.“

IVSTITIA FVNDAMENTVM REGNORVM.

9

a)

I 1. Labōrā! – Labōrāte!
Respondē! – Respondēte!
Attentus es! – Attentī este! (Attenta es! – Attentae este!)
2. Cantā, Iūlia! – Cantāte, puellae!
Manē, Mārce! – Manēte, amīcī!
Semper strēnuus es, Lūcī! – Semper strēnuī este, Lūcī et Cornēlī!

II 1. Mārcus avō aegrōtō medicīnam apportat. – Fīlius agricolae amīcīs equōs mōnstrat.
Parāte agricolae cēnam, puellae! – Domina puellīs strēnuīs pōma dōnābit.
Agricola pius templō appropinquat. – Servī fīdī verbīs dominī libenter pārēbant.
2. Cuī Mārcus medicīnam apportat? – Cuī puellae cēnam parant?

Tafel IV *Alexanderschlacht*

6827 – Bg. 3

3. Quis mihī (nōbīs) fābulam novam narrābit? – Avus tibī (vōbīs) fābulam novam narrābit.

III Agricola (Domina) nōn modo suam fīliam, sed etiam fīliam vīcīnī pōmīs dōnat. – Agricola libenter dē equīs suīs narrat. – Agricolae libenter dē equīs suīs narrant.

IV Hortus prope silvam est. – Rōmānī contrā Gallōs bellābant.

b) DE DIONYSIO TYRANNO

Spectate, discipuli, tabulam Italiae antiquae! Monstra mihi, Corneli, insulam Siciliam et oppidum Syracusas!

Olim non modo Graeci, sed etiam Poeni in insula Sicilia habitabant. Saepe incolae Graeci contra Poenos bellabant. Quondam Poeni prope Syracusas erant. Dionysius autem, Syracusanorum tyrannus, Poenos superat et patriam servat. Postea multis pugnis et dolis imperium suum firmabat. Non modo tyrannus Syracusanorum erat, sed etiam aliorum oppidorum Siciliae imperium tenebat. Multae erant iniuriae tyranni: templa deorum spoliabat, multos incolas vexabat et necabat. Itaque incolae Syracusarum edictis Dionysii non libenter parebant atque nonnumquam iniusto et severo domino insidias parabant. Ut multi tyrannum timebant, ita multos tyrannus timebat. Servi armati erant tutela tyranni.

Cui fabula de amicis fidis et Dionysio nota est? Narra nobis, Paule, de mira amicitia Moeri et Selinuntii!

ORA ET LABORA!

HIC RHODVS, HIC SALTA!

MVLTOS TIMERE DEBET, QVEM[1] MVLTI TIMENT.

10

a)

I 1. Servī avum, virum iūstum, amant. Avus vir iūstus est.
2. Avus puerō saepe fābulās narrat; tum puer valdē gaudet.
3. Vīta servōrum plērumque misera erat. – Quis miser erat? Servī miserī erant. – Miserum est in exsiliō esse.
4. Magister puerīs crās librum novum mōnstrābit. Liber puerōs valdē dēlectābit; nam multae tabulae clārōrum artificiōrum Graecōrum in librō sunt.

[1] quem = den (*Relativpronomen*)

5. Liber novus pulcher est; nam multae tabulae pulchrae in librō sunt. – Sevērusne est magister vester? Magister noster sevērus et iūstus est; nōnnumquam discipulōs pigrōs vituperat.

II 1. Nauta ad alteram rīpam nāvigābit. – Ad sinistram rīpam agrī vestrī sitī sunt. – Amīcī nostrī ad dextram rīpam fluviī migrābunt.
2. Quīntus cum amīcō avum vīsitat. – Quōcum (Cum quō) avum vīsitat? – Agricola cum servīs frūmentum in oppidum apportābit. – Līberī libenter cum avō sunt. – Discipulī magnā cum dīligentiā labōrant.

III Servus in Graeciā nātus cum puerō ad scholam migrat. – Poenī oppidum mūrīs tūtum nōn superābunt. – Hortus ad fluvium situs pulcher est et avum valdē dēlectat. – Avus saepe in hortō ad fluvium sitō labōrat.

IV Magister mē (tē, nōs, vōs) linguam Latīnam docet. – Rōmānī fīliōs fīliāsque līberōs appellābant.

a. c. i.: Magister mē (tē, nōs, vōs) labōrāre videt.

b) DE VITA PVERORVM ROMANORVM

Romani magna cum diligentia liberos educabant. Semper fere paedagogi, servi fidi et eruditi, cum liberis erant. Mane cum pueris in scholam migrabant; nonnumquam filiis dominorum tabulam et libros portabant.

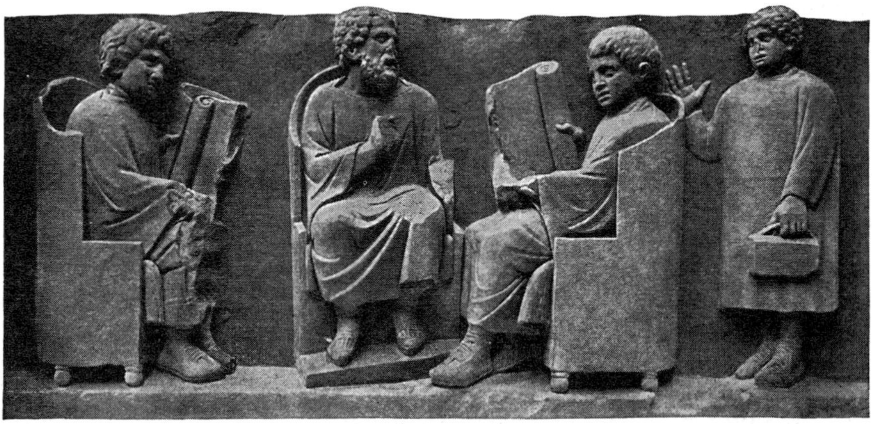

Schulszene

Scholam Romani etiam ludum appellabant. Ludorum magistri in tabernis ad forum sitis pueros docebant. Magistri plerumque non erant viri liberi, sed liberti; multi in Graecia vel in oppidis Graecis Italiae nati erant.

Magistri non modo elementa discipulos docebant, sed etiam cum pueris cantabant et natabant. Adultis fere pueris litteras Latinas et Graecas explicabant. Etiam de vita priscorum Graecorum et Romanorum narrabant et exemplis virorum bonorum animos discipulorum movebant.

Magistri Romani severi et iusti erant: discipulos strenuos laudabant et praemiis donabant; pigros non modo verbis, sed etiam virgis castigabant. Ita Orbilium, primum magistrum Horatii poetae, discipuli Plagosum appellabant. Bonos magistros pueri Romani amabant; studia autem non semper amabant.

NON SCHOLAE, SED VITAE.

IVRARE IN VERBA MAGISTRI.

PER ASPERA AD ASTRA.

11

a)

I 1. Quid in animō habēs, Paule? – Mārcum amīcum vīsitāre in animō habeō.
2. Quid amīcīs mōnstrās? – Librōs novōs amīcīs mōnstrō.
3. Quandō amīcum aegrōtum vīsitābis? – Crās amīcum vīsitābō. – Quamdiū apud amīcum manēbis? – Ūsque ad vesperum manēbō.
4. In silvāne herī ambulābās? – Nōn in silvā, sed ad rīpam fluviī ambulābam.
5. Quid in hortō vidēbās? – Avum cum servīs labōrāre vidēbam.

II 1. Quid in tabulā vidētis (spectātis), puerī? – Statuam Minervae vidēmus (spectāmus).
2. Migrābitisne ad fluvium? – Ad fluvium migrābimus et in fluviō natābimus; posteā ad rīpam sedēbimus et nāvigia observābimus.
3. Saepe vōs interrogābāmus; semper nōbīs respondēbātis.
4. Diūne apud avum manēbātis? – Diū manēbāmus.

III 1. Cūr herī in scholā nōn erās, Mārce (Claudia)? – Aegrōtus (Aegrōta) eram.
2. Ubī herī erātis? – Cum amīcō in circō erāmus.
3. Quandō apud nōs eris? – Māne apud vōs erō.
4. Quandō in vīllā nostrā eritis? – Crās in vīllā vestrā erimus.
5. Ubī es, Mārce? – Cum Lūciō amīcō in hortō sum.
6. Attentīne estis, puerī? – Attentī sumus.

IV 1. Iūstus es, domine! – Dominus iūstus es.
Fīdī este, servī! – Servī fīdī estis.
2. Natāte per fluvium! – Per fluvium natātis.
Pārēte magistrō! – Magistrō pārētis.

Marcus avum visitat. „Ubi tam diu eras, Marce?“ inquit avus. „Diu in horto manebam et te exspectabam. Quid mihi apportas? Librum novum video.“

Marcus: „Librum pulchrum tibi apporto, ave; valde te delectabit. Nam magnum numerum pulchrarum tabularum in libro videbis. Pleraeque tabulae artificia Graeca monstrant. – Quid iudicas? Saepe in Graecia eras. Narrabisne mihi nonnulla de Graecis antiquis?“

Avus respondet: „Libenter narrabo. – Graecia antiqua patria litterarum est. Itaque Graecis grati sumus semperque erimus. Graeci non modo Romanos, sed etiam reliquos populos Europae sapientiam litterasque docebant. Primi discipuli Graecorum erant Romani. – Specta tabulas pulchras! Vides reliquias clarorum aedificiorum et artificiorum. Praeclara est statua Minervae, dominae Athenarum. Minerva est dea sapientiae et litterarum. – Liber valde mihi placet. Donabisne mihi librum?“

Et Marcus: „Donabo. Licebitne mihi postea in Graeciam navigare et mira artificia Graecorum spectare?“

Avus: „Strenuus puer es et labora! Mox vir doctus eris. Tum Graeciam spectare tibi licebit.“

ERITIS SICVT DEVS.

IGNORAMVS, IGNORABIMVS.

Grabinschrift: ERAM, QVOD[1] ES; ERIS, QVOD SVM.

12

a)

I 1. Magister discipulōs videt. – Magister discipulōs labōrāre videt. 2. Magister mē (tē, nōs, vōs) labōrāre videt. 3. Stēllās lūnamque lūcēre videō. 4. Magister puerōs et puellās chartās apportāre videt. 5. Discipulōs attentōs esse videō. 6. Nautam impavidum esse vidēs. 7. Magistrum virum iūstum esse vidēmus. 8. Puerī vōs in perīculō esse vident.

II 1. Puer bēstiās in hortō esse clāmat. 2. Līberī magistrum interrogābant: „Quis prīmus (prīma) est?“ – Magister tē prīmum (prīmam) esse respondēbat. 3. Oppidum ad fluvium situm esse vōbīs narrābam. 4. Magistrī multās puellās strēnuās esse affirmābant.

III Amīcōs vestrōs in perīculō esse valdē dolēmus; vōs apud nōs esse gaudēmus.

---

[1] quod = was *(Relativpronomen)*

IV 1. Graeciam patriam litterārum esse memoriā tenēte! 2. Tē in silvā ambulāre putābāmus (exīstimābāmus). 3. Ignōrātisne līberōs nostrōs libenter in hortō vestrō esse? – Nōn ignōrāmus.

V 1. Quamdiū agricola in agrō est? – Agricola paucās hōrās (per paucās hōrās) in agrō est. 2. Ulixēs multōs annōs per undās errābat. 3. Paulus decem annōs nātus est; Lūcia ūnum annum nāta est; Aemilius et Iūlius sex annōs nātī sunt.

b) DE EVROPA

Europa Phoenissa, pulchra puella, aliquando cum amicis in ora ambulat. Subito puellae taurum album prope aquam cubare vident. Magnus et validus est; itaque puellis placet. Appropinquant et bestiam rosis ornant. „Quam validus est", inquit Europa, „et quam pulcher! Me portabit. Non timeo." Iam in tergo tauri sedet. Subito autem taurus aquam intrat atque puellae bestiam cum Europa per undas natare vident. Frustra Europam magno in periculo esse clamant; frustra Europa flet. Multas horas taurus natat puellamque in Cretam portat. Ecce autem subito non iam taurus est, sed deus. „Europa", inquit, „quid times? Cur doles? Me taurum esse putabas. Sed Iuppiter, summus deorum, sum. Nos in Creta esse gaudeo. Te amo et maritus tuus ero; semper beata eris."

13

a)

I 1. Herī amīcus librum pulchrum mihī dōnāvit. – Amīcī mē frūstrā exspectāvērunt. – Quandō in silvam migrāvistī, Mārce? Herī in silvam migrāvī. – Natāvistisne in fluviō, puellae? Natāvimus.
2. Puer pōcula vīnō implēvit. – Servī horreum frūmentō implēvērunt. – Cūr artificium pulchrum dēlēvistī (dēlēvistis)? – Nōn flēvī (flēvimus).
3. Liber tuus mihī placuit. – Epistulae tuae mihī displicuērunt. – Perīcula nōn timuī. – Magistrō libenter pāruimus. – Quid in animō habuistī? – Cūr in animō habuistis bēstiās terrēre?
4. Puella magnō in perīculō fuit. – Puellae in hortō fuērunt. – Ubī fuistī, Mārce? In silvā fuī. – Quandō in īnsulā fuistis, puerī? Herī in īnsulā fuimus.
5. Eurōpa in tergō taurī sedēbat; subitō taurus aquam intrāvit.

II 1. Puer valdē gaudēbat; nam magister puerō librum pulchrum dōnāverat. – Nautae Graecī beātī erant; nam īnsulam Siciliam, novam patriam, intrāverant. 2. Incolae oppidī maestī erant; nam incendium multa aedificia dēlēverat. – Pōculum vīnō nōn implēveram; itaque avus mē vituperāvit.

3. Nōn pāruerās; itaque avus tibī novam statuam nōn mōnstrāvit. – Virum dē patriā monuerātis; itaque maestus erat.
4. Amīcum vesperī vīsitāvimus; anteā apud avum fuerāmus. – Magister puerum vituperāvit; nam attentus nōn fuerat.

III 1. Dīvitiās habuisse et nōn habēre acerbum est. – Cum magistrīs in Italiā esse (fuisse) et multa templa antīqua spectāre (spectāvisse) puerōs dēlectat.
2. Vōs iūstōs esse putō. – Vōs semper strēnuōs fuisse putō. – Claudiam amīcae librum dōnāvisse gaudēmus. – Nōnnūllās puellās flēre īgnōrāvī. – Nōnnūllās puellās flēvisse nōn īgnōrāvimus. – Magister litterās apud Graecōs flōruisse docuit.

IV Vōs iūstōs esse appāret. – Tē tacēre decet. – Tē prīmum (prīmam) fuisse nōtum est (cōnstat). – Taurum Eurōpam in Crētam portāvisse fāma est.

b) DE DAEDALO ET ICARO

Daedalus, incola Athenarum, multa et clara artificia creaverat. Talus, Daedali discipulus, magistrum superare studebat. Iratus Daedalus discipulum necavit. Itaque supplicium timebat et fugae se mandavit. Primo in Attica erravit, deinde cum Icaro filio in Cretam navigavit.

Ibi Minotaurus, monstrum horridum, habitabat. Minotaurus iam multos incolas insulae necaverat. Itaque Daedalus Minotauro Labyrinthum, aedificium mirum, aedificavit. Minotaurum posthac in Labyrintho erravisse fama est.

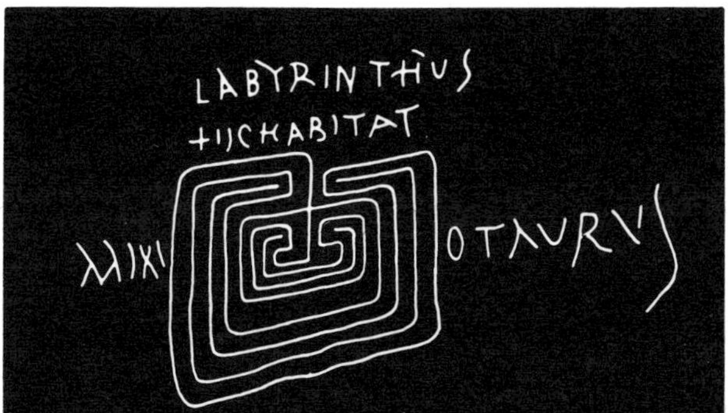

LABYRINTHVS — HIC HABITAT MINOTAVRVS (*Wandkritzelei eines Schülers in Pompeji*)

Multos annos Daedalus in insula manebat. Tandem Daedalo in insula esse non iam placuit. Sed Minos, tyrannus Cretae, Daedalum et Icarum in insula retinebat et in terras alias navigare prohibebat. Itaque Daedalus saepe in ora sedebat et maestus erat. Denique Daedalus exclamavit: „Navigare quidem in terras alias Minos nos prohibet; sed caelum nobis patet: avolabimus igitur.“ Statim multas pennas cera colligavit et alas sibi filioque paravit. Deinde Daedalus alis se exercuit atque Icarum volare docuit. Tum filium monuit: „Semper apud me volare debes; neque caelo neque undis nimis appropinquare tibi licebit.“

Mox avolaverunt; subito Daedalus filium non iam spectavit. Itaque iterum iterumque clamabat: „Icare, Icare, ubi es?“ Tandem prope insulam pennas in undis spectavit. Radii Phoebi alas Icari deleverant; nam Icarus Phoebo nimis appropinquaverat. Itaque puer in undas praecipitaverat. Filium mortuum Daedalus valde deflevit et in insula humavit. Deinde in Siciliam volavit.

14

I 1. Ego imperō, tū pārēbis. – Nōs parātī sumus. Cūr vōs nōndum parātī estis?

2. Migrābitisne mēcum in silvam? – Tēcum migrābimus.
Vīsitābisne, Lūcia, nōbīscum avum? – Vōbīscum avum vīsitābō.

3. Daedalus ālīs sē exercuit. – Puellae rosīs sē ornābant.

4. Daedalus sibĭ fīliōque ālās parāvit. – Multī incolae Syrācūsārum industriā dīvitiās sibĭ comparāverant.

5. Amīcus multōs librōs sēcum habuit. – Amīcī multōs librōs sēcum habuērunt.

II Nautae ab Asiā (ab Hispāniā) ferrum et argentum in Italiam apportābant. – Multī populī ā Rōmānīs auxilium implōrāvērunt. – Magistrī ā mē (ā tē, ā nōbīs, ā vōbīs) dīligentiam postulant.
Ā quō magistrī dīligentiam postulant?

III 1. Quamdiū, Mārce, hodiē in scholā fuistī? – Quīnque hōrās.

2. Quandō avus tē māne excitat? – Prīmā hōrā.

3. Narrā nōbīs, Mārce, nōnnūlla dē scholā! – Plērumque secundā hōrā cum Quīntō et Sextō et Decimō in scholam migrō. Tertiā hōrā in scholā sum. Hodiē novem puerī et octō puellae in scholā fuērunt; trēs puerī et trēs puellae aegrōtī sunt. Quārtā hōrā magister nōs nōnnūllōs numerōs Latīnōs docuit: ūnus, duo, trēs, quattuor, quīnque, sex, septem, octō, novem, decem. Quīntā hōrā magister nōbīs dē imperiō Rōmānō narrāvit. Tum magister: „Nōmināte mihĭ“, inquit, „trēs fluviōs, trēs prōvinciās, tria oppida imperiī Rōmānī!“ Quīntus duōs fluviōs, duās prōvinciās, duo oppida nōmināvit. Duo puerī et duae puellae attentī

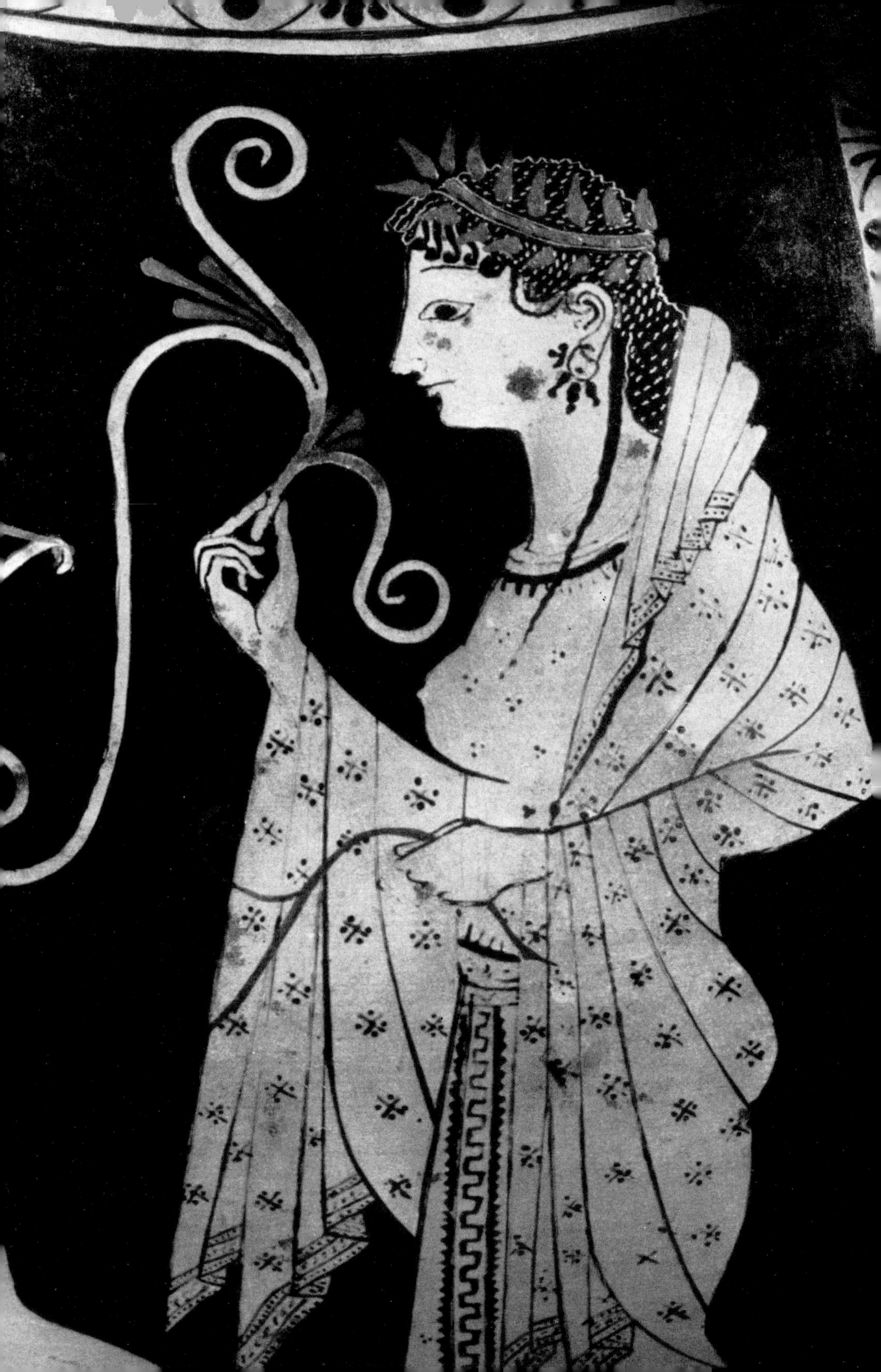

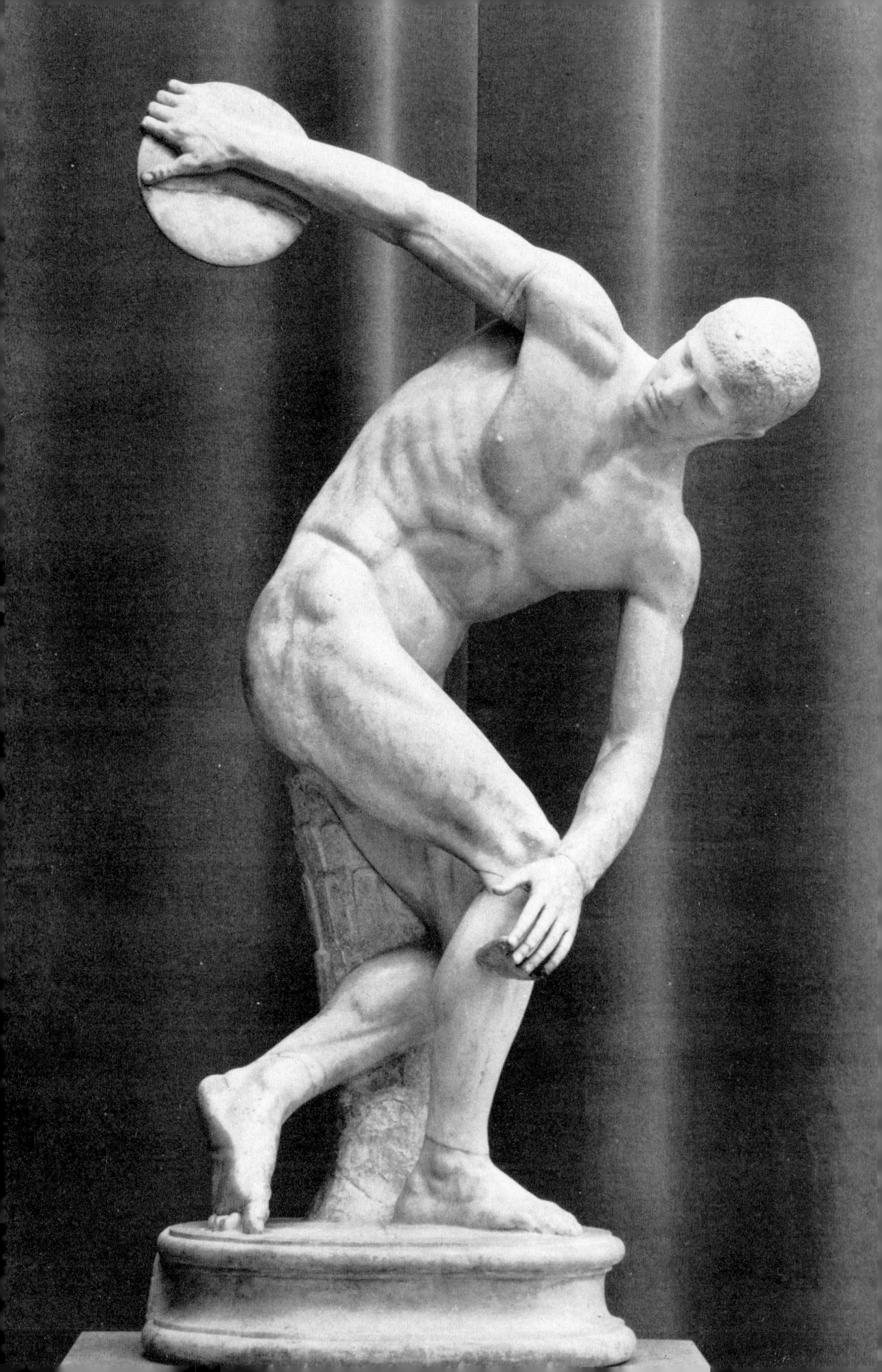

nōn erant. Magister līberōs nōn attentōs vituperāvit. Septimā hōrā cantāvimus. Deinde ad avum remigrāvī. – Ubī octāvā et nōnā hōrā fuistī ? – In hortō.
4. Quot fluviōs, terrās, oppida Quīntus nōmināvit ?

EST DEVS IN NOBIS.
EGO SVM VIA ET VERITAS[1] ET VITA.
FLEBITIS VOS, MVNDVS AVTEM GAVDEBIT.

15

a)

I 1. Estisne parātī ? – Iam diū parātī sumus.
2. Medicīna ā medicō parāta est. – Lūdī ā Graecīs parātī sunt.
3. Āra ā puellīs ornāta erat. – Verba nostra ā magistrō vituperāta erant.
4. Herī ā nautīs in īnsulam portātī estis. Ab amīcīs invītātī erātis. – Tū, Lūcī, ā puerīs in perīculō vocātus erās. Cūnctī ā tē servātī sunt. Itaque ā puerīs librō dōnātus es.
5. Ab amīcīs invītātī erāmus. Amīcōs in oppidō propinquō vīsitāvimus; ab amīcīs salūtātī sumus. – Ā cūnctīs laudātus sum; nam pūgnīs superātus nōn eram.
6. Quid puerīs imperātum erat ? – Quamdiū apud Trōiam pūgnātum est ?

II Īcarus ā Daedalō dēflētus est. – Cūr artificium pulchrum ā tē dēlētum est ? – Nāvigium magnā cōpiā frūmentī implētum erat.

III Cūr territī estis ? – Vōs vīsitāre prohibitus sum. – Dē exemplīs virōrum clārōrum ā magistrō monitī erāmus.

IV 1. Puerum sānātum esse vidēmus. – Multōs incolās Crētae ā Mīnōtaurō necātōs esse fāma est.
2. Trōiam incendiō dēlētam esse nōtum est. – Puellās valdē territās esse puer narrat.
3. Oppidum mūrō altō firmātum esse nūntiātum est. – Castra Rōmāna ad rīpam fluviī Rhēnī collocāta esse cōnstat.

V 1. Oppidum dēlētum ab incolīs dēnuō aedificātum est.
2. Oppidum ā Rōmānīs dēlētum ab incolīs dēnuō aedificātum est. – Nāvigia frūmentō implēta ōrae appropinquāvērunt. – Discipulus ā magistrō laudātus valdē gaudet.

---

[1] vēritās = die Wahrheit

Tafel VI *Diskuswerfer des Myron*

6827 – Bg. 4

VI Inter silvam et agrōs via est. – Magna discordia inter incolās oppidī erat. – Incolae Graeciae saepe inter sē certābant. – Inter cēnam tacēbimus.

b) DE TRIBVTO DVRO

Minos, Europae filius, a nobis supra commemoratus est. Non modo in Creta, sed etiam in multis aliis insulis regnabat. Androgeum, tyranni filium, in Attica necatum esse fama est. Androgeus Athenas visitaverat; nam incolae oppidi Panathenaea celebrabant. Inter ludos Androgeus cunctos adversarios superaverat. Itaque ab incolis Athenarum necatus erat.

Ira iusta tyrannum movebat et Minos cum incolis Athenarum bellavit. Mox tota Attica vastata erat et incolae Athenarum superati erant. Itaque imperio tyranni parere debebant. „Quotannis“, inquit Minos, „Androgeo ad tumulum sacrificabitis. Atque septem pueros septemque puellas certis annis a vobis postulabo. Liberi in Cretam navigabunt et Minotaurus liberos necabit.“ Incolae Athenarum verbis tyranni valde territi sunt; frustra a tyranno veniam imploraverunt.

Iam bis liberi in Cretam transportati a Minotauro necati erant. Denuo incolae Athenarum de tributo duro admoniti erant et septem pueri septemque puellae in Cretam navigare iam paraverunt. Vitam autem liberorum a viro strenuo servatam esse mox vobis narrabimus.

16

a)

I 1. Daedalus in Crētā Labyrinthum aedificat. – Labyrinthus in Crētā ā Daedalō aedificātur. – Tyrannus Daedalum diū in īnsulā retinēbat. – Ā quō Daedalus in īnsulā retinēbātur? – Quamdiū retinēbitur?

2. Daedalus et Īcarus ā tyrannō diū retinēbantur. – Perīculīsne terrentur? – „Ālās“, inquit Daedalus, „parābō: multae pennae cērā colligābuntur.

3. Numquam perīculīs terrēbar. Nunc ā tyrannō retineor. Mox nōn iam retinēbor.“ Tum Īcarus: „Cōnsiliō tuō“, inquit, „valdē dēlector. Pennās tēcum colligābō.

4. In Graeciam nāvigāre adhūc prohibēbāmur. Ālīs autem portābimur et servābimur. Perīculīs nōn terrēmur.“

5. „Studium tuum, Īcare, mē dēlectat. Itaque ā mē laudāris. Mēcum diū retinēbāris. Mox āvolābis. Obtemperā verbīs meīs! Tum nōn iam retinēberis: ālīs servāberis.“

6. Fābulīsne dēlectāminī (dēlectābāminī), puerī ? – Strēnuī estis. Itaque ā magistrō vestrō laudābiminī, nōn admonēbiminī.

II 1. Magister strēnuum discipulum laudāre, pigrum admonēre dēbet. – Strēnuus discipulus ā magistrō laudārī, piger admonērī dēbet.
2. Strēnuum discipulum laudārī, pigrum admonērī vidēs. – Putāsne avum librīs dēlectārī ? – Nautam perīculīs Ōceanī numquam terrērī oportet.

III 1. Cūr ē fenestrā spectātis, puerī ? – Amīcōs exspectāmus; ex oppidō ad nōs migrābunt.
Unde nāvigāvistis ? – Ex Atticā in Crētam nāvigāvimus.
2. Sine perīculō per fluvium ā dextrā rīpā ad sinistram rīpam natāvistis.
3. Virī animōsī incolās oppidī ā tyrannō līberāvērunt. – Perīcula ab amīcīs arcēbimus. – Amīcī nostrī perīcula ā nōbīs arcent.
4. (Ā) discordiā atque iniūriā nōn semper abstinuimus.
5. Itaque culpā (ā culpā) nōn vacāmus. – Mūrus altus bēstiās hortō (ab hortō) arcuit. – Quis cūrīs (ā cūrīs) līber est ? – Numquam cūrīs (ā cūrīs) līberābiminī.
Part.: Daedalus ā tyrannō retentus ālās sibi parāvit.

b) DE THESEO ET ARIADNA

Theseus, Aegei filius, cum nonnullis pueris puellisque ex patria in Cretam navigabat. „O miseri“, inquit, „iniuria abstinuistis et culpa vacatis. Tamen vos a Minotauro necari tyranno Cretae placet. Ego quidem monstrum horridum a vobis arcebo; vos a me ex periculo servabimini neque a Minotauro necabimini. Periculis non retinebor. Mox Athenae tributo duro liberae erunt.“

Theseus ab Ariadna, filia tyranni, amabatur. Puellae de consilio suo narravit. Tum Ariadna: „Minotaurus quidem“, inquit, „a te necabitur, tu autem non remigrabis: in Labyrintho errabis. Sed te amo semperque amabo. Itaque a me ex magno periculo servaberis: longum filum tibi dabo; filo recta via tibi indicabitur.“ – Consilium Ariadnae a Theseo adhibetur atque profecto non modo monstrum necatur, sed etiam vita Thesei servatur. Minotaurus superatus Neptuno immolatur.

Deinde Theseus cum Ariadna et liberis integris ex Creta in patriam navigavit. Sed in insula Naxo Dionysum Theseo in somnio apparuisse fama est. „Pulchram puellam“, inquit deus, „amo; ego maritus ero Ariadnae. Itaque puella hic manere debet. Sine Ariadna in Atticam naviga !“ Maestus quidem erat Theseus, sed deo paruit; iram enim Dionysi timebat. Deus autem puellam ad se in caelum vocavit.

SINE IRA ET STVDIO.

NVLLA VITA SINE IVSTITIA.

CVLPA VACARE MAXIMVM EST SOLACIVM.

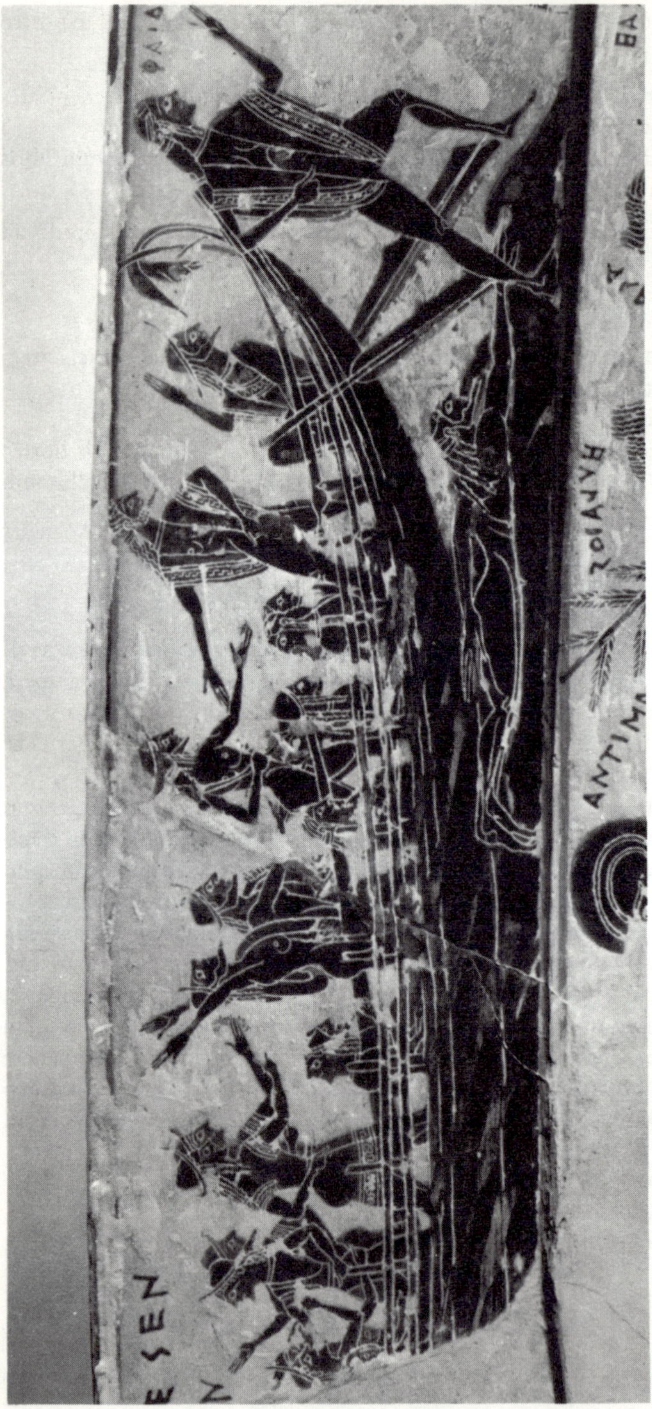

Die attischen Seeleute jubeln über den Sieg des Theseus

17

a)

I 1. Incolae insulae nautas magno in periculo esse vident et exclamant: „(Utinam) di propitii sint! (Utinam) nautis auxilium praebeant! (Utinam) nautas e periculis liberent! (Utinam) nautae serventur! (Utinam) ne navigium undis deleatur!"
2. Troia a Graecis expugnatur et flammis deletur. Pauci Troiani servantur et de excidio patriae dolent: „Utinam Troia integra esset! Utinam ne Graeci Troiam vastarent! Utinam ne excidium patriae videremus! Utinam ne templa deorum ab adversariis spoliarentur! Utinam ne oppidum flammis deleretur!"

II Semper iusti simus! – Dis sacrificemus! – Ne hic maneamus!

III 1. Ut(inam) liberi integri sint! Incolae Athenarum optant. – Incolae Athenarum optant, ut liberi integri sint.
Ut(inam) librum mihi dones! Oro te. – Oro te, ut librum mihi dones.
Ne puellas terreas! Moneo te. – Moneo te, ne puellas terreas.
2. Dominus optat, ut servi bestias horto arceant. – Dominus imperat, ut frumentum ex horreo apportetur. – Opto, ut ad cenam vocer. – Monemur, ne dolus a nobis adhibeatur. – Deos imploremus, ut ex periculo servemur! – Oramus vos, di, ut mala a nobis arceatis. – A te postulo, ne hic maneas.
3. Postulatur, ut nautae stellas observent. – Imperatur, ut dis sacrificetur.
4. Incolae Athenarum optabant, ut liberi integri essent. – Oravi te, ut librum mihi donares. – Te monueram, ne puellas terreres. – Minos optabat, ne Daedalus in terram alienam navigaret. – Monitus sum, ut aegrotum visitarem. – Imperatum erat, ut frumentum apportaretur.

IV 1. Discipuli strenui sunt. Magister discipulos strenuos esse videt. – Discipuli strenui sint! Magister postulat, ut discipuli strenui sint.
2. Consilium meum adhibes. Te consilium meum adhibere gaudeo. – Consilium meum adhibe! Opto, ut consilium meum adhibeas.
3. Daedalum Minotauro Labyrinthum aedificavisse nobis narratum est. – Minos imperaverat, ut Daedalus Minotauro Labyrinthum aedificaret.
4. Amicos verbis tuis violatos non esse puto. – Oro te, ne amicos verbis asperis violes.

V 1. Oppidum muro alto firmatur, ut incolae tuti sint. – Dis sacrificemus, ut auxilium nobis praebeatur! – Hic manete, ut laboretis! – Librum tibi donabo, ut te delectem.
2. Oppida muris altis firmata erant (firmabantur), ut incolae tuti essent. – Theseus in Cretam navigavit, ut Minotaurum superaret. – Dionysus Theseo in somnio apparuit, ut Ariadna in insula remaneret.
3. Obtemperate magistris, ne vituperemini! – Viam vobis monstrabo, ne erretis. – Te de via interrogavimus, ne erraremus.

4. Ut auxilium nobis praebeatur, te oro, ut mecum dis sacrifices. – Ne erretis, vos moneo, ut attenti sitis.

VI Anchises et Aeneas ex incendio Troiae servati sunt. – Cras magister vobis de Aenea, Anchisae filio, narrabit. – Anchisam mortuum Aeneae in somnio apparuisse Vergilius poeta narrat.

Part.: Liberi a Theseo liberati valde gaudent.

b) DE FVGA AENEAE

Decem annos Graeci Troiam oppugnaverant. Postremo dolum adhibuerunt, ut oppidum expugnarent.

Iam Graeci in oppido erant, iam aedificia ardebant; sed Anchises cum Aenea emigrare recusavit. „Dis placuit", inquit, „Troiam expugnari atque deleri. Defleamus miseram fortunam patriae! Utinam ne excidium patriae viderem! Quam beati sunt mortui! Per totam vitam in patria fui; etiam nunc hic manebo. Sed opto, ut tu cum Ascanio filio serveris." Iterum iterumque Aeneas Anchisam rogavit, ut fugae se mandaret. Subito parvae flammae in capillo Ascanii pueri apparent, neque vero puero nocent. Tum Anchises de prodigio gaudet et: „O Iuppiter", inquit, „te imploro, ut propitius sis et nobis auxilium praebeas. Utinam altero signo prodigium tuum firmes!" Ecce: stella clara de caelo se movet viamque ad oram monstrat. Tum Anchises: „Iam nulla mora est; vos, di patrii, oro, ut Aeneam et Ascanium ex periculo servetis." Et cum sacris deorum simulacris fugae se mandaverunt. Aeneas Anchisam umeris sustinuit, puer cum Aenea migravit. Cum paucis sociis in silva se occultaverunt. Ibi Aeneas socios admonuit, ne desperarent.

Ut Ulixes diu per undas erravit, ita Aeneas multa toleravit. Denique Italia fuit nova patria Troianorum. Aeneam proavum Romanorum fuisse fama est.

GAVDEAMVS IGITVR!

DO, VT DES.

Inschrift eines Ringes: CONCORDIA NOSTRA PERPETVA SIT!

18

a)

I 1. Incolae Athenarum Theseum iam diu exspectant et optant: „Utinam Theseus Minotaurum superaverit! Utinam ne a monstro horrido necatus sit! Utinam Minotaurum prohibuerit liberos necare! (Utinam Minotaurus a Theseo prohibitus sit liberos necare!) Utinam Theseus etiam in Labyrintho impavidus fuerit!"

2. Daedalus alas filii in undis spectavit et exclamavit: „Utinam mihi obtemperavisses (paruisses)! Utinam ne tam temerarius fuisses! Utinam periculo territus esses! Utinam mecum servatus esses!"

II 1. Strenuus es; itaque laudaris. Cum strenuus sis, laudaris. – Cur laudatus es? Cum strenuus esses, laudatus es.
2. Bestiae ferae agros deleverunt; itaque inopia magna est. Cum bestiae agros deleverint, inopia magna est. – Cum bestiae agros delevissent, inopia magna erat.
3. Cum libenter vobiscum fuerim, postero anno rursus vos visitabo. – Cum incolae Athenarum Androgeum necavissent, Minos tributum durum postulaverat; itaque incolae Athenarum maesti erant. – Cum liberi servati essent, incolae Athenarum Theseo grati fuerunt.
4. Daedalus Icarum admonuit, quod (quia) magna pericula imminebant. – Quod liberi servati sunt, incolae Athenarum gaudent. – Quod me diu non visitavisti, doleo.
5. Theseus, cum ab Ariadna filo donatus esset, e Labyrintho servatus est. – Anchises, cum prodigio deorum monitus esset, cum Aenea ex oppido Troia emigravit. – Discipulus, quod non tacuit, a magistro vituperatur.

III 1. Quando Dionysus deus Theseo apparuit? – Cum Theseus et Ariadna in insula Naxo essent, Dionysus deus Theseo in somnio apparuit.
2. Nautae ad Siciliam navigaverant; ibi oppidum aedificaverunt. – Nautae, cum ad Siciliam navigavissent, oppidum aedificaverunt.

IV Avo duo equi et octo vaccae sunt. – Nobis hortus ad fluvium est.

V Amicus me industria et diligentia superat. – Nioba Latonam deam numero liberorum superavit.
Part.: Aeneas socios ex incendio Troiae servatos admonuit, ne desperarent.

b) DE NIOBA

Aliquando piae feminae Thebanae Latonae deae sacrificabant; tum Nioba regina appropinquavit et: „Cur", inquit, „Latonae sacrificatis? Mihi sacrificari oportet. Filia sum Tantali, amici et convivae deorum. Avus meus est Iuppiter, summus deorum. Imprimis numero liberorum Latonam supero: mihi septem filii septemque filiae sunt, Latonae autem unus filius unaque filia." Etiam aliis maledictis deam violavit feminisque imperavit, ne deae sacrificarent. Displicuerunt quidem feminis verba reginae, sed paruerunt. Ne Nioba tam superba fuisset!

Latona, quod verbis superbis reginae violata erat, Phoebum et Dianam liberos oravit, ut maledicta Niobae vindicarent. Filii Niobae in campo prope oppidum sito se exercebant. Cunctos pueros Phoebus Apollo sagittis necavit. Primo quidem Nioba filios mortuos deflevit, tum autem aliis maledictis deam violavit: „Septem filios necavisti, saeva dea; neque vero me superavisti: nam mihi nunc etiam septem filiae sunt." Diana autem Latonae: „Cum Nioba", inquit, „te rursus violaverit, superbiam reginae vindicabo." Rursus sagittae de caelo volaverunt.

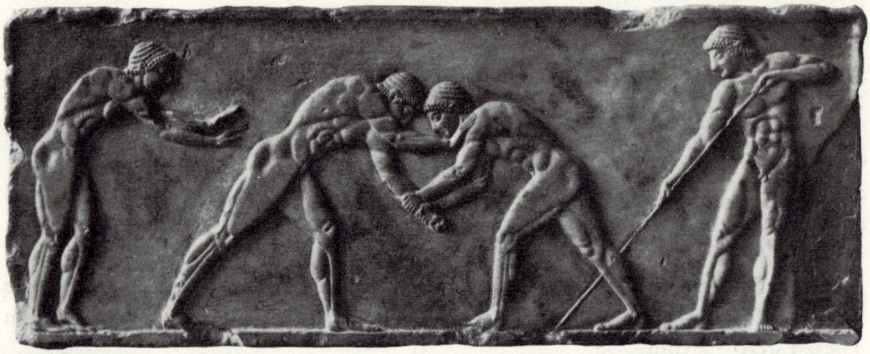

Junge Griechen beim Sport

Cum sex puellae necatae essent, tandem regina Latonam imploravit, ne ultimam filiam necaret. Sed frustra oravit. Diu Nioba liberos mortuos deflebat. Denique a dis in saxum mutata est.

POSTERI IVDICABVNT.
DI PIA FACTA VIDENT.
CVRA PII DIS SVNT.

19

a)

I 1. Si caelum serenum est, libenter in horto laboramus. – Nisi strenui sumus, vituperamur. – Si incolae murum aedificaverunt, oppidum tutum est.
2. Si caelum serenum erit, te visitabimus. – Bestiae agricolis nocebunt, nisi hortis et agris arcebuntur.
3. Incolae murum aedificant. Si incolae murum aedificaverint, oppidum ab adversariis tutum erit. Si murus aedificatus erit, oppidum ab adversariis tutum erit. – Vituperabisne me, si dolum adhibuero? Si dolus a te adhibitus erit, a me vituperaberis. – Si strenui fueritis, a me libro pulchro donabimini.

II 1. Caelum serenum non est; itaque in horto non laboramus. Si caelum serenum esset, in horto laboraremus. – Marcus aegrotus est; itaque in schola non est. Si sanus esset (Nisi aegrotus esset), in schola esset. – Bestiae agricolis nocerent, nisi hortis arcerentur.
2. Caelum serenum non erat; itaque in horto non laboravimus. Si caelum serenum fuisset, in horto laboravissemus. – Marcus aegrotus erat; itaque in schola

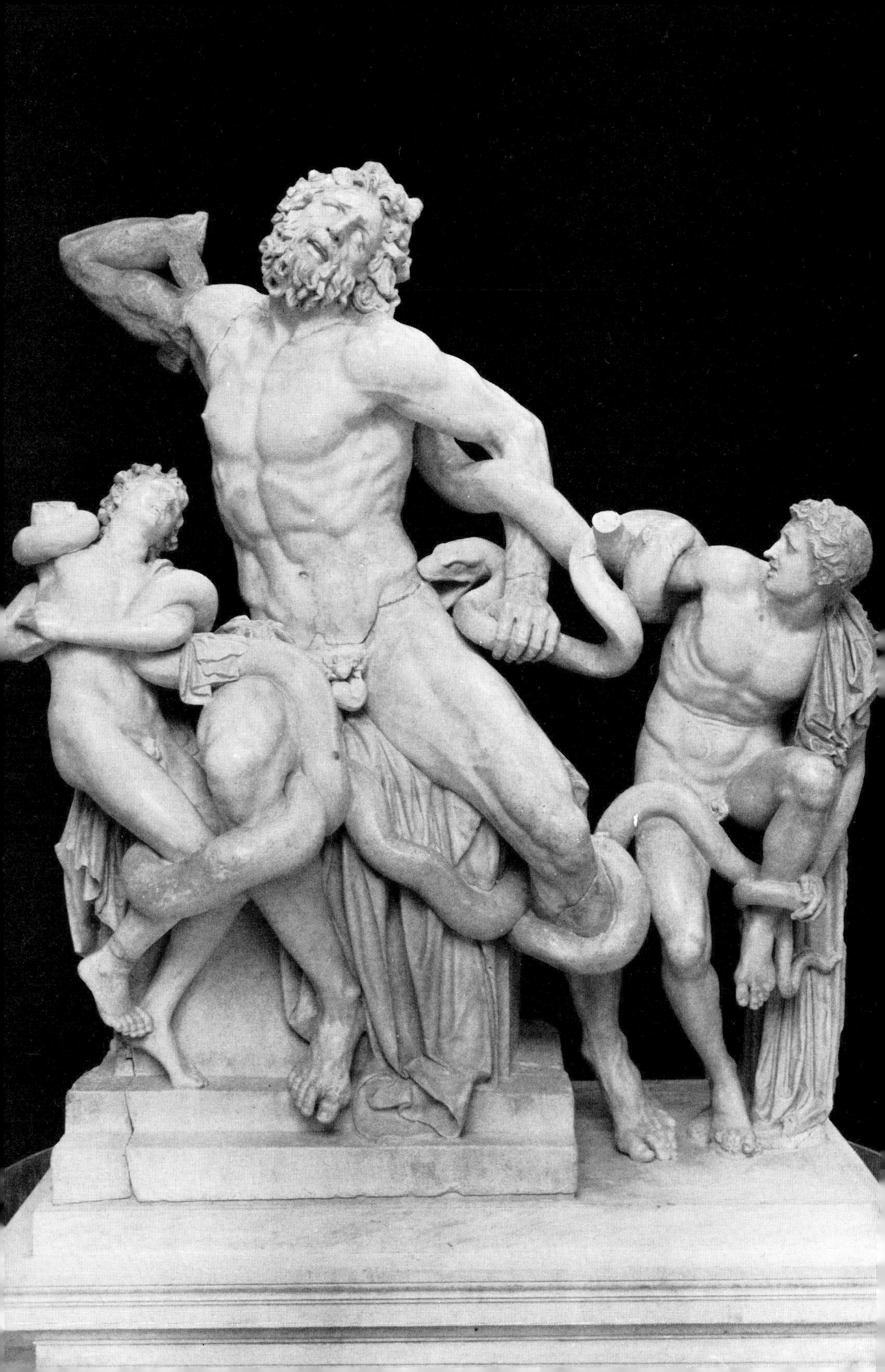

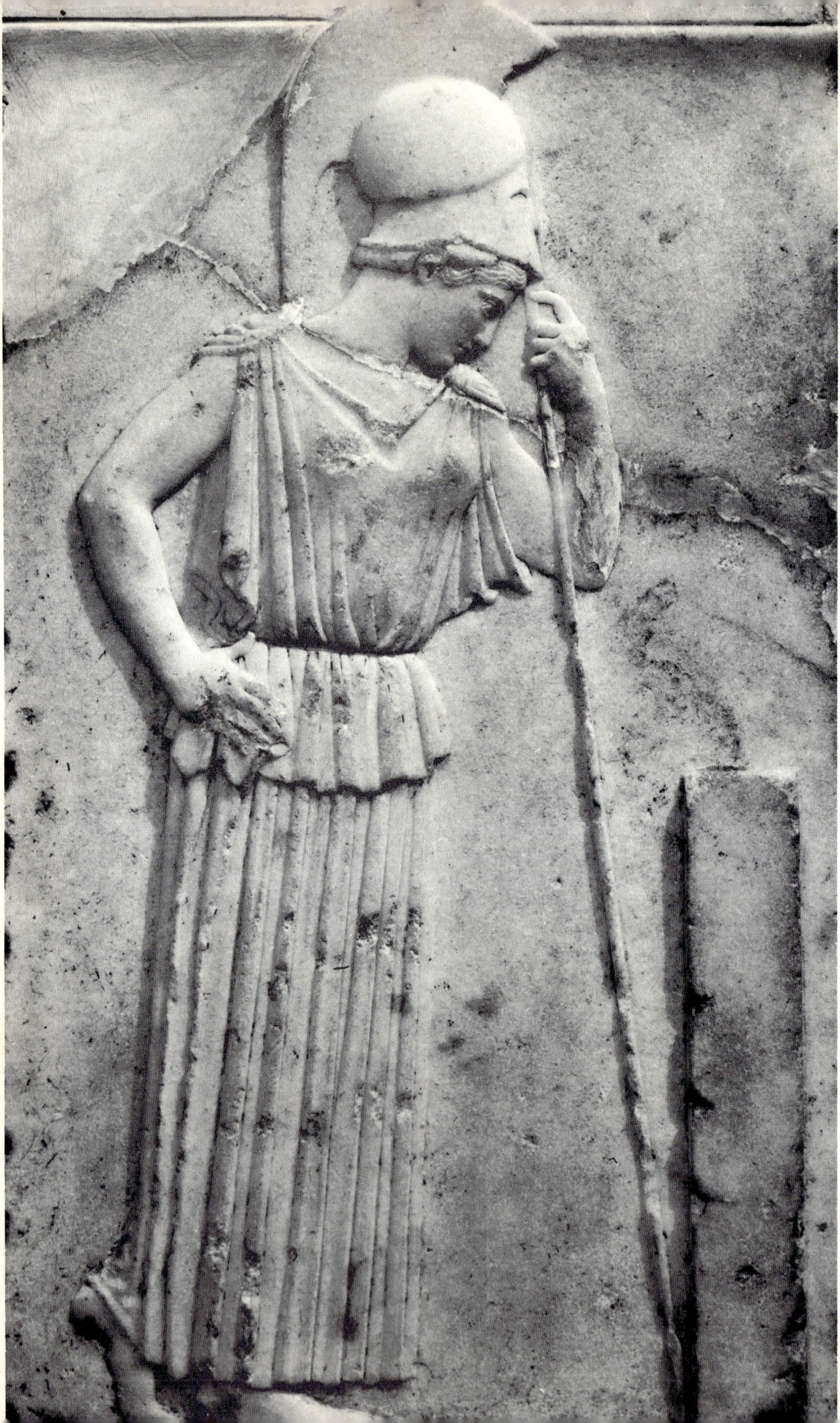

non fuit. Si sanus fuisset (Nisi aegrotus fuisset), in schola fuisset. – Icarus, si paruisset, in undas non praecipitavisset.

III Quamquam (Etiamsi, Etsi) caelum serenum erat, non ambulavimus. – Etiamsi fortuna nobis adversa est, tamen ne desperemus! – Quamquam te interrogavi, taces. – Quamquam opulentus est, tamen beatus non est.

IV Romani Ariovistum amicum appellaverunt. Ariovistus a Romanis amicus appellatus est. – Romani Aeneam proavum suum vocant. Aeneas proavus Romanorum vocatur.

Part.: Latonam maledictis violatam superbiam Niobae vindicavisse narravimus.

b) PER ASPERA AD ASTRA

Hercules adulescentulus aliquando in trivio sedebat et de recta vitae via cogitabat. Tum duae feminae appropinquaverunt. Quamquam Hercules non interrogaverat, altera statim: „Quid dubitas?“ inquit. „Ego tibi rectam viam monstrabo. Si mecum migrabis, vita tua commoda et iucunda erit. Etiamsi non laborabis, tamen cunctae deliciae tibi praebebuntur. Vita tua curis et operis libera erit; divitiis

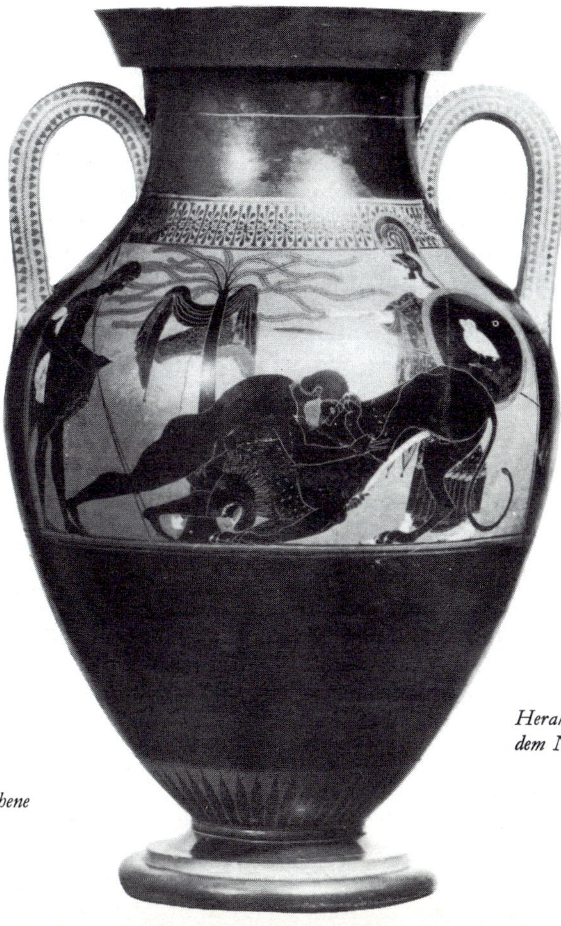

Herakles im Kampf mit dem Nemeischen Löwen

Tafel VIII *Athene*

6827 – Bg. 5

gaudiisque non carebis. Ita semper beatus eris.“ Tum Hercules interrogavit: „Quis es?“ „Inimici“, inquit femina, „Vitium me appellant; ab amicis autem Voluptas vocor.“

Altera diu tacuerat. Nunc autem: „Altera via“, inquit, „tibi a me monstrabitur. Etiamsi aspera et ardua est, tamen recta est. Vita tua laboriosa et molesta erit, si mecum migrabis; sed gloriam aeternam habebis. Praemium di sine cura et opera non dant. Si incolas terrarum a monstris liberaveris et e magnis periculis servaveris, gloria tibi erit apud bonos atque dis amicus eris. Utinam mecum migres et me semper ames! Ego sum Virtus.“

Non diu Hercules de consiliis dearum cogitabat; asperam et arduam viam rectam esse iudicavit. Per totam vitam multa pericula toleravit et incolis terrarum iterum iterumque operam suam praebuit. Denique Hercules vita deorum donatus est. Tantam gloriam sibi non comparavisset, si cum Vitio migravisset.

QVI[1] SE EXALTAVERIT[2], HVMILIABITVR[3]; ET QVI SE HVMILIAVERIT, EXALTABITVR.

20

I 1. Non modo amicos, sed etiam adversarios amare magna res est. 2. Res nobis adversae sunt. 3. Incolae oppidi multas res importabant. 4. Plato optat, ut viri boni et docti rem publicam administrent. 5. De fide Moeri et Selinuntii nobis supra narratum est. 6. Non modo in rebus secundis, sed etiam in rebus adversis amicis fidem servemus! 7. Utinam di rei publicae nostrae propitii sint! 8. Nonnulli viri improbi fundamenta rei publicae deleverunt. 9. Iustitiam fundamentum rerum publicarum esse constat. 10. Discordia rebus publicis nocet.
11. Iam multos dies apud amicum in oppido sum. 12. Si caelum serenum est, a meridie usque ad vesperum ambulamus.

II 1. Olympiis multi adulescentuli Graeci victoriam sperabant. – Spes multorum adulescentulorum expleta non est. – Multi adulescentuli in magna spe victoriae erant. 2. Desiderium patriae magnum erat. 3. Populi odium tyranni iustum est.

III 1. Servus saccos in carro collocavit. 2. Spem in auxilio et fide amicorum collocamus. 3. Romani in planitie castra collocaverunt.

IV 1. Marcus cum Quinto in horto laborabat; cum studio laborabant.
2. Magister postulat, ut discipuli magna (cum) diligentia laborent.
3. Aequo animo incolae oppidi iniurias tyranni toleraverunt. – Adulescentuli in gymnasio variis modis inter se certabant. – Vir iniuria damnatus est.

---

[1] quī = wer (*Relativpronomen*)
[2] exaltāre = erhöhen
[3] humiliāre = erniedrigen

V 1. Quarta hora adero. – Quod nobis adfuistis, vobis grati sumus.
2. Di nobis adsint, absint discordia atque bella! – Cur miseris afuisti? – Non procul ab oppido absumus. – Utinam a culpa afuissemus!
3. Diligentia tibi deest. – Officiis nostris non defuimus.
4. Nonnulli pueri ludis interfuerunt.
5. Augustus multos annos imperio Romano praefuit.

VI 1. Ante portas oppidi agri patent. – Ante nonnullos dies Lucia librum sibi comparavit.
2. Post horreum hortus est. – Post decem annos Troia a Graecis expugnata est.
3. Saeculo a. Chr. n. (= ante Christum natum) primo Romani Galliam, saeculo p. Chr. n. (= post Christum natum) primo Britanniam occupaverunt.
4. Incolae copias pro oppido collocaverunt. – Pro patria pugnaverunt. – Pro beneficiis tuis tibi gratiam debemus.
5. Copiae Romanae pro castris collocatae sunt; planities ante oculos Romanorum patet.
6. Romani dis pro re publica sacrificabant. – Discordia Germanorum imperio Romano secunda fuit.

Part.: In oppido a Graecis expugnato multa aedificia ardebant.

VERVM GAVDIVM RES SEVERA EST.
RES PVBLICA EST RES POPVLI.
DIES DIEM DOCET.

21

a)

I 1. Magister novus severus et iustus est. Linguam Latinam nos docet. – Magister novus, qui linguam Latinam nos docet, severus et iustus est.
2. Puella nunc ridet. Modo flevit. – Puella, quae modo flevit, nunc ridet.
3. Monstrum a Theseo necatum est. In Labyrintho habitabat. – Monstrum, quod in Labyrintho habitabat, a Theseo necatum est.
4. Puer, cuius amicus e magno periculo servatus erat, dis gratus erat.
5. Latona, cui duo liberi erant, superbis verbis Niobae violata erat.
6. Vergilius, quem supra commemoravimus, multa nobis de pio Aenea narravit. – Ad oram, quam procul vides, navigamus. – Templum, quod spectavimus, nobis valde placuit.
7. Dionysius tyrannus, a quo multi necati sunt, dominus severus et iniustus erat. – Insula, in qua Minotaurus habitabat, Creta erat. – Nauta, quocum (cum quo) ad insulam navigavi, e magno periculo me liberavit.

8. Dis, qui nobis adfuerunt, gratiam debemus. – Saepe res, quae narrantur, verae non sunt. – Etiam oppida, quae paucis nota sunt, visitabimus.

9. Athenae et Roma sunt oppida, quorum artificiis adhuc multi delectantur. – Feminae, de quarum consiliis Hercules cogitabat, deae erant.

10. Daedalus et Icarus, quibus in patriam navigare non licebat, alas sibi paraverunt.

11. Mox de ludis, quos Graeci dis parabant, nobis narrabitur. – Nominate tres deas, quas supra commemoravimus! – Pericula, quae Ulixes toleravit, magna fuerunt.

12. Statuae, quibus semper delectabaris, deletae sunt. – Amici, quibuscum (cum quibus) ludis interfui, in oppido nostro habitant.

13. Qui spem in amicis collocavit, nonnumquam frustra speravit. – Qui miseris adfuerint, a multis laudabuntur. – Quod (Quae) in animo habes, non laudo.

II Qui deus Theseo imperavit, ut sine Ariadna in Atticam navigaret? – Quod monstrum in Labyrintho habitabat? – Cuius populi proavus Aeneas erat? – A quo tyranno Syracusani valde vexabantur? – Quae oppida tibi nota sunt? – Quas insulas iam commemoravimus?

III 1. Miseris prodesse studemus. 2. Auxilium vestrum nobis prodest. – Amico prodestis (prodes).

3. Consilia amici mihi prosunt. – Amico prosum. – Amicis prosumus. 4. Consilium meum tibi prosit!

5. Qui rei publicae proderat, apud Romanos laudabatur. 6. „Filum“, inquit Ariadna, „tibi proderit.“ 7. Si tibi prodessem, delectarer.

8. Amicus tibi exemplo suo profuit. 9. Consilium tuum nobis profuisse constat.

IV 1. Avus multas et pulchras fabulas narrare potest. – Mihi adesse potestis (potes).

2. Amico prodesse possum (possumus). – Poetae nos fabulis pulchris delectare possunt. 3. Utinam magistrum commovere possimus, ut nobiscum in Graeciam naviget!

4. In gymnasiis adulescentuli variis modis inter se certare poterant. 5. Dominus equum ferum domare poterit.

6. Multos pueros natare posse video. 7. Si possem, tibi prodessem.

8. Amicus mihi adesse potuit. 9. Pericula vitari potuerunt. 10. Utinam nobiscum ambulare potuissetis!

11. Periculum vitare non potui. – Avum a medico sanari non potuisse dolemus.

Part.: Minos ab incolis Athenarum bello superatis durum tributum postulavit.

Graeci et Romani pii erant. In cunctis fere aedificiis, in foris, in viis arae erant, apud quas orabant et sacrificabant, ut deos delectarent gratiamque deorum sibi conciliarent. In secundis rebus deos gratis animis laudabant, in adversis autem spem in auxilio deorum collocabant. Nam miseri, nisi auxilium a dis sperare possent, de rebus suis desperarent.

Etiam pro re publica saepe ad aras ante templa sitas hostiae immolabantur. Sacrificiis publicis multi incolae intererant. Aut implorabant deos, ut rei publicae adessent, aut gratiam dis habebant, quod rem publicam ex magnis periculis servaverant.

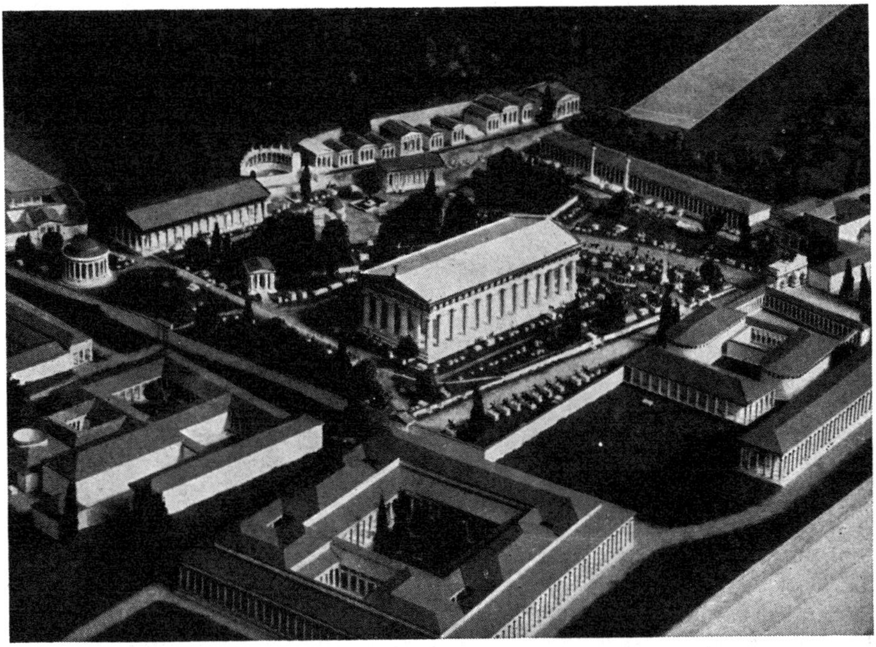

Der heilige Bezirk von Olympia (Mitte: Zeustempel; Hintergrund: Stadion)

Dierum festorum summa erant res divinae. Cum Graeci deos etiam ludis delectari existimarent, saepe ludi parabantur. Nota sunt imprimis Olympia, quae in planitie Alphei fluvii certis annis celebrabantur. Ibi erat locus sacer cum templo magnifico, in quo praeclarum simulacrum summi dei erat. Prope templum ludi parabantur. Multi Graeci eo migrabant vel navigabant, ut ludis interessent. Cum locus deo sacer esset, ibi in armis esse non licebat. Inter dies festos discordia aberat neque Graeci bellabant. Olympiis adulescentuli, qui ante ludos diu in gymnasiis patriae se exercuerant, variis modis inter se certabant. Qui alios superaverant, ramis olivae ornabantur. Saepe etiam a poetis celebrabantur et apud incolas patriae suae per totam vitam in magna gloria erant.

PERICLA[1] TIMIDVS ETIAM, QVAE NON SVNT, VIDET.
AVT PRODESSE VOLVNT[2] AVT DELECTARE POETAE.
QVAE NOCENT, DOCENT.

22

a)

I 1. Portus oppidi nostri parvus est. 2. Portus nonnullorum oppidorum magni sunt. 3. Oppidum Corinthus tres portus habebat. 4. Procul nautae portum sinumque videbant. 5. Conspectus portus nautas delectavit. 6. Navigia portui appropinquaverunt. 7. Aditus nonnullorum portuum a Graecis firmati erant. 8. Nonnumquam venti et undae etiam portibus periculosi sunt. 9. In portibus navigia plerumque tuta sunt. 10. Nautae e portu Athenarum in insulam Siciliam navigaverunt.
11. Senatus erat quasi portus et refugium populorum. 12. Magna copia fructuum delectati estis. 13. Spes eventus secundi parva erat.

II 1. Purae manus dis gratae sunt. – Parva manus Troianorum servata est.
2. Multae domus columnis et statuis ornatae erant. – Domos nostras flammae deleverunt. – In domo magnifica artificia pulchra sunt.

III 1. Cornu tauri acutum est. 2. Tauro sunt duo cornua magna. – Ut tauro, ita exercitui quoque duo cornua sunt. 3. Dextrum cornu exercitus ab adversariis superatum est. 4. Equitatus dextro cornu (cornui) exercitus appropinquabat.

IV 1. Per multa saecula oppidum florebat. – Postea incendio deletum est.
2. Post multa saecula oppidum incendio deletum est.
3. Postquam oppidum incendio deletum est, incolae emigraverunt.
Oppidum, postquam incendio deletum est, denuo aedificatum est.

V Graeci et Romani praeter oras navigabant. – Neptuno praeter equos etiam tauri immolabantur.

Part.: Feminis valde territis verba reginae displicuerunt.

---

[1] = perīcula
[2] volunt = (sie) wollen

b) DE CORINTHO ANTIQVA

Aditus ad Peloponnesum Isthmus appellatur. Prope Isthmum oppidum Corinthus situm est. Corinthus antiqua magno numero incolarum et divitiis clara erat. Corinthiis agri fructuosi et metalla erant. Oppidum tres portus habebat. Multae res ad usum cottidianum necessariae, velut arma, uvae, amphorae aliaque vasa exportabantur. Incolae oppidi, cum opulenti essent, non modo domos pulchras, sed etiam multa et magnifica templa aedificaverunt. Templa columnis altis et statuis pulchris ornata erant.

Non modo in oppido Corintho, sed etiam in Isthmo cultus Neptuni florebat. Non procul ab oppido erat lucus, qui deo sacer erat. Diebus festis deo praeter equos etiam tauri immolabantur, quorum cornua coronis ornata erant. Atque certis annis Neptuno ludi parabantur. Cum in Isthmo essent, Isthmia nominabantur. Multi incolae Graeciae et coloniarum Graecarum ante dies festos eo migrabant vel navigabant. Ut in planitie Alphei fluvii, ita etiam in Isthmo adulescentuli variis modis, imprimis curribus inter se certabant. Etiam poetae, quorum versus recitabantur, ludis intererant.

De principatu Graeciae Corinthii vario eventu cum incolis aliorum oppidorum bellaverunt. Saeculo a. Chr. n. secundo Corinthus a Romanis expugnata et deleta est. Primo a. Chr. n. saeculo oppidum denuo aedificatum est. Reliquiae templi Phoebi et nonnullarum domuum adhuc supersunt. Etiam hodie in multis oppidis vasa Corinthia monstrantur, quibus de divitiis et magnificentia Corinthi antiquae monemur.

S P Q R = SENATVS POPVLVSQVE ROMANVS
VSVS TYRANNVS.
MANVS MANVM LAVAT.

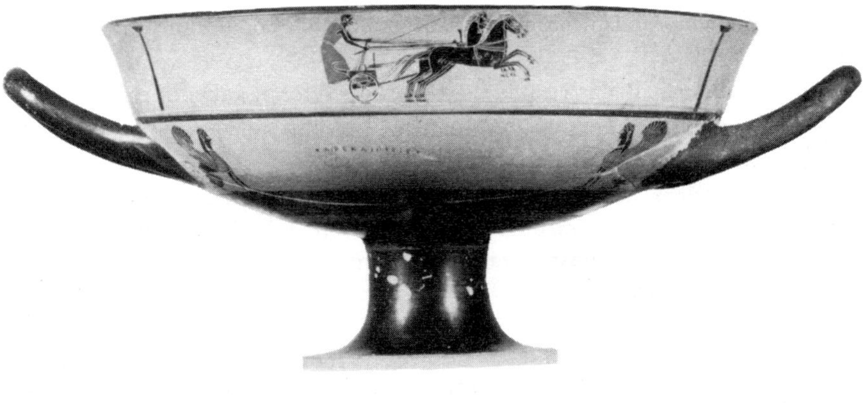

Trinkschale des Xenokles-Malers mit Viergespann

23

a)

I 1. Hector filius Priami et Hecubae fuit. 2. Victores oppidum expugnatum incendio deleverunt. 3. Servi multos labores et dolores sustinebant. 4. Interdum in via liberi clamant; multi clamorem liberorum tolerare non possunt. 5. Castra Caesaris a Gallis frustra oppugnata sunt. 6. Labores mercatorum magni sunt. 7. Cum dei imperatori propitii essent, adversarii superati sunt. 8. Venti adversi mercatoribus valde nocuerunt. 9. Errore tuo et tibi et nobis nocuisti. 10. Magister nobis de erroribus Aeneae narravit.

II 1. Sol a multis populis adoratus est. – Solem deum Graeci Phoebum appellabant. 2. Exercitum Romanum, cui consul praeerat, Hannibal superavit. 3. Quotannis a populo Romano duo consules creabantur.

III 1. Hecuba uxor Priami erat. 2. Sorores me oraverunt, ut properarem. 3. Nioba pias mulieres Thebanas duris verbis vituperavit.

IV 1. Rosa flos pulcher est. – Ara floribus ornata est. 2. Mores Germanorum bonos fuisse Tacitus rerum scriptor narrat.

V 1. Mater aegrota erat. 2. Magni erant dolores matris. 3. Pater medicum oravit, ut morbum uxoris sanaret. 4. Matrem aegrotam esse fratri nuntiavi. 5. Frater matri multos flores donavit.

VI 1. Ver iucundum est. – Vere multi flores florent.
2. Ius Romanum fundamentum est iuris multorum populorum. 3. Coniurati iure damnati sunt.

4. Ab aliis animus, ab aliis corpus exercetur. – Exerce et animum et corpus!

5. Ver tempus pulchrum est. 6. Antiquis temporibus adulescentuli Graeci corpora in gymnasiis exercebant.

7. Imperator vulneratus erat; vulnus imperatoris a medicis curatum est. – Etiam vulnera aliorum virorum a medicis curata sunt. – Magni erant vulnerum dolores. 8. Asinus magno onere onustus erat. – Magnum onus a portu in oppidum portavit. 9. Opera Phidiae clara sunt.

VII 1. Puer tam aegrotus est, ut medicus vocetur. 2. Oppidum ita (sic) firmatum erat, ut ab adversariis expugnari non posset. 3. Tantum erat periculum, ut valde terrerer. 4. Ita (Sic) territus sum, ut respondere non possim.

Part.: Puero a medico sanato ambulare nondum licet.

Tafel IX oben: *Das Stierspiel*
unten: *Thronsaal im Palast von Knossos*

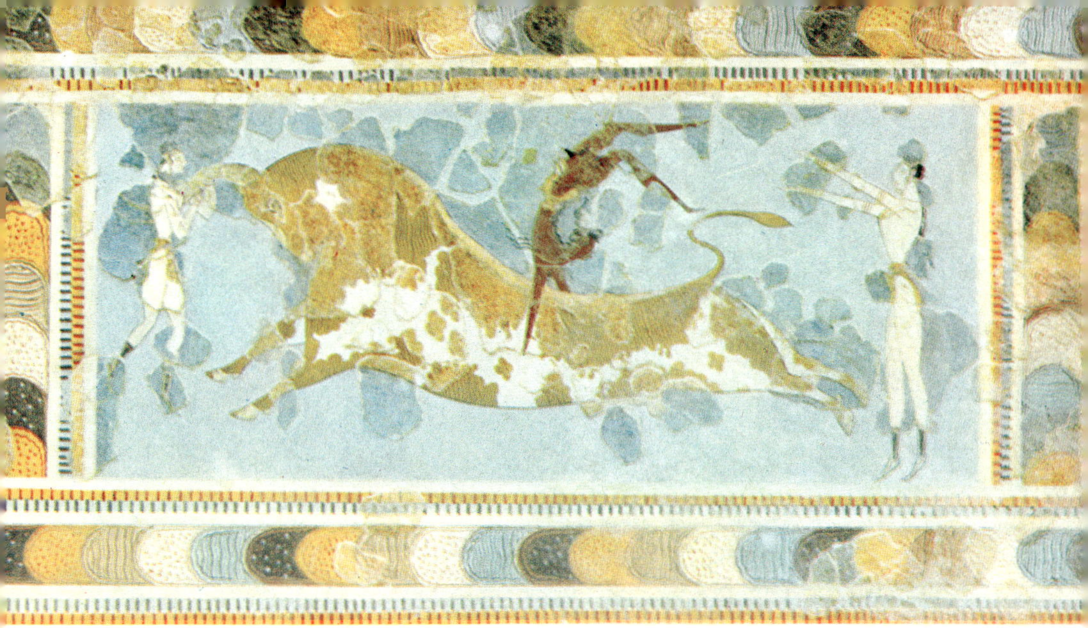

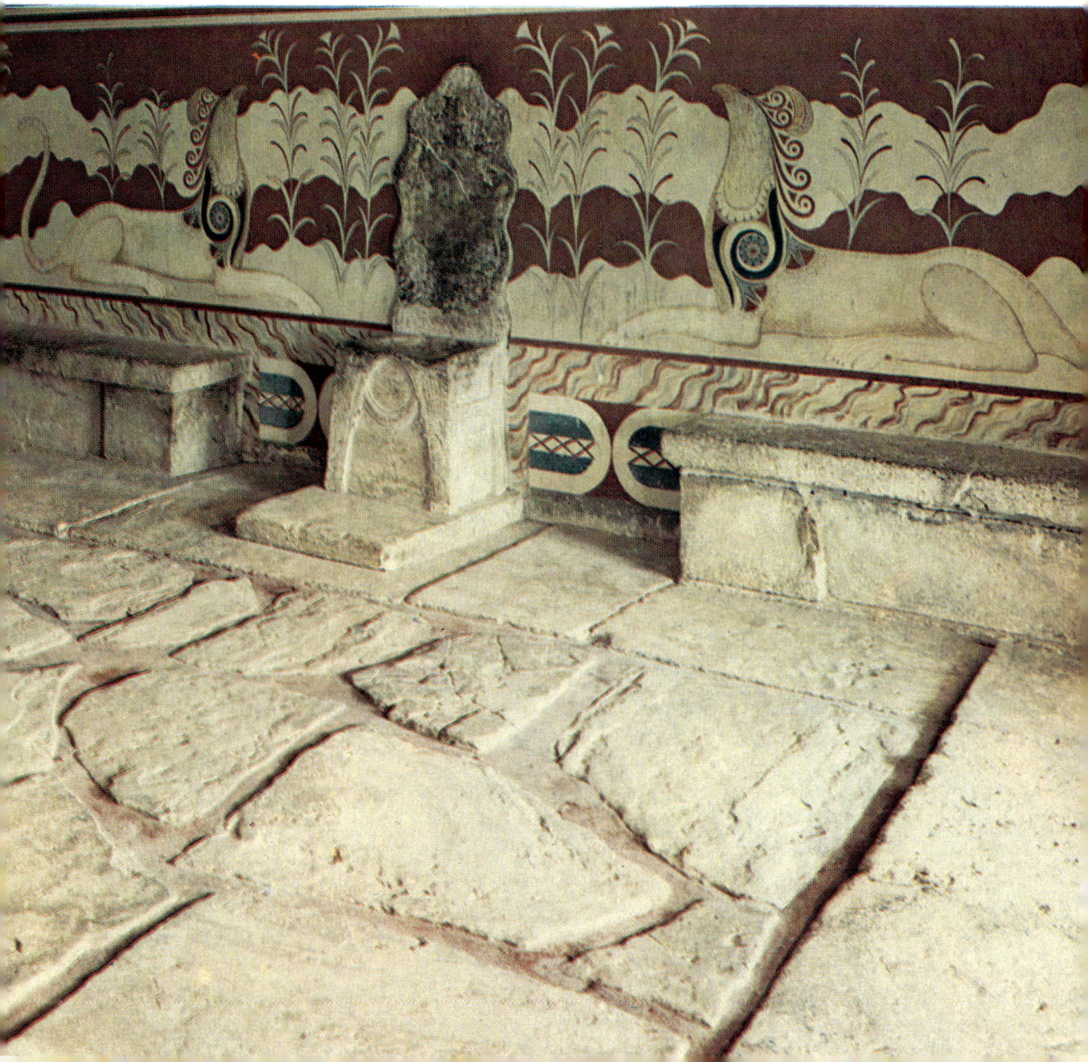

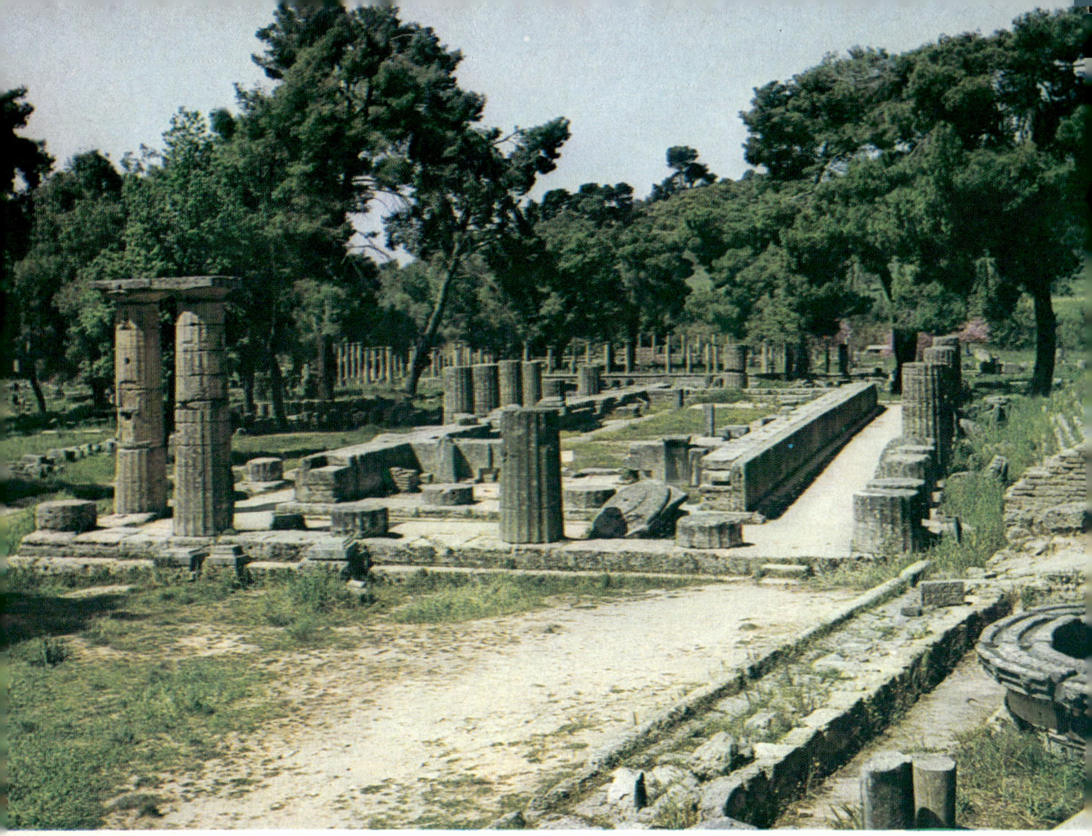

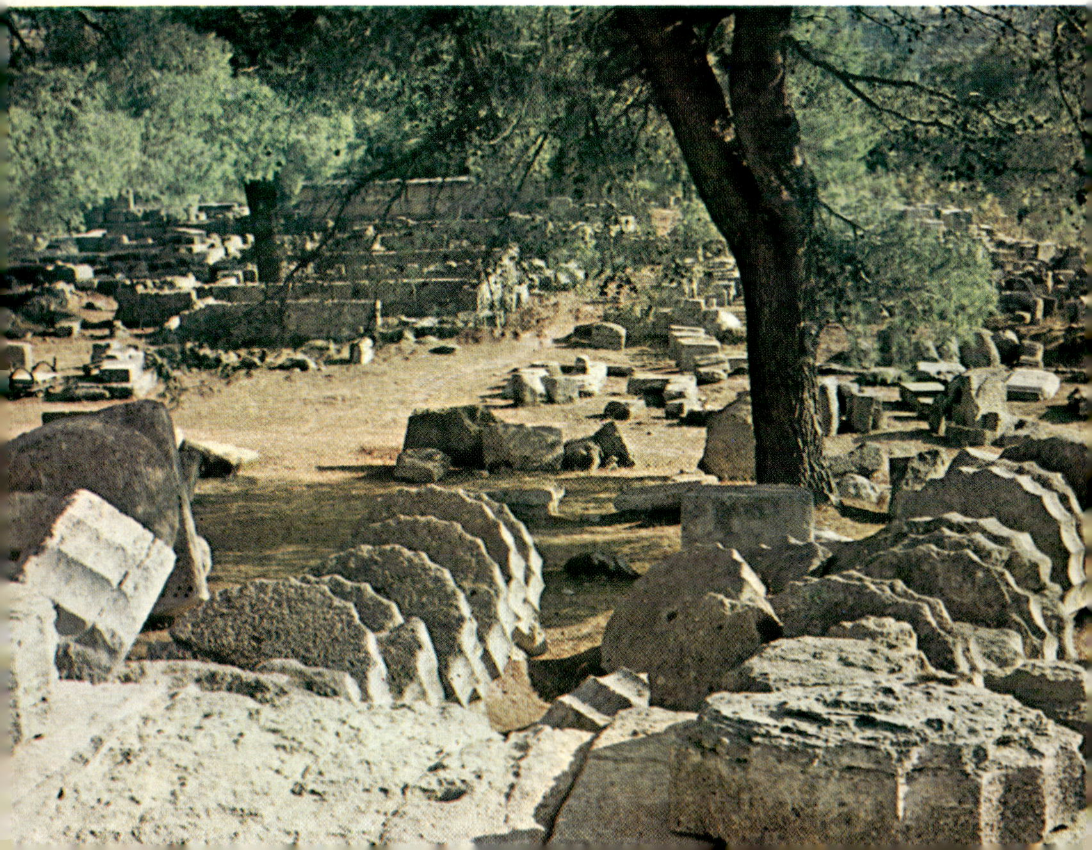

b) DE SERVIS

Multi scriptores antiqui servos commemorant. Servos plerumque captivos fuisse constat. Victores enim saepe ex oppidis expugnatis viros, liberos mulieresque in servitium raptabant. Captivi a mercatoribus in foris venditabantur. Cum pretium servorum parvum esset, in cunctis fere domibus servi erant. In oppidis Graecorum et Romanorum servi incolas liberos numero superabant.

Varia erant munera servorum. Servi publici ad opera publica adhibebantur: alii in agris aut in officinis aut in navigiis aut in metallis aut in lautumiis laborabant; alii magistratibus apparebant et apparitores nominabantur. Apparitorum vita plerumque misera non erat; multi etiam peculium habebant. Servi privati in familiis habebantur et cunctos labores in domo, in horto, in agris, in horreis, in officinis domini exercebant. Etiam viri docti, velut poetae, scriptores, medici, paedagogi inter servos erant. Servi et servae plerumque ex patria nominabantur (velut Lydus, Lydia, Syrus, Syra, Afer, Afra), ioci causa etiam ex viris claris (velut Hector, Theseus, Menelaus).

Servi imperiis dominorum parere debebant. Apud Romanos dominis licebat servos, qui officiis defuerant, virgis verberare. Itaque servi, quorum mores mali erant, saepe in magno timore erant; nonnulli etiam in ergastulum delegabantur. Etiam qui servum suum necaverat, ante tempora Caesarum non in ius vocabatur. Nonnumquam domini tam iniusti erant, ut servos duris poenis coercerent, etsi poenas non meruerant. Plerosque autem incolas Athenarum et Romae in servos humanos fuisse constat. Domini benigni a servis amabantur; et tantus erat saepe amor servorum, ut pro dominis pericula libenter sustinerent. Fidi et strenui servi a dominis servitio liberari poterant; apud Romanos in tutela domini manebant et liberti nominabantur.

MVLIERES IN ECCLESIIS[1] TACEANT!
O TEMPORA, O MORES!

24

a)

I 1. A plebe Romana quotannis decem tribuni creabantur. 2. Patricii et plebs erant populus Romanus.
3. Ops dea templum in Capitolio habuit. 4. Nautae ope deorum ex undis servati sunt. 5. Opes oppidi Corinthi magnae erant.

II 1. Legem non longam esse oportet. 2. Nova lex a tribuno plebis rogata est. 3. Primus rex Romanorum erat Romulus. 4. Et a regibus et a populis leges observentur! 5. Nioba coniux regis Thebanorum erat.

1 ecclēsia = die Versammlung, Gemeinde

Tafel X oben: *Das Heraion von Olympia*
unten: *Der Zeustempel von Olympia*

6827 – A – 6

6. In pace florent litterae. 7. Summa pax in oppido erat. 8. Dux peritus exercitui praesit! 9. Duci perito exercitus libenter obtemperabit.
10. Iusti sint iudices! 11. Iudex iustus semper laudabitur. 12. Iustitia summum officium iudicis est.

III 1. Vergilius poeta apud Romanos in summa laude erat. 2. Laus patris puerum delectavit.
3. Miser de salute sua non desperavit. 4. Salus nostra in virtute et pietate est. 5. Pietas Aeneae a Vergilio poeta celebratur. 6. A prima aetate et animum et corpus exercere debes. 7. Aestate Italiam visitabimus.
8. Consules in bello duces militum erant. 9. Miles Romanus pilo gladioque pugnabat.

IV 1. Moerus et Selinuntius inter se corde amabant. 2. Cor timidum periculum auget.
3. In capite Ascanii flammae apparuerunt. 4. Capita taurorum, qui immolabantur, coronis ornata erant. 5. Roma caput Italiae est.

V 1. Reges populos regunt (regnant, regnum obtinent). – Nonnulli populi a regibus reguntur. 2. Dux exercitum in planitiem ducit. – Exercitus a duce in planitiem ducitur. 3. Cur librum non legis, Marce? – Librum non lego, quod patri displicet. 4. Ducerisne, Quinte, a paedagogo mane ad scholam? – Cottidie mane a paedagogo ad scholam ducor. 5. Tribunus plebem interrogavit: „Diligitisne viros, a quibus regimini?“ – „Viros, a quibus regimur, non diligimus; nam nos remque publicam non curant.“

VI 1. Aestate cottidie puer equos avi in agrum ducebat. – Cottidie equi a puero in agrum ducebantur. 2. „Cottidie“, inquit puer, „equos avi in agrum ducebam. Vesperi ab avo cum equis ad fluvium mittebar.“

VII „Lege, Marce“, inquit pater, „nonnullos versus Vergilii poetae! Vos, Aemili et Cornelia, legite poma in horto et portate matri!“ Postquam Marcus recitavit, pater servis: „Ducite“, inquit, „equos ad fluvium! Tu, Lyde, Quintum filiolum voca et tecum duc!“

VIII 1. Poetarum clarorum versus legere nos delectat. 2. Opera poetarum Graecorum et Romanorum a multis libenter legi constat. 3. Iudices iustitiam diligere debent. 4. A multis diligi honestum est.

Part.: Filo ab Ariadna donato Theseus ex Labyrintho servatus est.

b) DE AETATE AVREA

Initio fuisse aetatem auream apud poetas antiquos legimus. Tum incolae terrarum in otio vitam agebant et curis vacabant. Quamquam agri non colebantur, tamen terra res ad victum necessarias gignebat. Fructus maturi ex arboribus vel in terra legebantur. Mel flavum de arboribus stillabat et lac in fluviis fluebat. Ver aeternum erat: Favonius placidus flabat et undique flores florebant.

Neque avaritia neque cupiditas voluptatum animos regebant; neque fraude divitiae parabantur neque scelera committebantur. Cuncti iustitiam et pietatem colebant. Itaque incolae terrarum sine legibus et sine iudicibus vivebant. Secura erat vita humana. Nondum erant milites; duces igitur iuventutem ad arma vocare non poterant. Nondum bella gerebantur, neque viri, liberi, mulieres in servitutem abducebantur. Nondum oppida muris cingebantur, ut incolae ab adversariis defendi possent. Pax aeterna erat. Aetate aurea incolae terrarum beati erant.

Etiam hodie multi optant, ut sine laboribus et curis sint; neque vero tempora nostra in aetatem auream mutari possunt.

VERBA DOCENT, EXEMPLA TRAHVNT.
NVLLA POENA SINE LEGE.
SALVS PVBLICA SVPREMA LEX.
IBI POTEST VALERE POPVLVS, VBI LEGES VALENT.

25

I 1. Marcus non iam aegrotus est. Itaque cras paedagogus Marcum rursus ad scholam ducet. 2. Paedagogus domino: „Cras“, inquit, „Marcum rursus ad scholam ducam. 3. Optasne, ut iam hodie cum puero nonnullos versus poetarum legam?“ 4. Pater Marco: „Cras“, inquit, „rursus in scholam migrabis et multa disces. 5. Opto, ut hodie cum paedagogo nonnullos versus poetarum legas.“

6. Marcus sanus est. Itaque dominus imperat, ut Marcus a paedagogo ad scholam ducatur. 7. Cras a paedagogo ad scholam ducetur.

8. Paedagogus Marco: „Cras“, inquit, „a me ad scholam duceris. 9. Pater tuus optat, ut a me ad scholam ducaris.“

10. Marcus paedagogo: „Me sanum esse“, inquit, „gaudeo. Pater optat, ut a te ad scholam ducar. 11. Cras a te ad scholam ducar.“

12. Dominus imperavit, ut paedagogus puerum ad scholam duceret. 13. Dominus imperavit, ut puer a paedagogo ad scholam duceretur.

14. Ad forum currimus, ut poma emamus. Avum aegrotum visitabimus. Utinam avia viveret! Dis gratias agamus, quod avus adhuc vivit! Utinam avus mox surgere possit! Si sanus esset, surgeret et in horto ambularet. Si ab avo in hortum mittemur, ibi ludemus. Vesperi equi avi a nobis ad fluvium ducentur, ut bibant.

II 1. Pater filium ad nautam mittit et postulat, ut statim remigret neque (neve) cum filio nautae naviget. 2. Pueri Romani magistris parebant, ne vituperarentur neve virgis castigarentur.

Part.: Sagittis deorum superbia Niobae iratorum liberi necati sunt.

TV SI ANIMO REGERIS, REX ES; SI CORPORE, SERVVS.
DISCE GAVDERE!

26

a)

I 1. Patrem Marci visitavimus. Eum valde diligimus. Ei gratiam habemus, quod nobis saepe adfuit. Nonnumquam cum eo libros poetarum legimus. Is nobis saepe fabulas pulchras narrat. Nobis licuit equos eius ad fluvium ducere. Pater Marci equos suos amat.

2. Supra de servis narravimus. Vita eorum misera erat; itaque saepe fortunam suam accusabant. Nonnumquam ei (ii) in ergastulo laborare debebant. Ibi viri inhumani eis (iis) praeerant. Multis modis eos coercere dominis licebat. Multi dolores ab eis (iis) tolerabantur.

3. Supra de Nioba narravimus. Ea mulieribus imperavit, ne Latonae sacrificarent. Feminae Thebanae ei paruerunt. Latona dea ab ea violata est. Ut eam vindicarent, Apollo et Diana liberos eius necaverunt. Nioba liberos suos valde amavit.

4. Lucia et Cornelia magno in periculo erant. Itaque metus earum magnus erat. Eas e periculo liberavimus.

5. In insula Creta monstrum horridum habitabat; id Theseus necavit.

6. Verba poetae mihi valde placent. – Ea memoria tenebo.

7. Labor nobis molestus est; tamen eum sustinebimus. – Liber tibi placet; itaque eum tibi donabo. – Aetate aurea cuncti incolae terrarum beati erant; itaque hodie multi eam desiderant. – Silva prope domum nostram est; saepe in ea ambulamus. – Vulnus imperatoris periculosum fuit; medicus id curavit. – Templum clarum in oppido Colonia est; aestate frater id visitabit.

II 1. Aeneas ex incendio Troiae servatus est. Eum in Italiam navigavisse fama est. – Nonnulli Troiani cum Aenea fugae se mandaverunt; eos quoque servatos esse Vergilius poeta narrat.

2. Nioba Latonam verbis superbis violavit. Eam a dis vindicatam esse supra commemoravimus. – Mulieres Thebanae a Nioba vituperatae sunt. Eas non libenter verbis reginae obtemperavisse notum est.

3. Vulnus amici periculosum erat. Id a medico curari necessarium erat. – Amicum aegrotum visitavi et donis pulchris delectavi. Ea amico iucunda fuisse apparet.

III In silva domus deserta erat; in eum locum coniurati captivos portaverunt. – Victores Olympiorum ramis olivae ornabantur. Id praemium multi adulescentuli Graeci sperabant. – Dominus servo: „Quod strenuus fuisti“, inquit, „praemium tibi dabo.“ Ea verba ei iucunda fuerunt.

IV 1. Ii pueri, quos magister vituperavit, nunc attenti sunt; ii autem, qui ab eo laudati sunt, non sunt attenti.
2. Orator ab iis, qui aderant, valde laudatus est. 3. Qui multos virtute superat, eius gloria magna est. 4. Id, quod (Ea, quae) in animo habemus, peragemus.

V 1. Propter (Ob) inopiam frumenti multi Graeci emigraverunt. 2. Theseus optavit, ut liberi servarentur. Ob eam causam (Ob eam rem) magnum periculum sustinuit.

b) DE IPHIGENIA

Menelaus, rex Spartae, duces Graecorum cum militibus in portum Aulidem convocaverat, ut cum eis in Asiam navigaret et cum Troianis propter Helenam coniugem bellum gereret. Sed Graeci tempestate diu in portu retinebantur. Agamemno enim, qui exercitui eorum praeerat, cervam Dianae sacram violaverat. Duces Graecorum exercitum ob eam rem retineri putabant et iram Dianae timebant. Calchas autem sacerdos ab iis interrogatus nuntiavit: „Dea non placabitur, nisi Agamemno Iphigeniam filiam ei immolaverit.“ Agamemno verbis eius territus id primo recusavit; sed duces Graecorum eum orabant, ut voluntati Dianae cederet neve salutem Graecorum neglegeret. Tandem Agamemno precibus eorum cedit. Ulixes ei suadet, ut dolo filiam in castra arcessat. Itaque nuntium ad filiam mittit. Is Iphigeniae: „Rex“, inquit, „mihi imperavit, ut te in castra Graecorum ducerem; nam Achilles te diligit et in matrimonium ducet.“ Puella ea re valde delectata statim cum nuntio ad portum Aulidem migrat. In castris sacerdos eam ad aram ducit. Ecce autem Iphigenia subito non iam adest, pro ea cerva in ara iacet, quam sacerdos deae immolat. Tum magna voce exercitui nuntiat: „Ira deae placata est. Iam venti secundi sunt, iam navigia solvere et in Asiam navigare possumus, ut cum Troianis bellum geramus, copias eorum vincamus oppidumque expugnemus.“

Iphigeniam autem a Diana in longinquam terram Taurorum asportatam esse fama est. Ibi per multos annos templo deae praefuit; denique Orestes frater eam in patriam reducit.

Anfang eines mittelalterlichen Liedes:
Ecce gratum / et optatum / ver reducit gaudia.

27

a)

1. pater a filio delectatus; stella a nauta observata (2); pocula vino impleta (2); in ora ventis undisque deleta; monstrum horridum a Theseo in Labyrintho necatum (2); de mulieribus Thebanis verbis duris reginae vituperatis.

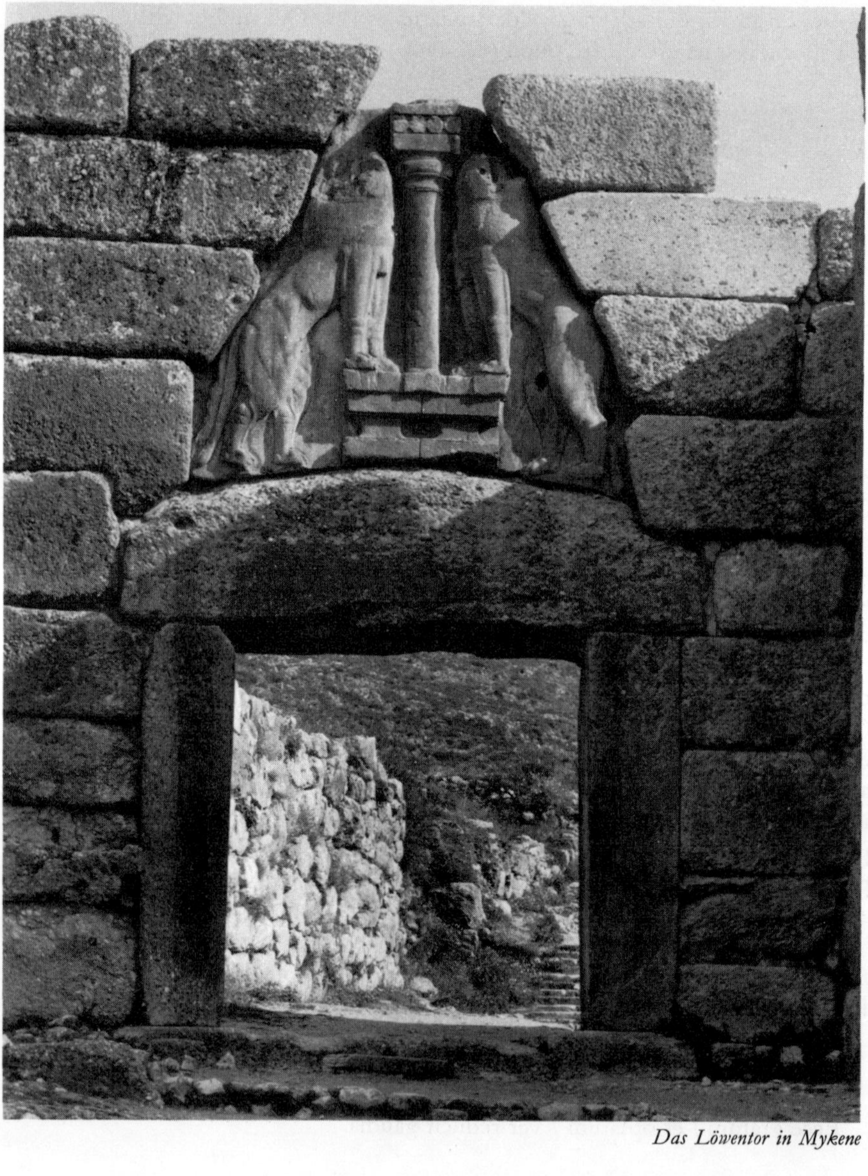

Das Löwentor in Mykene

2. *Übersetze das Partizip durch einen Relativsatz und forme diesen ins Aktiv um*: Versus a magistro recitatos memoria tenebimus. – Gaudium liberorum a Theseo servatorum magnum erat. – Ex oppido a Graecis deleto Aeneas cum nonnullis sociis emigravit.

3. *Suche nach verschiedenen Übersetzungsmöglichkeiten für das Partizip*: Corinthus a Romanis deleta denuo aedificata est. – Servis ad opera publica adhibitis victus a civitate praebebatur. – Liberi Latonae maledictis violatae filios filiasque Niobae necaverunt. – Icarus a patre monitus (tamen) soli nimis appropinquavit.

b) DE EQVO TROIANO

Decem iam annos Graeci cum Troianis bellaverant. Oppidum muro alto firmatum saepe oppugnaverant. Neque tamen Troiam expugnare potuerant. Tandem oppidum diu frustra oppugnatum dolo Graecorum expugnatum est.

Magnus equus ligneus viris armatis completus ante portas Troiae collocatus est. Deinde Graeci in insulam Tenedum, quae non procul a Troia aberat, navigaverunt. Statim multi incolae ex oppido advolaverunt. Laocoon autem, sacerdos Troianus Phoebi, insidias Graecorum in equo latere putabat. Itaque exclamavit: „Non in patriam Graeci navigaverunt. Aut nonnulli in equo occultati sunt aut equus est machina a Graecis in muros nostros aedificata. Timete Graecos, qui dona dant!“

Postquam id exclamavit, subito duae hydrae a Tenedo appropinquant, sacerdotem filiosque eius necant, ad templum Minervae serpunt. Itaque Troiani equum donum Minervae esse putabant et eum in oppido Troia collocaverunt; neque enim Graecos dolum adhibuisse cognoscebant.

Noctu Graeci in equo occultati e latebris liberati sunt. Muros occupaverunt et socios signo revocaverunt. Troiani e somno excitati suos convocaverunt et adversarios domibus templisque arcere studuerunt. Graeci autem Troianos superaverunt; totum oppidum flammis deletum esse constat. Pauci Troiani ex incendio Troiae deletae servati sunt.

28

a)

I 1. Iulius et Marcus fratres mei sunt. Eodem die eiusdem anni nati sunt. In eadem schola sunt. Idem magister eos docet. Eidem magistro (Eisdem magistris) gratiam habent. Eundem magistrum diligunt. Aestate eandem insulam et idem oppidum visitabunt. Eorundem puerorum amici sunt.

2. Eadem patria est nobis atque (ac) vobis. Eadem patria nobis est, quae vobis (est). – Marcus eosdem labores toleravit atque (ac, quos) Iulius. – Iidem magistri te atque (ac, qui) me docebunt.
3. Idem dico, quod (atque) cogito. – Eadem dico, quae (atque) cogito.

II 1. Apud populum ipsum summa potestas sit! – Iuppiter ipse Romanis adfuit. Auxilio dei ipsius Romani adversarios superaverunt. – Mihi ipsi rem narravisti. 2. A Diana ipsa Iphigenia servata est. Dea ipsa Iphigeniam servavit.
3. Di ipsi Graecis adfuerunt. – A dis ipsis oppidum servatum est.
4. Magister de Italia narravit; ipse ante nonnullos annos ibi fuit. – Domina filiae imperavit, ut librum sumeret et legeret; ipsa cum ancillis laboravit.
5. Aegeus, cum navigium Thesei filii velis nigris appropinquaret, se ipse necavit. – Captivi se ipsi liberaverunt.

III 1. Aurea aetate incolae terrarum beati erant. Aurea aetate incolae terrarum beate vivebant. – Iudicium iudicis iustum fuit. Iudex iuste iudicavit.
2. Secundo a. Chr. n. saeculo in Italia agri longe lateque non colebantur. – Ostia non longe abest ab oppido Roma. – Vir vere Romanus semper salutem publicam spectat.
3. Antiquis temporibus servi plerumque misere vivebant. – Servos saepe aspere tractatos esse constat. – Dicite (Dic) libere!
4. Pueri puellaeque pulchre cantaverunt.
5. Tu, Marce, bene scribis, tu autem, Luci, male.
6. Nautae crebro (non raro) magno in periculo sunt. – Secundo a. Chr. n. saeculo in Italia multi agri omnino non colebantur.

b) DE VLIXE

Ex oppido Troia principes Graecorum cum multis captivis magnisque opibus in patriam navigaverunt. Ulixem, regem Ithacae insulae, diu a patria afuisse et multos casus adversos sustinuisse apud Homerum aliosque poetas legimus.

Eodem anno, quo Troia expugnata est, Ulixes a Polyphemo Cyclope paene necatus est; sed virum ferum dolose superavit. Postea a Circa, Solis filia, quae in insula Oceani habitabat, de Sirenibus et aliis periculis monitus est. Itaque Sirenes vitavit, quamquam pulchre cantaverunt. A Circa monitus etiam pericula Scyllae et Charybdis superavit. Sed patriam videre Ulixi nondum licet. Navigium eius tempestate deletur et comites, qui eadem pericula atque ipse toleraverunt, vitam amittunt. Ipse autem in insulam Ogygiam, ubi Calypso dea habitat, servatur. Diu Ulixes a dea retinetur. Nam Calypso virum egregium amat et optat, ut ab eo in matrimonium ducatur. Sed Ulixes, quamquam Calypso iuventutem aeternam ei promittit, Penelopae uxori fidem servat. Tandem Iuppiter ipse a Minerva rogatus per Mercurium deae imperat, ut virum miserum dimittat. Cito Ulixes navigium novum aedificat et insulam Ogygiam relinquit. Denuo autem navigium eius a Neptuno deletur, ipse e naufragio vix ad Phaeaces servatur.

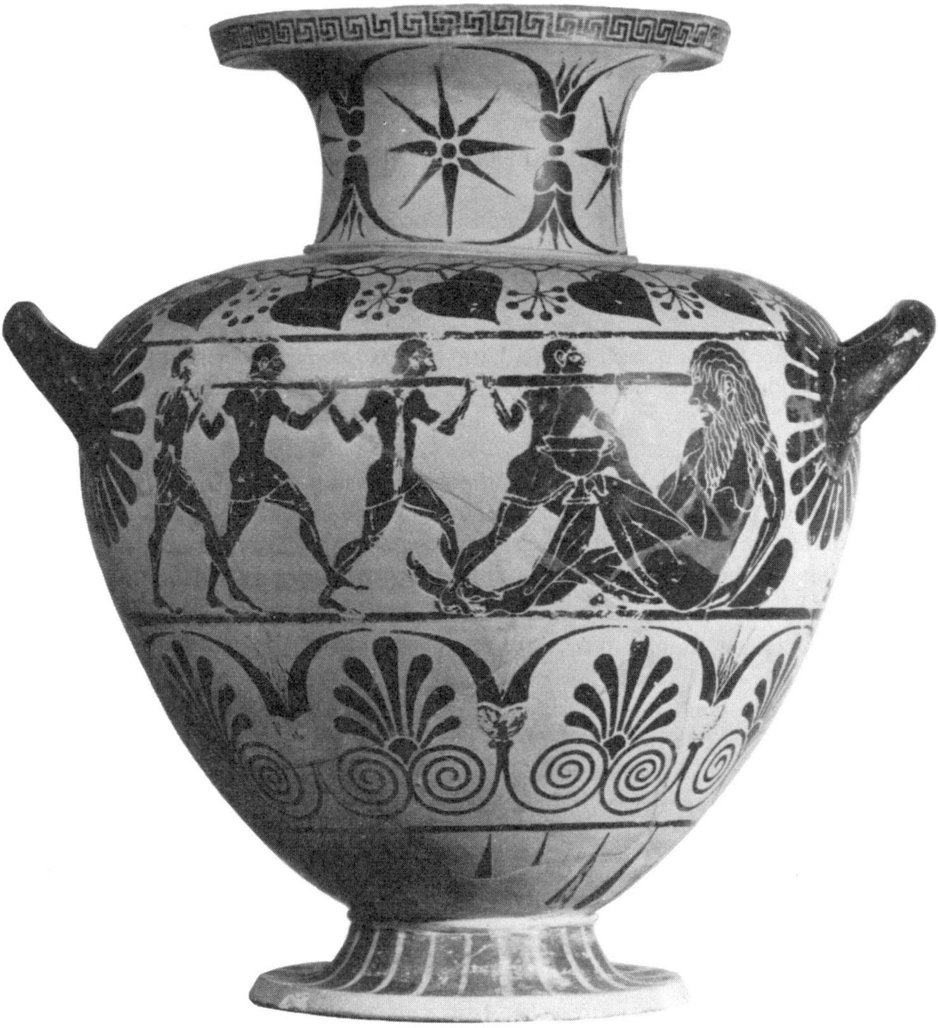

Odysseus blendet den Polyphem

A rege Phaeacum Ulixes multis donis ornatus in patriam remittitur. Ibi multi principes Penelopam in matrimonium ducere student; non modo bona Ulixis consumunt, sed etiam Telemacho filio insidias parant. Eos Ulixes sagittis necat et post multos labores cum Penelopa uxore et Telemacho filio in patria beate vivit.

NOSCE TE IPSVM!
BIS DAT, QVI CITO DAT.
VESPERI FLET CREBRO, QVI RIDET MANE.

29

a)

I 1. Cicero in senatu orationem longam habuit. Oratio Ciceronis senatoribus placuit.
2. Proverbium est: Homo homini lupus. Nos autem in homine hominem videre studeamus!
3. Germani imprimis lacte et caseo et carne vivebant.

II Lingua Latina nomen habet a Latio. – Quae nomina poetarum Graecorum vel Romanorum vobis nota sunt? Gaudeo, quod nomina eorum memoria tenetis.

III 1. Neminem neglegamus! – Nemini intrare licet. Nemo intret!
2. Nihil avo donare potui. – Nihil hominibus sine labore praebetur.
3. Nonnulli servi non laborant, nisi dominus adest. – Nemo equum curat nisi dominus. – Nihil amico donavi nisi librum.

IV 1. Carmen, quod multis vestrum ignotum est, recitabo. 2. Nemo nostrum non peccat: homines sumus, non dei. 3. Quis vestrum de Ulixe narrabit? 4. Hospitibus vestris semper adfuistis; multi eorum vobis fidem servabunt. 5. Quis tibi librum pulchrum donavit? Unus ex amicis librum mihi donavit. (Duo amicorum librum mihi donaverunt.)
6. Nihil vini in amphora est. – Nihil laudis ei tribuimus.

V 1. Ancillae laude dominae valde gaudent. 2. Vicinus morbo filii dolet (maestus est). 3. Avus meus semper eo contentus est, quod adest; ea de causa vitam beatam agit.

VI 1. Latro cultro, quem sub vestimento habuerat, mercatorem necavit.
2. Multa saecula Galli sub dicione Romanorum fuerunt.
3. Milites vulneratum sub arborem portaverunt.

b) DE ALEXANDRO MAGNO

Philippus, rex Macedonum, una cum Graecis contra Persas bellare in animo habuit, ut expeditiones Darei et Xerxis vindicaret et civitates Graecas Asiae, quae sub dicione Persarum erant, liberaret. Postquam Philippus ab inimico necatus est, Alexander, Philippi filius, id bellum administravit. Cum Apollinem Delphicum de eventu belli consuleret, deus ei nuntiavit neminem Alexandro resistere posse.

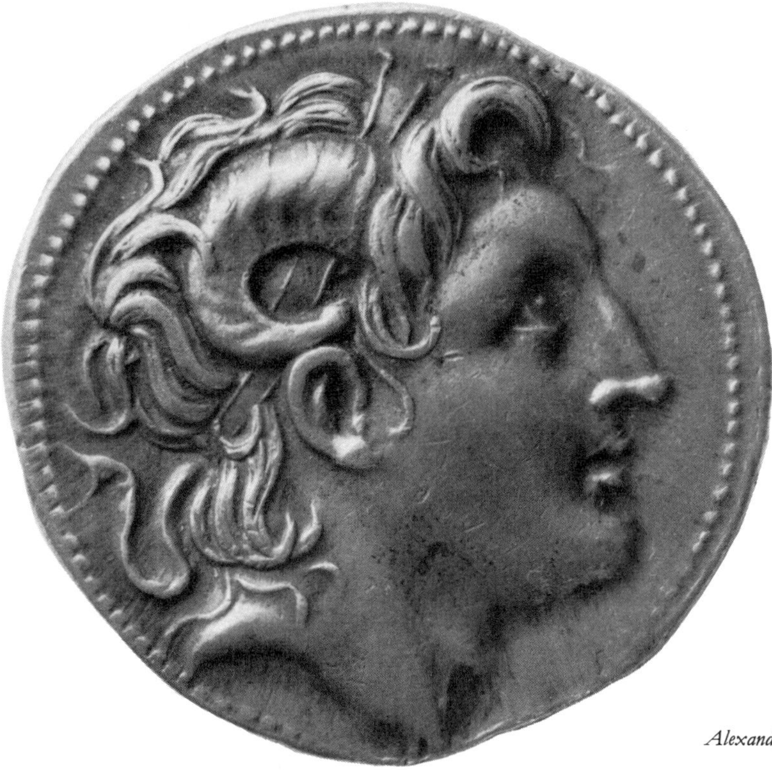

Alexander

Alexander responso Apollinis valde gaudet exercitumque Macedonum et Graecorum in Asiam ducit. Neque longitudinem itinerum neque multitudinem adversariorum timet. Praefectos Darei non modo armis, sed etiam terrore nominis sui fugat. Dareum ipsum, qui magnum exercitum adducit, ad Issum acie vincit. In castris Persarum multum auri ceteraeque opes praeda Macedonum fuerunt. Deinde Tyrum post longam obsidionem expugnat, Aegyptum sine certamine occupat. Inde ad oraculum Iovis Ammonis pergit, ut deum de origine sua consulat; sacerdotes eum filium dei esse nuntiant possessionemque terrarum ei promittunt. Alexander, postquam Dareum ad Gaugamela altero proelio superavit, reliquas regni Persarum regiones occupat. Dareus ipse in fuga a praefecto suo necatur. Alexander autem cum exercitu etiam Indiam et Oceanum petit. Sed seditione militum exercitum inde reducere cogitur. In oppido Babylone improviso morbo consumitur. Regnum Alexandri non manet, sed inter duces eius dividitur.

DE MORTVIS NIL[1] NISI BENE!
AMICITIA NISI INTER BONOS ESSE NON POTEST.

---

[1] nil = nihil

30

a)

I 1. Imperator duas legiones e castris duxit. Duae legiones ab imperatore e castris ductae sunt. 2. Populus viros, qui rem publicam iuste rexerunt, dilexit. Viros, a quibus res publica iuste recta est, dilectos esse constat. 3. Aetate aurea homines fructibus arborum et lacte et melle vixerunt. 4. Nisi aegrotus fuissem, iam pridem litteras ad te scripsissem. – Libri Romani magnis litteris scripti erant. 5. Legati, quos senatus populi Romani miserat, ad senatum adversariorum admissi non sunt. 6. Agamemno voluntati Dianae deae cessit. 7. Viri iusti rem publicam gesserunt. – Aetate aurea bella gesta non sunt.

II 1. Servi agrum magna cum industria coluerunt. Antiquis temporibus agros a servis cultos esse notum est. 2. Tune medicum arcessivisti? – Medicus iam a patre arcessitus erat.

III 1. Heri in schola nonnullos versus Homeri legimus. – Poma a pueris lecta sunt. 2. Imperator triumphum egit. – In senatu de condicionibus pacis actum est.

IV Puer, quod se non defenderat, a patre vituperatus est. – Troia ab incolis frustra defensa est.

V Pueri ad forum cucurrerunt, ut poma emerent.

VI 1. Vir pauper misericordiam divitis imploravit. 2. Dives pauperem nonnullis vestimentis veteribus donavit. 3. Vestimenta, quamquam vetera erant, viro pauperi placuerunt. 4. A muliere paupere et aegrota medicus vocatus est.

b) DE ARISTIDE

Inter eos viros, qui Athenis praeerant, multi ita magistratus gesserunt, ut sibi prodessent, publicam autem salutem neglegerent. At Aristides, qui post pugnam Marathoniam in oppido Athenis principem locum obtinebat, nihil nisi salutem publicam spectavit. Quamquam summis rebus praeerat, neque more divitum vixit neque preces pauperum repudiavit. Multa exempla iustitiae, probitatis, innocentiae eius a scriptoribus antiquis memoriae prodita sunt. Incolae Athenarum eum valde dilexerunt et summam laudem ei tribuerunt. Sed Themistocles Aristidi obtrectavit; neque vero Aristides obstitit Themistocli. Sic multitudo a Themistocle irritata Aristidem testularum suffragiis e civitate pepulit.

Sed post paucos annos Aristides in patriam revocatus est et bello Xerxis interfuit. Cum Persae apud Plataeas devicti essent, cunctae fere civitates Graeciae amicitiam et societatem cum incolis Athenarum coniunxerunt. Aristides, cuius aequitas nota erat, sociis pro opibus civitatum pecunias descripsit. Tanta erat eius innocentia, ut filias, cum decederet, in summa paupertate relinqueret. More vetere incolae Athenarum puellas propter patris merita publice aluerunt et, cum nuberent, pecunia donaverunt.

QVOD SCRIPSI, SCRIPSI.
IVCVNDI ACTI LABORES.
PRINCIPIBVS PLACVISSE VIRIS NON VLTIMA LAVS EST.

31

a)

I 1. Avus severus est; pater severior est. 2. Lucia attentior est quam Cornelia. 3. Hodie caelum serenius est quam heri. 4. Vita servorum miserior erat quam ceterorum hominum. 5. Nihil miserius est quam servitus, nihil pulchrius quam libertas.
6. Labores itineris longioris sustinere non possum. 7. Neminem severiorem et iustiorem quam patrem esse putamus. 8. Nunc in regione fecundiore vivimus quam antea. 9. Quae metalla pretiosiora sunt quam argentum? 10. Antiquis temporibus pericula longiorum itinerum magna erant. 11. Multos attentiores fuisse quam te apparet.

II 1. Soror mihi carior est fratre (= quam frater). 2. Rosas pulchriores esse multis aliis floribus (= quam multos alios flores) constat. 3. Incolae oppidi Corinthi opulentiores fuerunt quam aliorum oppidorum Graecorum.

III 1. Rhenus longus est, Danuvius longior, Nilus longissimus. 2. Templum Minervae, cuius in tutela Athenae erant, clarissimum templum Graeciae est. 3. Antiquissimis temporibus pax et iustitia inter homines fuerunt. 4. Condiciones vitae multorum servorum miserrimae fuerunt. 5. Ver pulcherrimum tempus anni est, hiems asperrimum.

IV 1. Gloria Troiae magna est, gloria Carthaginis maior est, maxima est gloria Romae. 2. Non est maius in rebus adversis solacium quam vacare culpa. 3. Aristides mores maiorum conservare studebat.
4. Passus parvum spatium est, pes minus spatium, digitus minimum spatium.
5. Mulieres plerumque minores sunt quam viri.
6. Malis exemplis peiores, bonis meliores erimus. 7. In homine optimum et pessimum est lingua.

V 1. Quando homines beatissime vivebant? Aurea aetate homines beatius vivebant quam postea. 2. Servi miserius quam alii homines vivebant. A dominis nonnumquam asperrime tractabantur. 3. Puellae hodie pulcherrime cantant; etiam pueri hodie pulchrius quam heri cantant.
4. Marcus bene didicit; frater eius melius didicit; optime didicit soror eorum.
5. Diu (Saepe) aberamus. – Diutius (Saepius) in oppido eratis quam nos. – Diutissime (Saepissime) in fluvio natabatis. 6. Non diutius quam duas horas in oppido fui. – Danuvius longior est quam Rhenus.
7. Amicum valde (magnopere) amo, magis autem fratrem et sorores, maxime parentes.

VI 1. Solo Croesum beatissimum esse non putat. Solo Croesum beatissimum non putat. Croesus a Solone beatissimus non putatur. 2. Solo fortunam Telli beatiorem iudicat quam Croesi. Fortuna Telli a Solone beatior iudicatur quam Croesi.

b) DE CROESO, REGE LYDORVM

Sexto a. Chr. n. saeculo Croesus, rex Lydorum, in tota fere Asia regnavit. Opulentior erat quam ceteri suae aetatis principes. Etiam Graecae civitates Asiae praeter Miletum regi tributa pendebant.

Aliquando Solonem, clarissimum incolam Athenarum, Croesum visitavisse fama est. Rex, postquam hospiti maximas divitias suas monstravit, interrogavit: „Quem beatissimum putas?“ Tum Solo: „Tellus, incola Athenarum“, inquit, „beatissimus fuit. Nam pulcherrimi et optimi filii nepotesque ei fuerunt. Postremo, cum pro patria pugnaret, honestissime vitam amisit et incolae Athenarum maximum honorem ei tribuerunt.“ Rex autem Soloni: „Cur fortunam Telli beatiorem iudicas quam meam?“ Et Solo: „Quid rebus humanis incertius est? Itaque nemo ante exitum vitae a me beatus dicetur.“ Tum rex Solonem stultissimum esse putavit et eum dimisit.

Post nonnullos annos aper maximus regiones Asiae vastavit. Atys, regis filius, cum paucis sociis bestiam necare constituit. In venatione autem hasta vulneratus vitam amisit. Miserrima filii fortuna rex maestissimus erat.

Croesus, cum in animo haberet contra Cyrum, regem Persarum, bellare, ad oraculum Delphicum legatos misit, ut Apollinem de eventu belli consulerent. Deus nuntiavit: „Croesus, si cum rege Persarum bellum geret, magnum regnum delebit.“ Eo oraculo Croesus valde gaudebat et exercitum contra Persas duxit. Bello autem victus captivus Persarum fuit. A Cyro imperatum est, ut Croesus in rogo cremaretur. In rebus tam adversis Croesus Solonem recte de rebus humanis iudicavisse intellexit et ter nomen Solonis exclamavit. A rege Persarum interrogatus de colloquio Solonis narravit. Cyrus autem fortuna mutata commotus Croesum servavit.

MELIOR TVTIORQVE EST CERTA PAX QVAM SPERATA VICTORIA.
BONVM CONSILIVM OPTIMVM AVXILIVM.

32

a)

I 1. Totum oppidum adversarii deleverunt. – Concordia incolarum toti civitati proderit. Oppidum concordia totius civitatis florebit.
2. In oppido Athenis duos viros summos, Aristidem et Themistoclem, de principatu contendisse legimus. Uter alterum superavit? Utrum incolae in exsilium expulerunt? Utri maiorem gratiam habuerunt? Utrius mores meliores fuerunt?
3. Uterque civitati valde profuit. Tamen utrumque in exsilium expulerunt. Utriusque facta a scriptoribus celebrantur.
4. Duae mulieres Herculi appropinquaverunt: altera erat Voluptas, altera Virtus. Alterius consilium Hercules neglexit, alteri autem obtemperavit. 5. Neutram Hercules de via interrogavit. Neutrius consilium ei statim placuit.
6. Cur subito aliud consilium nobis das? – Consilia alterius ne neglegamus! – Quis nostrum alii consilio parebit?
7. Alexander vir animosus fuit. Nullum periculum (Nihil) eum terruit. Nulla re territus est. Nulli periculo (Nulli rei) cessit.
8. Nemo hominem iniustum diligit. A nullo homines iniusti diliguntur. – Quod nullius consilium tibi gratum est, valde doleo.
9. Aristides nihil nisi salutem publicam spectavit neque ulli homini incolae Athenarum maiorem gratiam quam ei habuerunt. – Sine ulla lege homines beati esse non possunt.

II 1. Incolae oppidi expugnati maesti erant. Qui libertatem non amiserant, maesti in terram alienam navigaverunt. 2. Iratum Daedalum Talum necavisse narravimus. 3. Laetae uxores nautas, qui post tempestatem salvi in portum navigaverant, salutaverunt.
4. Unus (Solus) Ulixes e naufragio servatus est. 5. Hercules solius (unius) Virtutis viam rectam esse iudicavit. Soli (Uni) Virtuti fidem habuit. 6. Frater epistulam matris primus legit. 7. Te prima spectaveram. 8. Te primam spectaveram. 9. Vos primos salutavimus.
10. Solo, cum mercator esset, multas terras cognoverat. Solo mercator multas terras cognoverat. 11. Plerique incolae oppidi expugnati servi in aliena terra laborabant. 12. Romani principes civitatis legatos in oppidum Athenas miserunt, ut leges Solonis cognoscerent.
13. Pater meus adulescentulus in Graecia fuit. 14. Quod puer didiceris, viro tibi proderit.

III 1. Hic liber nobis placet, ille displicet. Fabulae huius libri nobis placent, illius displicent. Hunc librum ememus, illum teneas! Hoc libro amicum donabimus.
2. Haec puella impigrior est illa (quam illa). Industria huius puellae maior est quam illius. Hanc puellam magister laudavit, illam vituperavit.

3. Huic servo (servae) dominus maiorem fidem habet quam illi.
4. Hoc onus maius, illud minus esse non ignoratis.
5. Hi pueri (Hae puellae) officia neglexerunt, illi (illae) magistrum industria et diligentia delectaverunt.
6. Haec dona ab imperatore post victoriam in templo posita sunt. – Pretium harum rerum maximum est.
7. Horum virorum auctoritas maior est quam illorum.

b) DE SOLONE

Initio reges in oppido Athenis fuisse traditum est; postea imperium totius civitatis penes eos fuit, qui ceteris genere divitiisque praestabant et ipsi se bonos vel optimos vocabant. Hi autem meliores non erant quam ceteri incolae. Tanta erat illorum avaritia, ut plebs miserrime viveret et multis iniuriis opprimeretur. Qui pecuniam debitam solvere non poterat, domo agrisque expellebatur aut servus apud dominum laborare debebat. Itaque plebis odium divitum maius erat quam amor patriae, neque ratione humana, sed invidia homines regebantur.

In hac calamitate plebs postulavit, ut novae leges scriberentur. Hoc munus Soloni mandatum est, qui mercator multas terras multorumque hominum mores cognoverat. Huic uni viro utraque factio maximam fidem habebat; nam temperantia eius atque aequitas celebrabantur. Ille legibus optimis discordiam factionum placavit. Toti civitati summum imperium mandavit. Agricolas pauperes aere alieno et timore servitutis liberavit; tamen nonnulla iura divitum conservavit. Hae leges non solum fundamentum iustitiae et libertatis, sed etiam initium humanitatis cultusque erant. Tamen nonnulli legibus Solonis contenti non erant et eum reprehendebant. Solo autem rursus in terras alienas navigavit et postulavit, ne interea leges mutarentur. Hac de causa incolae Athenarum leges Solonis servaverunt, neque ulli homini maiorem gratiam habuerunt quam illi.

Posterioribus temporibus alienae nationes legationes in oppidum Athenas miserunt, ut leges Solonis cognoscerent. Graeci Solonem habuerunt in numero illorum septem virorum, qui ceteris sapientia praestabant. Hoc exemplum sapientiae Solonis memoria tene: Ii patria expellantur, qui in discordia civitatis neutri se adiunxerunt factioni!

Wahlspruch Solons: NE QVID[1] NIMIS!

DVCIS IN CONSILIO POSITA EST VIRTVS MILITVM.

TEMPORA MVTANTVR, NOS ET[2] MVTAMVR IN ILLIS.

---

[1] quid = etwas
[2] = etiam nōs

33

I 1. Nautae, qui Alexandriae appropinquabant, procul turrim altam videbant. 2. Haec turris in insula Pharo exstructa erat. 3. In hac turri flammae ardebant, quae nautis noctu viam monstrabant. 4. Custodes turris procul navigia portui appropinquare videbant. 5. Tempestates turri nocere non poterant.
6. Incolae oppidi multas turris (turres) exstruxerunt. 7. In turribus nonnumquam tormenta erant. 8. Turres Romanorum, quae movebantur, oppido Gallorum appropinquabant. 9. Aspectus turrium Romanorum Gallos valde terruit.
10. Magna est vis ingenii. 11. Vi ingenii homines cursus solis, lunae, stellarum exploraverunt. 12. Viris maiores vires sunt quam pueris.

II 1. Roma ad Tiberim sita est. – 2. Neapolis antiquissimis temporibus a Graecis condita est. 3. Vergilius poeta in oppido Neapoli humatus est.

III 1. Antiquis temporibus homines altum mare timebant atque praeter litora marium navigabant. 2. Pulchritudo maris multos homines delectat. 3. Athenae non longe a mari Aegaeo absunt. 4. Ulixes diu per maria errabat. 5. Terra marique Poeni a Romanis victi sunt.
6. Alia animalia in terra, alia in mari vivunt. 7. Nullum animal homini vi ingenii praestat.
8. Aristides exemplar iustitiae est. 9. Multa exemplaria virtutis Graecae a nobis commemorata sunt.

IV 1. Amicus optavit, ut diu manerem. Neque tamen diu apud amicum mansi. 2. In turri alta flammas arsisse et luxisse constat. 3. Te irrideremus, si fleres. Te irrisissemus, si flevisses.

V 1. Nautae Pharo appropinquabant. Tantam turrim nemo eorum antea viderat. – Navigia piratarum prope insulam Cretam visa erant.
2. Diu Graeci Troiam obsidebant (obsederunt). Troia, quae decem annos obsessa erat, dolo Ulixis expugnata est.

VI 1. Imperator militibus honorem et praemia spondet (spopondit). Praemia militibus sponsa erant. 2. Quamquam saepe te interrogaveram, mihi non respondisti.

VBI IVDICAT, QVI ACCVSAT, VIS, NON LEX VALET.
SI TACVISSES, PHILOSOPHVS MANSISSES.

34

a)

I 1. Navis frumento onusta a nauta perito gubernata est. 2. Themistocles cum classe Atheniensium et aliarum civitatum Graeciae impetum navium longarum Persarum exspectavit. 3. Nautae naves (navis) ad litus appulerunt. 4. Servi magna onera e nave (navi) portaverunt. 5. Nullius hostis vim Rómani timebant. 6. Magna erat clades Atheniensium, cum a Lacedaemoniis vincerentur. 7. Post magnas clades (cladis) auctoritas atque opes Atheniensium minutae sunt. 8. Luctus cladium apud Athenienses (Atheniensis) magnus erat.

II 1. Urbium antiquarum clarissimae erant Athenae et Roma. 2. In urbe Athenis artes et litterae florebant, in urbe Roma scientia iuris legumque. 3. Urbem Romam Romulus ad Tiberim condidit. 4. Per multa saecula urbs Roma caput mundi fuit. 5. In numero clararum gentium urbis Romae gens Cornelia fuit.

III 1. Vires iuvenum maiores sunt quam puerorum. 2. Fides canum nota est. 3. Cura patrum et matrum (parentum) magna est. 4. Diligentia tua maior est quam fratrum.

b) DE VRBE ATHENIS

Athenae, urbs Graeciae clarissima, in Attica inter colles amoenos et montes altos non procul a mari Aegaeo sitae sunt. In media parte urbis arx erat, quae templis et statuis, imprimis pulcherrimo templo Minervae ornata erat. Sub arce theatrum Dionysi exstructum erat. Forum et turris ventorum non longe ab arce aberant. Alia aedificia clarissima erant intra moenia, extra urbem gymnasia, in quibus adulescentes vires exercebant et artes litterasque discebant.

Athenische Münze

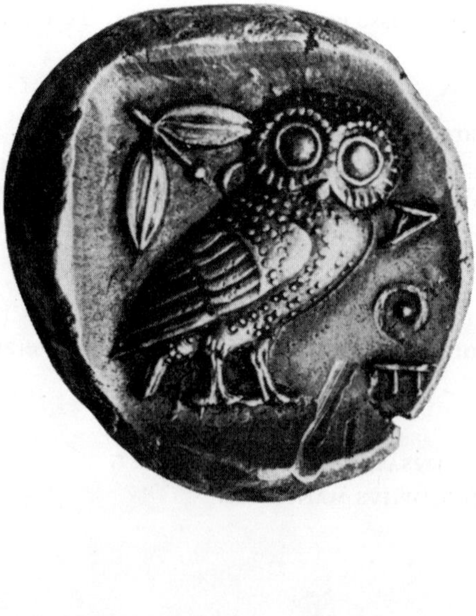

(um 480/460 v. Chr.)

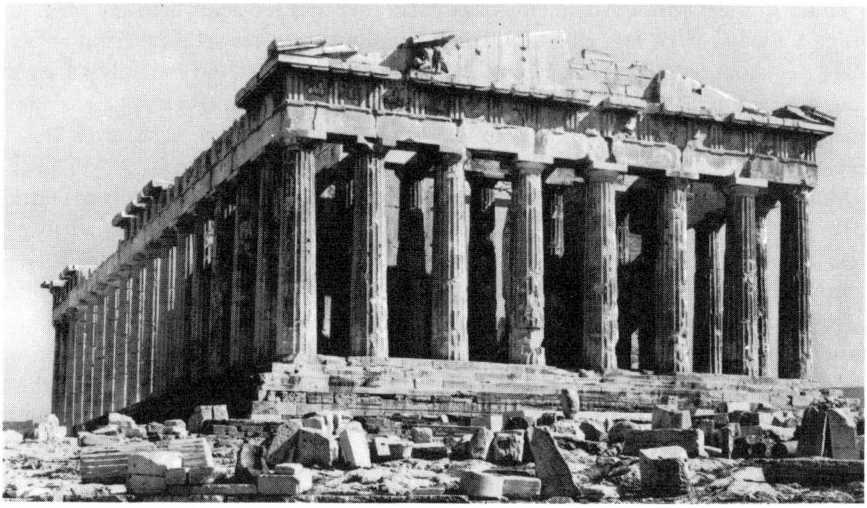

Der Parthenon

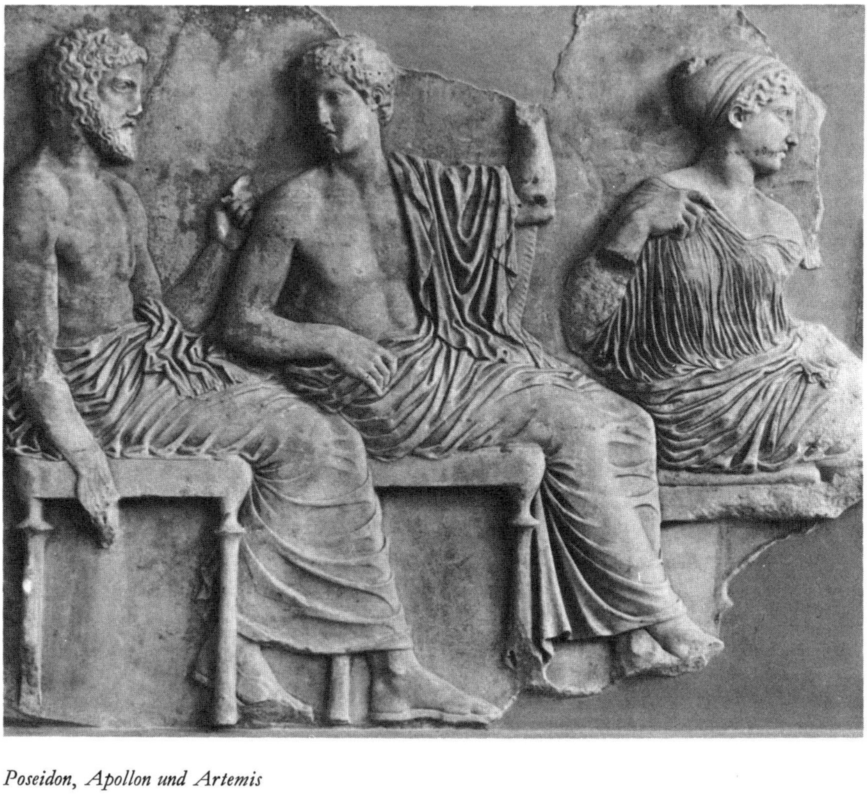

Poseidon, Apollon und Artemis

Initio quidem prisci Athenienses agricolae fuerunt; sed cum urbs eorum non longe a mari abesset, iam ex antiquissimis temporibus naves aedificaverunt et per mare Aegaeum navigaverunt. Portus Athenarum Piraeus est, qui moenibus longis cum urbe coniunctus erat. Nautae et mercatores frumentum, fructus, tauros aliaque animalia in urbem comportabant et oleum, mel, argentum, vasa, arma aliasque merces ad alienas gentes transportabant.

Cum Persae in Graeciam invasissent, Athenienses una cum aliis Graecis eos terra marique vicerunt et maximam gloriam sibi comparaverunt. Quis Miltiadem et Themistoclem ignorat? Plerasque civitates Graeciae post bella Persarum societatem Atheniensium petivisse supra commemoravimus. Cum classis eorum maior esset quam ceterarum civitatum, diu principatum Graeciae obtinebant. Hoc tempore Pericles summam auctoritatem apud cives habuit et per multos annos civium animos vi eloquentiae rexit. Eius opera non modo auctoritas et opes Atheniensium auctae sunt, sed etiam urbs ipsa magnificis aedificiis ita ornata est, ut undique homines eo migrarent. Litterae artesque hac aetate adeo floruerunt, ut Athenae lumen ac decus Graeciae vocarentur.

Post mortem Periclis Athenienses a Lacedaemoniis victi sunt et post magnas clades auctoritas eorum atque opes minutae sunt. Tamen posterioribus saeculis in urbe Athenis litterae et sapientia floruerunt, et gloria huius urbis adhuc manet.

CIVIS ROMANVS SVM.
MORS CERTA, HORA INCERTA.
CONTRA VIM MORTIS NON EST MEDICAMEN[1] IN HORTIS.

35

I locus celeber — urbs celebris — templum celebre

1 Mox urbem celebrem visitabimus. 2. Etiam regio, in qua urbs sita est, celebris est. 3. In urbe templum celebre videbimus. 4. Etiam portus urbis celeber est. 5. Nave celeri ad urbem navigabimus. 6. Celeria consilia non semper prosunt. 7. Cursum equorum celerium libenter spectamus.

II labor utilis — res utilis — donum utile

1. Adulescenti Romano utile erat urbes Graecorum celebres vidisse, in patria litterarum scholis philosophorum nobilium interfuisse, artificia illustria Graeciae cognovisse. 2. Facile est alios vituperare, sua vitia cognoscere difficile est. 3. Servi onera levia et gravia in domum domini portaverunt. 4. Daedalus omnem spem in fuga collocaverat. 5. Omnia animalia mortalia sunt. 6. Labor omnia vincit. 7. Omnes nobis adfuerunt.

III nauta audax — mulier audax — consilium audax

1. Nautae audaces mare ingens (pericula maris ingentis) non timent. 2. Graecia

[1] medicāmen = medicīna

patria audacium nautarum et prudentium mercatorum erat. 3. Bello Punico secundo L. Aemilius Paullus et C. Terentius Varro consules erant: hic homo audax et temerarius, ille prudens et cautus.

SVNT PVERI PVERI, PVERI PVERILIA TRACTANT.
Worte der Niobe bei Ovid: SVM FELIX, FELIXQVE MANEBO.

36

a)

I 1. Nulla urbs Graeciae celebrior fuit quam Athenae. 2. Equus celerior est quam homo. 3. Quid celerius est quam navis? 4. Opus meum difficilius est quam amici. 5. Praeclara exempla utiliora sunt quam praecepta. 6. In urbe illustriore habito quam tu. 7. Consiliis prudentiorum virorum, quam ipsi sumus, libenter obtemperabimus.

II 1. Elephantus bestia prudentissima est. 2. Athenae et Corinthus urbes nobilissimae et celeberrimae erant. 3. Romani bellis gravissimis hostes acerrimos vicerunt. 4. Equus tuus omnium est celerrimus.

III 1. Corinthus divitior erat Athenis. 2. Amicus patris ante paucos annos divitissimus (ditissimus) fuit; nunc pauperum pauperrimus est. 3. Veterrima (Vetustissima) vina saepe dulcissima sunt. Hoc vinum vetustius est illo.

IV 1. Puer celeriter ad forum cucurrit. 2. Utinam res vestras feliciter geratis! 3. Semper libere dicas et prudenter agas! 4. Acrem oratoris linguam multi vehementer timebant.
5. Audacter, non temere rem tuam age! 6. Non facile senex sententiam suam mutat. 7. Aliter cum tyranno, aliter cum amico vivitur.
8. Cur non liberius et audacius dixisti? 9. Athenienses, quamquam fortissime pugnaverunt, a Lacedaemoniis victi sunt. 10. Te celerrime mihi adfuisse gaudeo.

b) DE MVRE VRBANO ET DE MVRE RVSTICO

Olim mus rusticus urbanum murem ad se invitaverat. Cum prudens paucisque contentus esset, optimos cibos collegerat, ut amicum veterem delectaret. Sed hic superbus cibos vix tetigit et victum simplicem repudiavit. „Quam imprudens es“, inquit mus urbanus, „et quam infelix, quoniam in hoc saltu aspero habitas famemque vix toleras! Ego autem in omnibus rebus felicissimus sum. Crede mihi: utilius tibi erit in urbe esse, vita ibi dulcior est quam hic. Itaque hanc sedem horridam relinque! In urbe felicius vives.“

Mus rusticus his verbis vehementer commotus celerrime cum amico ad domum altam in urbe sitam cucurrit. Ibi cibis variis delectatus est. Sorte sua mutata contentus semper in hac urbe vivere constituit. Subito autem mures vehementissime terrentur: a canibus ferocibus investigantur. Vix e tanto periculo vitam servant. Tum rusticus: „Utinam prudentior et constantior fuissem neque temere tibi credidissem! Vale! Tu hic maneas in copia ciborum! Ego autem, quamquam pauper ero, certe tutus ero ab insidiis."

FORTITER IN RE, SVAVITER IN MODO!
Grabinschrift: TERENTIVS MATRI DVLCISSIMAE

37

a)

I 1. Custodes hoc aedificium custodire debent. 2. Custodi hanc domum! – Custodite haec aedificia! 3. Custos fidus villam custodit. – Quid custodis? Villam custodio. – Custodes aedificia custodiunt. 4. Domus, cum custos eam diligenter custodiat, a furibus tuta est. 5. Dominus custodi imperavit, ut domum diligenter custodiret. 6. „Si piger eris", inquit pater, „te puniam." – Pater puerum pigrum puniet. 7. Pater puerum pigrum severe puniebat.
8. Quid auditis (audivistis)? – Vocem patris audimus (audivimus). 9. Pater filium non punivisset, si oboedivisset. 10. Vos parentibus semper oboedivisse audivi. 11. Gauderem, si amicus veniret. – Cur sero venisti? – Nisi venisses, maestus essem.

II 1. A quo domus custoditur (domus custodiuntur)? – Cum piger fueris, puniris. 2. Servi a dominis saepe crudeliter puniebantur. 3. Utinam ne puniar! Si sedulus fuissem, non punirer. Sedulus ero; tum a patre non puniar.
4. Puer, nisi oboedivisset, punitus esset. 5. Aedificia diligenter custodita erant. 6. Vos a viris peritis erudiri scimus (non ignoramus). – Vos a viris peritis eruditos esse nescivimus.

III 1. Multi homines in urbem nostram advenerunt. – Quid in animo habent? – In forum convenient.
2. Quo advenerunt? Quo convenient?

IV 1. Cur mihi auxilio non venisti (non subvenisti)? – Tibi subvenire non potui, quia tempestates me impediverunt. – Semper tibi auxilio veniam, si potero.
2. Valde gaudeo, quod librum mihi dono dabis.
3. Adulescentes, qui Olympiis vicerant, a poetis laudabantur, ut posteris exemplo essent. 4. Multis Atheniensibus mors Socratis summo dolori fuit. 5. Virtus civium Socrati maximae curae fuit. 6. Salus tua mihi cordi est. 7. Cui bono?

b) DE ANTIGONA

Eteocles et Polynices, Oedipodis regis filii, post patris mortem in urbe Thebis invicem regnare constituerunt. Sed Eteocles, cum suum annum regnavisset, fratri regnum non permisit. Hac re iratus Polynices de regno Thebarum cum fratre contendere constituit et cum sex sociis, qui ei auxilio venerunt, exercitum contra Thebas duxit. Cum oppidum moenibus altissimis munitum oppugnaretur, ab utraque parte fortissime pugnatum est. Postremo fratres alter alterum ceciderunt.

Etsi morte eorum bellum finitum erat, tamen Antigona soror nondum finem malorum habebat. Nam Creon, qui post mortem fratrum in finibus Thebanorum regnabat, edixit, ne Polynices, hostis patriae, sepeliretur. Cives, quamquam cum edicto nefario non consentiebant, tamen omnes oboediverunt; una Antigona, pia mortui soror, a tyranno crudeli impediri non potuit, quod mortem non timebat. Itaque fratri mortuo, cum incolae dormirent, clam iusta solvit. Sed a custodibus, qui corpus mortui custodiebant, deprehensa et ad regem deducta est, ut puniretur. Antigona, quamquam multi misericordiam tyranni implorabant, capitis damnata est.

Immortalem gloriam illius virginis fortissimae, quae leges aeternas contra licentiam tyranni defendit, Sophocles poeta celeberrima fabula celebravit.

NON METVIT[1] MORTEM, QVI SCIT CONTEMNERE VITAM.
AVDIATVR ET ALTERA PARS!
VENI, VIDI, VICI.

38

a)

I 1. filius patri obtemperans (parens); pater filium vituperans (reprehendens); amicus in urbem adveniens
2. mercator in magna urbe vivens; avia ruri vivens; animal in mari vivens

II Mus in saltu habitans pauper est (erat); vita muris in urbe viventis iucundior est (erat).

III 1. Antigona fratrem mortuum sepeliens a custodibus deprehensa est. – Custodes corpus mortui custodientes Antigonam deprehenderunt. – Ab Antigona fratrem sepeliente periculum neglectum est.
2. Poma de arbore pendentia carpemus.
3. Magnus est numerus animalium homines viribus corporis superantium.
4. Nautis in mari alto navigantibus stellae viam monstrant.
5. Laeti patrem advenientem salutavimus.

---

1 metuere = timēre

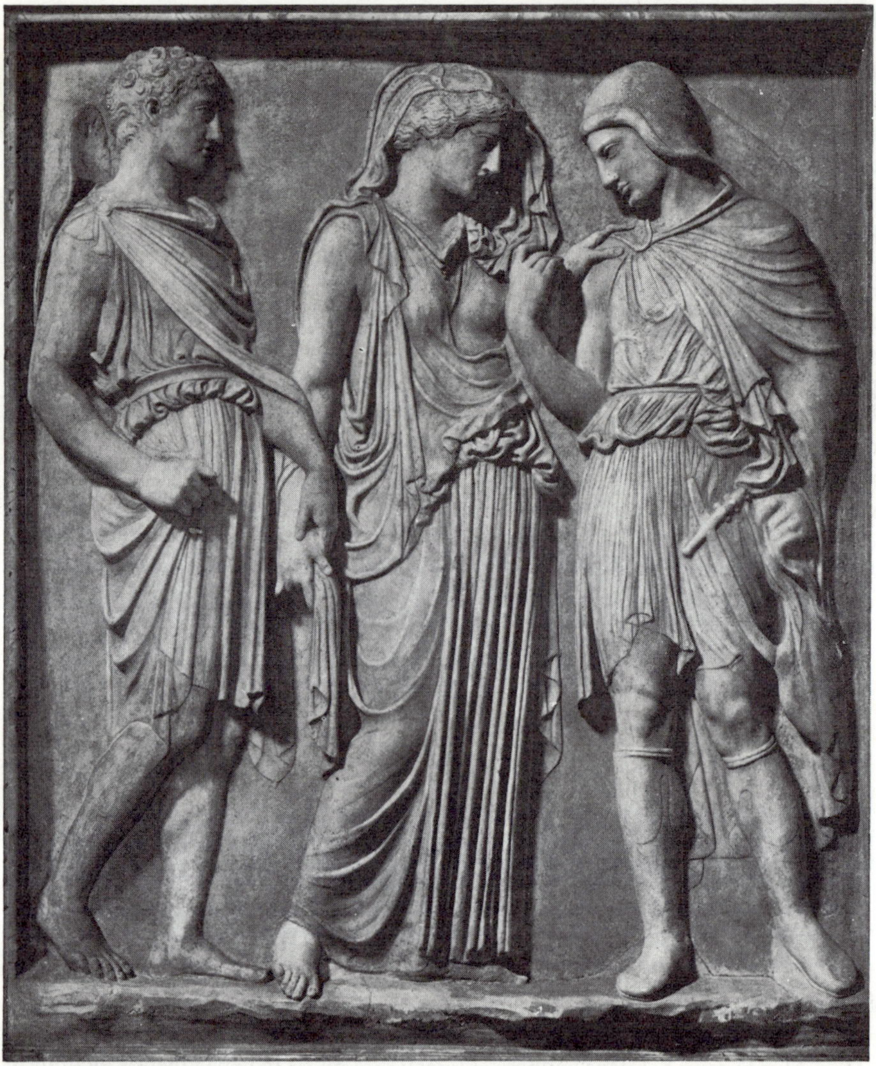

Hermes, Eurydike, Orpheus

b) DE ORPHEO ET EVRYDICA

Orpheum filium Calliopae Musae fuisse fama est. A matre artem musicam didicit; ad lyram canens non solum homines delectavit, sed etiam bestias saxaque cantu suo movit. Uxor eius fuit Eurydica, quam adeo amavit, ut nihil ei esset carius.

Aliquando Eurydica serpentem in herba alta iacentem pede tetigit; a serpente vulnerata decessit. Orpheus uxorem deflens per multas terras erravit. Denique ad Orci portam advenit et ad inferos descendit, ut uxorem inde reduceret. Cum

Tafel XI oben: *Die Akropolis von Athen*
unten: *Das Theater von Epidauros*

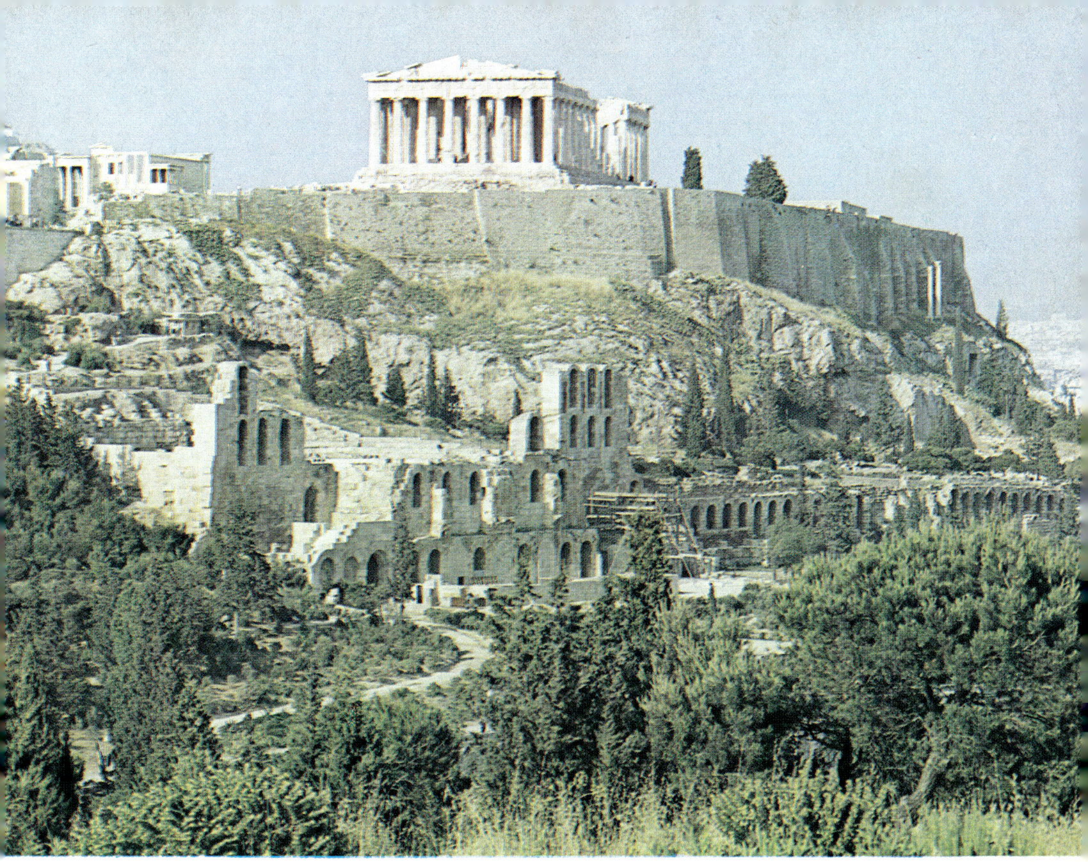
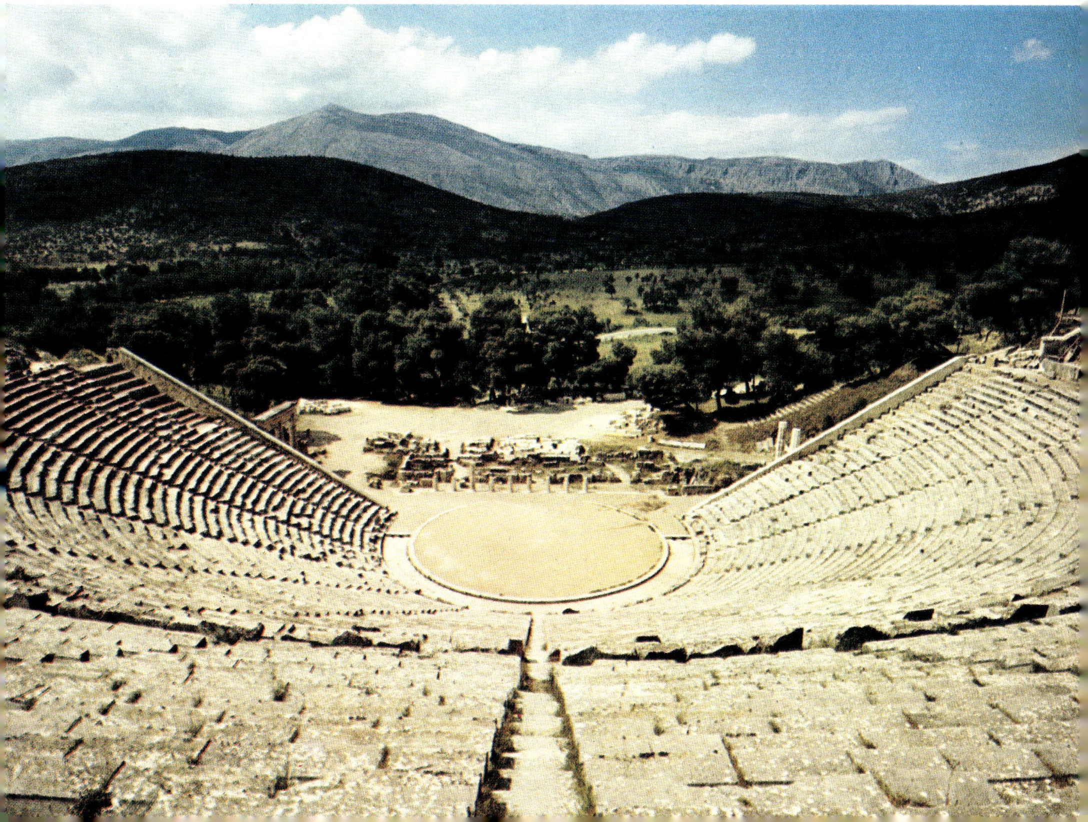

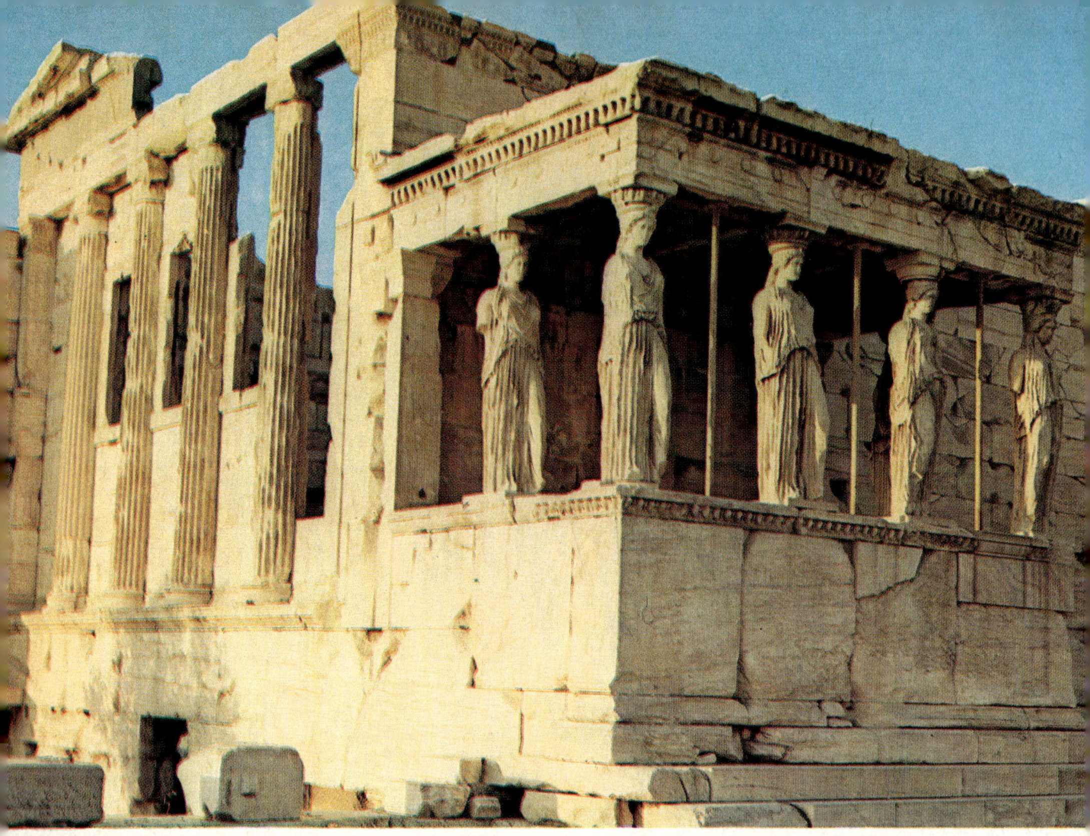

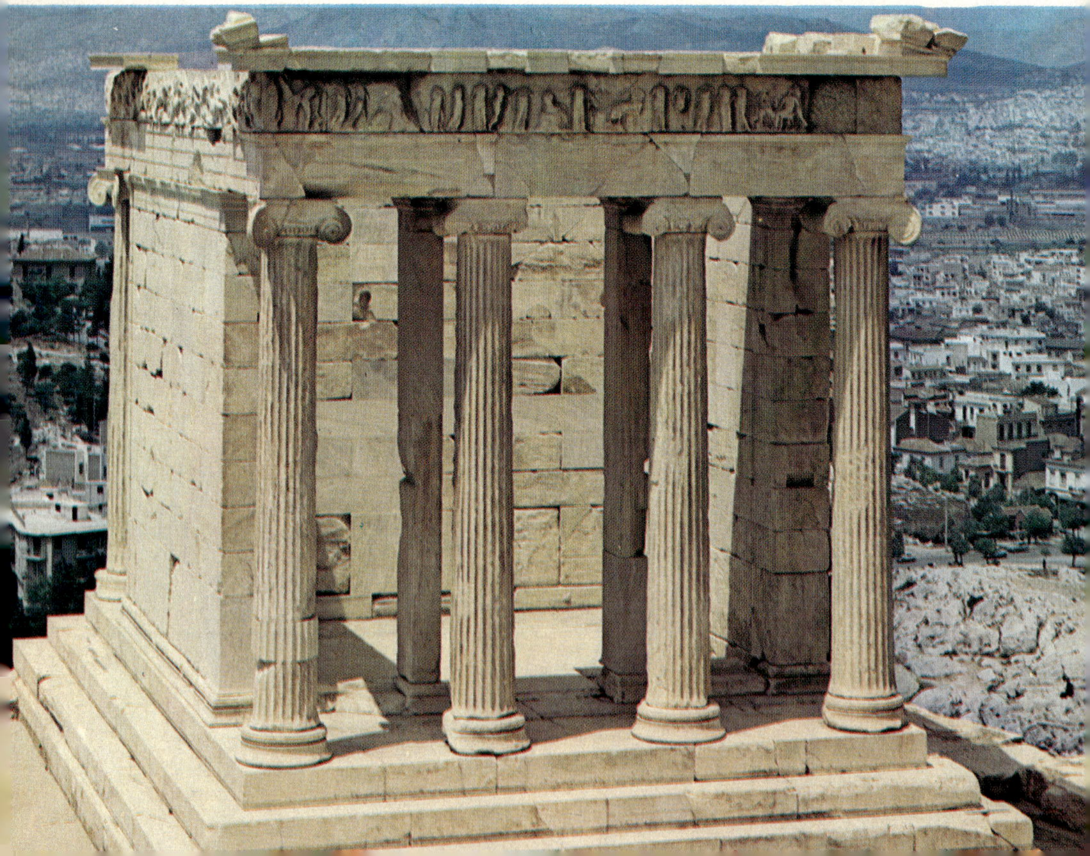

ad Plutonem et Proserpinam pervenisset, nervos lyrae pulsans deos imploravit, ut coniugem redderent. Cantu eius pulcherrimo commotae multae umbrae e sedibus suis advolaverunt. Etiam ii, qui propter scelera in Tartarum demissi erant, labores suos intermiserunt et canenti aures praebuerunt. Non iam Tantalus aquam recedentem haurire et poma pendentia carpere studebat, neque iam Sisyphus saxum grave volvebat. Di inferi autem miro cantu tantoque amore commoti preces eius audiverunt et Proserpina: „Eurydicam reducere", inquit, „tibi licet; sed moneo te, ne in itinere oculos vertas ad coniugem post te incedentem. Nisi dicto audiens eris, Eurydica statim ad inferos recedet."

Laetissimo animo Orpheus deae consilio oboediens antecessit. Sed cum lucem iam viderent, desiderio incensus ad uxorem oculos vertit. Statim Mercurius, qui comes erat animarum, Eurydicam prehendit et cum marito ad terras remigrare prohibuit. Frustra Orpheus manus tendens umbram cedentem retinere studuit. Illa autem: „Fato crudeli", inquit, „iterum revocor. Vale, carissime!" et e conspectu Orphei discessit.

SERIVS AVT CITIVS SEDEM PROPERAMVS AD VNAM.
MVLTA PETENTIBVS MVLTA DESVNT.

39

I 1. Tu, Marce, duodecim annos natus es; amicus tuus tredecim annos natus est. Soror tua viginti annos nata est; frater tuus duodeviginti annos natus est, mox undeviginti annos natus erit. 2. In classe nostra viginti tres (tres et viginti) pueri et sedecim puellae (undequadraginta pueri et puellae) sunt.
3. In schola nostra centum nonaginta quattuor puellae et trecenti quadraginta unus pueri sunt. Quingentos triginta quinque pueros et puellas in schola nostra esse scio.
4. Circiter (Ad) mille pueri puellaeque ludis interfuerunt. 5. In amphitheatro urbis Romae, quod Colosseum vocamus, circiter quinquaginta tria milia hominum ludos gladiatorios spectaverunt. 6. Xerxes cum mille ducentis navibus longis et duobus milibus navium onerariarum in Graeciam navigavit et cum septingentis milibus peditum et quadringentis milibus equitum in Graeciam invasit.
7. In urbe nostra centum septuaginta tria milia octingenti duodesexaginta cives habitant.

II 1. C. Iulius Caesar anno a. Chr. n. centesimo natus est; anno a. Chr. n. quadragesimo quarto necatus est. Octo annos, ab anno duodesexagesimo usque ad annum quinquagesimum primum, in Gallia bellum gessit et Gallos pacavit.

Tafel XII oben: *Das Erechtheion*
unten: *Der Nike-Tempel*

6827 – A – 7

2. Tria bella a Romanis cum Carthaginiensibus gesta sunt. Hannibal, clarissimus dux Carthaginiensium, bello Punico secundo, quod ab anno ducentesimo duodevicesimo usque ad annum ducentesimum primum fuit, Romanos compluribus pugnis vicit. Gravissimo proelio Romani anno ducentesimo sexto decimo ad Cannas victi sunt. Sed anno ducentesimo altero (secundo) P. Cornelius Scipio Hannibalem ad Zamam devicit; ob hanc victoriam egregiam appellatus est Africanus. Anno a. Chr. n. centesimo quadragesimo sexto Carthago ipsa a P. Cornelio Scipione, nepote illius Africani, deleta est.

3. Pater meus quadragesimum primum annum aetatis agit; anno millesimo nongentesimo vicesimo primo natus est. Avia mea anno millesimo octingentesimo nonagesimo sexto nata est.

III 1. Heri Marcum quinque vaccas prae se agentem vidi. 2. Collis vix prae multitudine hominum videri poterat.

Lateinisches Studentenlied:

Gaudeamus igitur,
Iuvenes dum[1] sumus;
Post iucundam iuventutem,
Post molestam senectutem
Nos habebit humus.

---

[1] dum = solange

ÜBUNGEN

*Die a-Stücke des Übungsteiles setzen im allgemeinen nur die Vokabeln des lateinischen a-Stückes voraus; Nummern, in denen auch Vokabeln des lateinischen b-Stückes vorkommen, sind durch * gekennzeichnet.*

( ) *In runden Klammern werden Übersetzungshilfen gegeben.*
[ ] *Eckige Klammern bezeichnen Wörter, die im Lateinischen nicht übersetzt zu werden brauchen.*
⟨ ⟩ *Spitze Klammern bezeichnen Wörter, die im Lateinischen hinzugefügt werden müssen.*
1 3 2 *Kleine arabische Zahlen vor einem Wort geben Hinweise zur lateinischen Wortstellung.*

1

1. *Stelle aus L 1 zusammen:* a) *alle lateinischen Wörter, in denen ein* ae *oder* oe *vorkommt,* b) *alle lateinischen Wörter mit einem* c *oder* ch, c) *alle lateinischen Wörter mit einem* v d) *alle lateinischen Wörter, in denen* i *wie* j *gesprochen wird!*
2. *Lies:* Aemilius, Iulius, studium, Latium; schola, charta; lingua !
3. *Suche auf den Landkarten des Buches* a) *Länder und Städte auf* -us, -a *und* -um, b) *Inseln und Flüsse auf* -us *und* -a !
4. *Nenne je ein Wort auf* -a, *das im Deutschen männlich, weiblich oder sächlich ist!*
5. *Bilde die weiblichen Eigennamen zu* Aemilius, Iulius, Antonius, Lucretius; *die männlichen zu* Lucia, Cornelia, Augusta !
6. Britannien – Britannia. *Wie heißen also:* Indien, Arabien, Makedonien, Thessalien, Böotien ?

a)

2

1. *Bilde den Plural:* castellum, comoedia, discipulus, elephantus, exemplum, fenestra, fluvius, fundamentum, instrumentum, oppidum, praemium, puella, statua, tabula, templum, terra, theatrum.
2. *Füge zu Singular und Plural dieser Substantive ein Adjektiv hinzu!*
3. *Bilde aus den gleichen Substantiven und Adjektiven Sätze mit* est *und* sunt !
4. *Singular oder Plural?* puella, oppida, instrumenta, terra, lingua, theatra, charta, exempla, studia, familia, schola, fundamenta, tabula

5*. *Nenne das Gegenteil von* magnus, bonus, sanus, rectus, multi !

b)

1. ein kleines Theater; schlechte Werkzeuge; das falsche Beispiel; die großen Flüsse; ein großer Zirkus; meine Familie; deine Beschäftigungen; viele Elefanten; wenige Städte; viele Sprachen; wenige Standbilder
2. Dein Beispiel ist richtig.
3. Mein Freund ist ein tüchtiger Schüler.
4. Lange und spitze Griffel sind gute [Schreib]geräte.
5. Viele Schüler sind fleißig.

6. Viele sind gut, wenige schlecht.
7. Vieles ist neu.
8. Nur wenig gehört mir. (= Weniges ist mein.)

3

a)

1. *Bilde den Plural:* servus aegrotus; dominus bonus; amicus fidus; puella strenua; discipulus attentus; aedificium firmum; stella clara.
2. *Bilde aus diesen Ausdrücken verneinte Sätze wie:* Servus aegrotus non est. Servi aegroti non sunt. *usw.*
3. *Ergänze* est *oder* sunt: bestia magna, aedificia magna; exempla bona, discipula bona; oppida nova, stella nova; puella mala, exempla mala.
4. *Bilde die Infinitive zu folgenden Formen:* clamat, imperant, gaudet, intrat, ardent, est.
5. *Bestimme die Formen und Satzteile:* Paulus et Aemilius semper fidi sunt; itaque amici mei sunt. – Nunc intrare non licet. – Servus parere debet.
6. *Erkläre die Wortstellung:* Hodie lucet luna plena. – Servi non semper fidi sunt.
7*. *Unterscheide:* paret – patet; parent – patent.
8*. discipulus der Schüler – discipula die Schülerin.
Was bedeuten also: domina, serva, amica, medica?
9*. *Stelle gesondert die in L 3 vorkommenden Adverbien und Konjunktionen zusammen!*

b)

1. Sie weint; er lacht; er fragt; sie schweigen; sie befehlen; er gehorcht (2).
2. Wer freut sich nicht?
3. Der Mond scheint; fern leuchtet ein Stern; die Sterne leuchten nicht immer.
4. Markus irrt sich nicht oft.
5. Heute sind die Sklaven nicht fleißig. Der Herr tritt ein, da arbeiten sie. Der Herr ruft aus: „Singt meinethalben!“ (*Benutze* licet!) Da freuen sich die Sklaven und rufen aus: „Jetzt macht es Spaß (*benutze* angenehm), zu arbeiten.“

4

a)

1. *Bilde den Akkusativ des Sing. und Plur.:* dominus iustus; puella aegrota; hortus tuus; castellum firmum; fluvius longus; discipula strenua; oraculum bonum; medicus benignus; magna silva; aedificium novum; parvus asinus; statua clara; servus fidus.
2. *Ergänze ein Objekt:* Puellae – vident. Servi – apportant. Avus – laudat.
3. Marcus avum amat. – Markus hat seinen Großvater lieb.
Also: Dominus servos laudat. – Puellae avum curant. – Paulus amicum interrogat. – Paulus et Iulia amicos vident.
4. *Bestimme die Formen und Satzteile:* Medicus aegrotum curat.

5. *Übersetze wörtlich und mit daß-Satz:* Puellae elephantos arenam intrare vident. – Dominus servum saccos apportare videt.
6*. *Verbinde die gleichartigen Satzteile in anderer Weise:* Rhenus, Danuvius, Mosella sunt fluvii. – Servi equos, asinos, alias bestias curant. – Discipuli intrant, salutant, cantant. – Avus servos vituperat, puellas laudat, fabulas narrat.

b)

1. Die Mädchen gehen spazieren. Julie fragt ihren Großvater: „Darf ich in den Garten gehen?" (*Verwende* ist es erlaubt *und* betreten!) – Sie sieht die Rosen blühen. – Die fleißigen Sklaven machen dem Großvater Freude. (*Verwende* erfreuen!) Er lobt die fleißigen Sklaven, die trägen lobt er nicht. Gern sieht er die vollen Scheunen.
2. Wer ist nicht fleißig? – Wen lobt der Großvater nicht?
3. Ist das Mädchen gesund? – Sind die Scheunen voll?
4. Die Schüler spazieren durch das Tor. Sie wandern durch den Wald. Denn heute ist der Himmel klar. In der Ferne sehen sie Tiere. Sogleich sind sie ruhig (*verwende* schweigen) und beobachten die Tiere.
5. Die Tiere laufen gern in die Gärten. (*Verwende* betreten!) Oft halten Mauern die Tiere fern.
6. Es ist nicht gefährlich, durch den Wald zu gehen.
7. Wälder, Flüsse und Gärten lieben meine Freunde sehr.

5

a)

1. *Je zwei Kasus:* die Tür, die Insel, das Wasser, die Mauer, die Pferde, die Krankheit, die Boten, die Weine, das Fenster, das Tier, die Freunde, die Sterne.
2. *Bestimme Numerus und Kasus:* instrumenta apportant; nauta errat; insula magna est; fabula nova est; magna oppida visitat; multa recta sunt; multa narrat.
3. *Verbinde sinngemäß:* iucundus, magnus, strenuus *mit* agricola, silva, vita – clarus, novus, verus *mit* gaudia, poetae, tabulae – firmus, multi, Romanus *mit* aedificia, incolae, poeta – Graecus, pauci, rectus *mit* epistulae, nauta, via – magnus, parvus, periculosus *mit* Corinthus, Delus, Oceanus!
4. *Suche auf den Karten Städte und Inseln auf -us!*
5*. *Ergänze ein Objekt:* Nautae – non timent. Pericula – non terrent.
6*. Quid nautae spectant? – Quis est nauta clarus? – Quem amici visitant?
7*. *Ergänze die Liste der Adverbien und Konjunktionen! (s. Ü 3a, 9)*

b)

1. Der [3]römische [2]Dichter [1]Vergil preist den fleißigen Bauern; andere Dichter preisen den unerschrockenen Seemann.
2. Die Schüler sind gerne bei den Seeleuten und den Bauern.
3. Die Einwohner warten oft lange auf die Seeleute. (*Verwende* erwarten!)

4. Die Seeleute lieben Wogen und Winde; sie fürchten die Gefahren und ungünstigen Winde nicht und fahren durch den Ozean.
5. Der aufmerksame Seemann beobachtet die Sterne.
6. Delus, Samus und Rhodus sind [1]berühmte [3]griechische [2]Inseln. – Paulus besucht Korinth, Ephesus und Milet, berühmte griechische Städte.

a)

6

1. Ulixes nauta **erat.** – Ulixes per Oceanum **errat.**
   Discipuli strenui non erant; itaque saepe errant.
2. *Setze das Impf.* Luna lucet. Puellae villam rosis ornant.
3. *Verwandle das Präs. ins Impf. und umgekehrt:* obtemperat, timebant, imperant, vituperat, interrogabat, appropinquant, tacebant, flet, arcent, clamabat, intrant, ardebat, sunt, erat.
4. *Vergleiche:* **per hortum** ambulare – templum **statuis** ornare.
   Übersetze: die Stadt durch Mauern sichern; durch den Wald irren; durch das Tor eintreten; den Großvater durch eine neue Medizin heilen.

5*. *Bestimme die Satzteile:* Incolae pii templa columnis altis ornabant. – Nauta impavidus per Oceanum navigat. – Graecia et aedificiis et litteris clara est. – Paulus et Aemilius semper discipuli attenti erant.

6*. *Vergleiche* non modo – sed etiam *und* et – et: Athenae et doctrina et litteris florebant. – Graeci non modo litteras, sed etiam ludos amabant. *In welchem Satz haben die beiden nebeneinander gestellten Satzglieder gleiches Gewicht, in welchem ist ein Satzglied hervorgehoben?*

7. *Suche auf der Karte von Italien* Pompei, Vercellae, Capreae, Cannae, Syracusae!

b)

1. Paul gehorchte (2) immer gern. 2. Der Seemann erzählt von fremden Ländern. 3. Dein Reichtum war groß. 4. Dort war das römische Lager. 5. Der Dichter liebt die griechische Literatur sehr. 6. Athen war durch Wissenschaft berühmt. 7. Korinth war durch seinen Reichtum berühmt. 8. Mit einer hohen Mauer befestigten die Einwohner ihre Stadt.

a)

7

1. *Antworte:* Ubi discipuli sunt? – Quo discipuli ambulant? – Ubi avus est? – Ubi multa et clara templa erant? – Quo servi frumentum portant?
2. Saccos in horreum portant. *Vergleiche:* They carry sacks into the barn.
   Sacci in horreo sunt. The sacks are lying in the barn.
   Übersetze: im Garten, in ein Gebäude, in Tempeln, in die Städte, auf der Insel, zur Insel, in Griechenland, nach Italien; in großer Gefahr, nach fremden Ländern, in ein großes Theater, in meinem Haus, in dein Haus.

3. *Beachte die verschiedenen Formen des Prädikats:* Paulus cantat. – Paulus discipulus est. – Paulus aegrotus est. – Paulus in horto est. – Paulus ibi est.
4*. *Übersetze die Formen von* esse *auf freiere Weise:* In Graecia erant philosophi clari. – Magnae divitiae in Sicilia erant. – Ubi sunt puellae ? – In horreo multa instrumenta rustica sunt. – Ulixes saepe magno in periculo erat.

b)

Schon leuchten am Himmel die Sterne. Großvater erzählt von Griechenland. Er sah viele Ruinen. Denn große Tempel und berühmte Bauwerke befanden sich einstmals in den Städten. Viele Dichter und Philosophen lebten (*gebrauche* esse) in Griechenland. Die Griechen fuhren auch in fremde Länder und bauten dort große Städte. Wohin fuhren sie ? Nach Asien und Afrika, nach Italien und Gallien.

8

a)

1. *Setze ins Impf. und Fut.:* Avum videt. – Scholam intrat. – Oppidum muris tutum est. – Sani sunt. – Multa interrogant, pauca respondent.
2. *Antworte:* Quis cantabit ? – Quem avus laudabit ? – Cuius vita periculosa est ? – Ubi ludi discipulorum erunt ? – Quo incolae emigrabant ? – Cantabuntne puellae ? – Narrabitne avus de Graecia ?
3. Cras emigrabunt. – Morgen werden sie auswandern. *Besser:* Morgen wandern sie aus.
   Also: Cras puellae amicam aegrotam visitabunt. – Cras multi discipuli in silva ambulabunt. – Mox ludi in circo erunt. – Mox incolae oppidi novum templum aedificabunt.
4. Servi avi in horto laborant. – Equi avi parvi sunt.
5. *Setze den Genetiv von* avus, castra, oppidum, puellae *sinngemäß als Attribut zu* incolae, ludus, morbus, porta !
6. porta oppidi = das Stadttor. *Also:* templum Musarum, aedificia agricolarum, bestiae silvarum, numerus incolarum.
7. copia frumenti = eine Menge Getreide. *Also:* copia bestiarum, copia fabularum, magnus numerus epistularum, magnus numerus instrumentorum.
8*. *Bestimme die Satzteile:* Poetae vitam rusticam saepe laudant. – Servus meus in horto laborabat. – Filia nautae cenam parabit. – Discipuli clara templa Athenarum videbunt.

b)

1. Die Dichter werden stets das Leben des Bauern preisen. Viele lieben auch das Leben des Seemanns.
2. Die Gefahren werden groß sein; denn die Winde werden ungünstig sein.
3. Die Sklaven liebten den gerechten Sinn *(1 Wort!)* ihres Herrn; daher arbeiteten sie stets gerne.

4. Reichtum ist nicht immer angenehm. Oft bereitet er Sorgen.
5. Athen war die Heimat der Wissenschaften.
6. Die Schüler werden die Literatur der Griechen gern haben *(1 Wort!)*.

a)

9

1. *Dekliniere* a) ludus, ripa, navigium; b) morbus periculosus, terra fecunda, magnum periculum; c) agricola strenuus, Corinthus clara; d) castra Romana, litterae Graecae.
2. *Bilde den Vokativ zu* avus, serva, discipuli; Aemilius, Brutus, Claudia.
3. *Je zwei Kasus:* den Sklaven, der Tochter, die Pferde, den Matrosen, die Beispiele, der Rose, die Herrschaft, der Stadt, das Leben, der Dichter.
4. *Welche Kasus:* silvae, aqua, animi, amicis, periculo, curae, epistulae, exempla.
5. *Dativ oder Ablativ?* Puellae rosis aram ornabunt. – Puella rosis aquam apportat. – Servi domino parere debent. – Servi horreum frumento implebant.
6. Servi agricolae horreum novum aedificant. Die Knechte bauen **für** den Bauern eine neue Scheune.
   Übersetze entsprechend: Servus equis aquam apportabit. – Puellae domino cenam parabant. – Agricola incolis oppidi frumentum apportat.
7. Licet mihi in horto ambulare. **Ich darf** im Garten spazierengehen.
   Also: Licet vobis avum visitare. – Nobis in insulam navigare licebat.
8. *(Vgl. Ü. 4a, 3!) Übersetze und begründe dann, warum in den folgenden Sätzen das Possessivpronomen steht bzw. abweichend vom Deutschen nicht steht!* Agricola in horto laborat. – Poeta vitam suam laudat. – Paulus avo de amicis novis narrat. – Agricola aquam non in suum hortum, sed in hortum amici apportat.
9*. iustus gerecht – **in**iustus ungerecht. *Was heißt also* infidus, infirmus, inhumanus, iniucundus; impius, ignotus ?[1]

b)

1. Sei immer gerecht ! Seid immer gerecht ! – Julia und Claudia, paßt auf! *(Verwende* aufmerksam !) – Gehorcht meinen Worten, Lucius und Julius ! – Antworte mir, Marcus ! – Zeigt uns den Weg, [ihr] Mädchen !
2. Einem gerechten und gütigen Herrn werden die Sklaven gern gehorchen.
3. Der Wind ist für dich günstig, Seemann. Fahr [los] !
4. Ein griechisches Schiff nähert sich der Küste und bringt vieles für die Einwohner heran.
5. Einigen Schülern waren die Ungerechtigkeiten des Dionysius schon bekannt.
6. Die Einwohner von Syrakus *(Gen.)* gehorchten dem ungerechten und strengen Tyrannen nicht gern.
7. Dürfen wir spazierengehen ? – Nein.

---

[1] *Vergleiche* inaccurate, incorrect, indefinite, indifferent, indirect; impossible, improbable; irregular.

a)

10

1. *Dekliniere a)* puer strenuus, vir doctus, ager fecundus; *b)* liberi aegroti, libri boni; *c)* discipulus piger, servus miser, oppidum nostrum; *d)* Rhodus pulchra, divitiae vestrae.
2. *Welche Kasus:* puellae pulchrae, amicitia nostra, incolae miseri, agri vestri, libro meo, liberis bonis.
3. Statua alta in horto nostro est; altera statua in horto vestro est.
4. Avus liberos appropinquare videt. Liberi avo librum pulchrum donabunt.
5. *Unterscheide:* Pueri aras **cum puellis** ornabant. – Liberi aras **rosis** ornabant.
Übersetze: Der Großvater wird mit seinen Knechten eine neue Scheune bauen. – Die Einwohner befestigen ihre Stadt mit einer Mauer. – Der Bote geht mit vielen Briefen zur Stadt.

6*. Quocum puer in scholam migrat? – Quo cum paedagogo migrat?

7. *Beachte die Wortstellung:* oppidum muris tutum – **die** durch Mauern **geschützte Stadt**
Also: oppidum templis claris notum; aedificium statuis pulchris clarum; verba magistri pueris nota.
8. silva prope oppidum sita – ein Wald nahe bei der Stadt
Also: insula prope Italiam sita; oppidum ad Mosellam situm; Colonia ad Rhenum sita.
9. iustus gerecht – iustitia[1] Gerechtigkeit
amicus Freund – amicitia Freundschaft
Was bedeuten also notitia[1], stultitia, malitia[1], pueritia?
10. *Suche das Gegenteil oder den entsprechenden Gegenbegriff von a)* concordia, copia, discipulus, filius, puella, servus; *b)* aegrotus, antiquus, bonus, dexter, multi, parvus, rectus, secundus, strenuus; iustus; *c)* laudare, imperare, interrogare, vulnerare.

b)

1. Morgen werden die Jungen mit ihrem Lehrer durch die Felder zum Flußufer wandern. In der Nähe des Flusses befindet sich ein schöner Wald. Am anderen Flußufer liegen schöne Gärten.
2. Die Kinder gingen mit schönen Büchern zum Großvater.
3. Die Knechte des Bauern arbeiten auf den Feldern am Fluß.
4. In dem Tempel am Marktplatz stehen einige schöne Standbilder.
5. Die Lehrer müssen die faulen Jungen oft tadeln.

a)

11

1. *Führe durch die bisher erlernten Tempora:* I) maneo, natas, mones, dono; II) ridetis, salutatis, gaudemus, servamus; III) estis, sum.

---

[1] *Vergleiche* justice, notice, malice!

2. *Tausche* obtemperare *und* parere, spectare *und* videre *aus:* obtemperabis, pares, obtemperabo, parebamus; videte, spectas, spectabatis, specto, videbo.
3. *Konjugiere nebeneinander* parare *und* parere, interrogare *und* respondere !
4. *Beantworte in allen Personen des Singulars und Plurals:* Quis per fluvium natat? – Quis hodie cantabit ? – Quis ad ripam sedebat ? – Quis fidus erat ?
5. *Setze je zwei Satzergänzungen zu* monstramus, narras, paro, apportabo, ornabamus !
6. eramus – erramus, ero – erro; mone – mane (2), monete – manetis; natate – natatis; impero – imperio (2); aedifico – aedificio (2); firmo (3).
7. Ad silvam ambulabimus. Wir **wollen** zum Wald gehen.
Te linguam Latinam docebo. – Magistro parebimus. – Vos multa interrogabo. – Quid avo apportabis ? – Libros avo apportabo.
8*. gratus sum; primi estis; pigra es; miser eris; liberae non sumus.
9. *Erkläre die Wortstellung:* Libenterne in horto laboratis ? – Totane silva ardet ? – Multane oppida Graeciae videbis ?

b)

1. Sei aufmerksam, Paul ! 2. Du warst gehorsam. *(Übersetze verbal !)* 3. Wir wollen ans Flußufer gehen und schwimmen.
Übersetze und beantworte folgende Fragen:
4. Wo seid ihr ? 5. Wo warst du ? 6. Wo seid ihr morgen ? *(Tempus!)* 7. Wohin geht ihr ? 8. Wohin sahst du ? 9. Wen erwartetet ihr ? 10. Für wen machst du das Essen fertig ? 11. Bist du gesund ? 12. Wirst du uns von Griechenland erzählen ? 13. Habt ihr die Absicht, uns zu erschrecken ? 14. Warum zeigst du deinen Freunden die berühmten Bauwerke unserer Stadt nicht ? – Ich will [sie ihnen] morgen zeigen.

12

a)

1. *Mache folgende Sätze abhängig von* Puellae vident: Avus in horto sedet. Servus vinum apportat. Pueri magno in periculo sunt. Magister iustus est. Statuae pulchrae sunt. Horreum plenum est. Nonnulli discipuli stulti sunt. – In oppido manemus. Non timetis. Nauta sum. Primus (Prima) es. Pauci (Paucae) estis. Multi (Multae) sumus.
2. *Übersetze zunächst mit „daß", dann ohne „daß":* Avus Romanos primos Graecorum discipulos esse narrat. – Ventum vobis adversum esse existimabas. – Marcus librum avo placere narrat. – Puellae bestias in horto esse clamabant. – Nos magno in periculo esse putabamus.
3. *Ergänze die Endungen:* Mult- hor- laborabo, pauc- ambulabo. Mult- ann- in Graeci- ero.
4. Aemilius unum annum natus est. – *Also:* Paul und Julius sind bald sechs Jahre alt. *(Tempus!)* – Ich glaube, daß Lucia und Claudia zehn Jahre alt sind.

b)

1. Wir glauben, daß die Jungen auf dem Felde arbeiten. – daß die Sklaven nicht immer fleißig sind. – daß Paul dein Freund ist. – daß du krank bist *(erst zu einem Jungen, dann zu einem Mädchen gesagt)*.
2. Der Lehrer lehrte uns, Vergil und Ovid seien römische Dichter. – ..., Griechenland sei durch seine Bauwerke berühmt. – ..., die Dichter ständen (seien) im Schutze der Musen. – ..., Syrakus sei eine schöne Stadt. – ..., Minerva sei die Göttin der Weisheit. – ..., Eintracht und Gerechtigkeit seien die Grundlagen des menschlichen Lebens.
3. Du antwortetest, der Bote schweige. – Er behauptet, die Bauern seien schon viele Stunden auf den Feldern. – Sie werden erzählen, du seiest [nur] wenige Stunden in der Stadt. – Ich meinte, ihr wäret faul *(erst zu Jungen, dann zu Mädchen gesagt)*.
4. Ich glaube, daß ihr nicht aufmerksam seid. – Ich glaube, Großvater ist krank. – Ich glaube, du hast Angst. (*Verwende* sich fürchten!) – Die Gärten am anderen Ufer des Flusses (*verwende* situs) sind nach meiner Meinung schön. – Zu unserer Freude (*gebrauche* gaudere) blühen im Garten die Rosen.

13

a)

1. *Bilde das Perfekt und Plusquamperfekt zu folgenden Formen:* clamo, narro, paro; affirmo, intro, migro; fleo, impleo, non deleo; doceo, habeo, pareo, moneo; sum.
2. *Bilde zu diesen Verben die Infinitive des Präsens und Perfekts!*
3. *Vertausche Perfekt und Plusquamperfekt:* Nos non terruistis. – Frustra te exspectavi (exspectavimus). – Spectavistine insulam Rhodum in tabula Graeciae antiquae? – Multi Graeci in alienas terras emigraverant. – Magister discipulos monuerat. – Murum horti deleverunt.
4. *Führe durch alle Tempora:* tibi grati sumus; maesta sum; librum tibi dono; existimas; magistro pares; puella flet; natare mihi licet; quid in animo habetis?
5. aedificavistis ihr habt gebaut – migravistis ihr seid gewandert
Also: cantavistis, appropinquavimus, intraveras, interrogavimus, delevit, habuit, natavistis, docuerat, navigaveram.
6*. *Welche Imperfekta in L 13 b bezeichnen einen Zustand und welche einen sich wiederholenden Vorgang?*
7. *Bedeutung des Imperfekts:* Diu in aqua eramus. – Saepe in ora sedebam. – In insula Creta Minotaurus habitabat. – In Graecia litterae florebant.
8*. *Unterscheide den Gebrauch des Imperfekts und Perfekts im Lateinischen:*
a) In horto sedebamus; tum avus nos vocavit[1]. Per undas navigabamus; subito ventus adversus nos terruit.[2]
b) Amicus me prohibebat in fluvio natare. *Aber:* Amicus me prohibuit in fluvio natare. – Magister Graeciam patriam litterarum esse docebat (docuit).

---

[1] vocāre = rufen
[2] *Vergleiche:* We were sitting in the garden, when our grandfather called us. We were sailing along, when suddenly a gale frightened us.

9. *Übersetze den a. c. i. auf verschiedene Arten:* Poeta nautam multos annos per undas erravisse narrat. – Minotaurum in Labyrintho habitavisse fama est. – Vir doctus periculum magnum esse (fuisse) affirmat.

10. Te impavidum esse apparet. Offenbar hast du keine Angst.
Übersetze den unpersönlichen Ausdruck durch ein Adverb: Lucium pigrum fuisse apparet. – Multos Graecos in insula Sicilia habitavisse notum est. – Dionysium tyrannum iniustum fuisse constat.

11*. Viro non licuit in patriam navigare. – Der Mann hat nicht in seine Heimat fahren **dürfen.**
Also: Ad alteram ripam fluvii natare tibi non licuit.

12*. *Nenne die Substantive zu* gaudere, imperare, aedificare, studere, navigare!

b)

1. Warum bist du im Garten gewesen? – Ist das Mädchen traurig gewesen? – Ihr seid gesund gewesen. – Die Schüler werden fleißig sein. – Die Schüler sind fleißig gewesen. – Glaubst du, der Lehrer sei ungerecht gewesen?
2. Ich hatte dir Federn geschenkt. Wo hast du die Federn?
3. Das Mädchen ist in den Wald gegangen. Ich glaube, das Mädchen hat Angst gehabt. (*Verwende* sich fürchten!)
4. Wir sind zur Insel gefahren. – Wir haben niemals Gefahren gefürchtet; wir werden [sie] niemals fürchten.
5. Wir haben nicht die Absicht gehabt, die Kinder zu erschrecken.
6. Gern erzählte ich dir von den Tempeln Athens.
7. Die Sklaven hatten die Becher mit Wein gefüllt. Die Freunde waren eingetreten. Sie betrachteten die schönen Standbilder; da kam (*verwende* nahen) der Hausherr und berichtete, daß der Sohn krank sei.

14

a)

1. *Konjugiere deutsch und lateinisch:* Ich habe mir das Buch beschafft; ich werde mir eine Arznei bereiten; ich hatte mir den Becher mit Wein gefüllt.
2. *Beantworte in der 1. und 2. Person mit Benutzung der Personalpronomina:* Quis libros apportabit? Quis frumentum apportavit? Quis aegrotus fuerat?
3. *Verbinde die Cardinalia und Ordinalia von 1 bis 10 der Reihe nach mit folgenden Substantiven:* Einwohner, Buch, Fenster, Sohn, Stadt, Pferd, Tor, Schiff, Buchstabe, Stunde.
4. Septem horas navigabit. – *Frage:* wie lange?
Septima hora navigabit. – *Frage:* wann?
Quinta hora in oppido erat. – Quinque horas in oppido erat. – Tres horas in silva migrabant. – Tertia hora in silvam migraverunt.
5. migrare wandern – remigrare zurückwandern, zurückkehren
tenere halten – retinere zurückhalten
Was bedeuten also remanere, reportare, revolare?[1]

[1] *Vergleiche* remain, report; return, repay, recall, reclaim!

b)

1. Lucius, wie lange ist Marcus schon mit dir im Garten? 2. Er ist schon zwei Stunden mit mir im Garten.
3. „Tragt um zehn Uhr[1]", sagte der Großvater, „das Obst ins Haus! Lucia wird euch helfen (wird mit euch das Obst ins Haus tragen). Ich fordere von euch große Sorgfalt. Um elf Uhr bin ich [wieder] bei euch. (*Tempus!*) Dann werde ich euch von Athen und anderen berühmten Städten Griechenlands erzählen." 4. Lucius fragte: „Wann darf ich (*gebrauche* licet *und beachte das Tempus*) mit dir nach Griechenland fahren?" 5. „Sei fleißig! Dann darfst du bald nach Griechenland fahren."

15

a)

1. amicus sanatus; incolae superati; stella observata; puellae servatae; tributum postulatum; oppida deleta; servi territi; filiae monitae.
2. *Konjugiere:* laudatus sum; vituperata eram; defleta sum; prohibitus eram.
3. delectatus sum; ornatus eras; portata est; nuntiatum erat; superati estis; servati erant; defletus es; deleti sunt; impletum erat; prohibiti estis; monitus sum; territae erant.
4. **Aktiv** Dominus servum vocavit.
Der Herr hat den Sklaven gerufen.

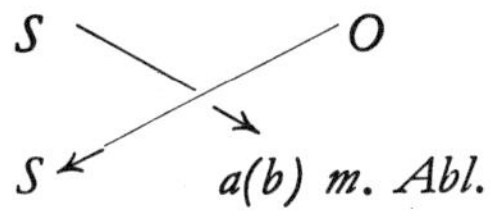

Passiv Der Sklave ist vom Herrn gerufen worden.
Servus a domino vocatus est.

Verwandle ins Passiv: Medicus medicinam paravit. – Servus pocula vino implevit. – Puellae aras rosis ornaverunt. – Claudia amicas diu exspectaverat. – Me laudavisti. – Te monueram. – Nos prohibuistis. – Vos defleveramus.
5. *Vermeidung des Passivs im Deutschen:*
   a) Artificium ab incolis oppidi deletum est. – Einwohner der Stadt haben das Kunstwerk zerstört.
   b) Artificium deletum est. – **Man** hat das Kunstwerk zerstört.
   c) Avus libris delectatus est. – Der Großvater hat **sich** über die Bücher gefreut.
   d) Periculo territi non sumus. – Wir **ließen uns** durch die Gefahr nicht erschrecken.

   Vermeide beim Übersetzen das Passiv: Vita puerorum servata est. – Cur puella a te territa est? – Puella ornata est. – Horreum frumento impletum erat. – Amici territi non sunt. – A vobis de periculo moniti sumus.
6. Puellas terrui. Ich erschreckte die Mädchen. – Puellae territae sunt. Die Mädchen erschraken.
7. *Vergleiche:* Magister nobis **de Romanis** narravit. – Oppidum **a Romanis** deletum est.

---

1 *Übersetze:* in der vierten Stunde

Also: Ein Bote berichtete von der Krankheit des Großvaters. – Du bist vom Lehrer gelobt worden. – Heute ist uns von Dädalus und Ikarus erzählt worden.

8. Intravi = ich bin eingetreten; salutatus sum = ich bin begrüßt worden. *Aktiv oder Passiv?* Ihr seid eingetreten, du warst erfreut, ich bin geschmückt, wir sind (zu Schiff) gefahren, sie waren geflogen, sie waren besiegt, du bist gefragt, ich bin gewandert, wir waren herangekommen, ihr seid beschenkt. *Aber:* Es ist uns erlaubt. *(Tempus!)*

b)

1. Die fleißigen Schüler sind gelobt worden, die faulen [aber] sind ermahnt worden. 2. Das Ufer ist durch die Wellen zerstört worden. 3. Uns waren Bücher geschenkt worden. 4. Du bist vom Großvater während des Essens gefragt worden. 5. Der Brief ist von uns nicht erwartet worden. 6. Von wem wart ihr gerufen worden? – Vom Freund. (*Antworte mit einem Satz!*) 7. Du siehst, daß das Buch von dem Jungen gebracht worden ist. 8. Ich glaube, viele Einwohner der Insel sind von dem Ungeheuer getötet worden. 9. Der Sage nach ist Rom von Romulus erbaut worden.

10. *Übersetze aktivisch und passivisch:* Wir haben dich gehindert, den Tieren nachzustellen. – Um dreizehn Uhr (in der siebten Stunde) hatten wir euch erwartet. – Ich habe dich nicht vergeblich getadelt.

11. Das von Daedalus erbaute Labyrinth hinderte den Minotaurus, die Einwohner Kretas zu töten.

16

a)

1. *Bilde die bisher erlernten Infinitive zu* sacrifico, commemoro, impleo, terreo, admoneo.
2. *Führe durch alle Tempora:* servor, admoneor, prohibemur, delectaris, terremini. Adversarii superantur. Puella admonetur.
3. *Bilde die Präsens- und Futurform des Aktivs und Passivs und übersetze sie:* tenebunt, liberat, arcebimini, superor, terrebis, exspectamus.
4. *Vermeide bei der Übersetzung das Passiv (vgl. Ü. 15 a, 5):* Via nuntio a nobis monstratur. – A te non retinebor. – Alae Icari radiis Phoebi delentur. – Avus libris delectabitur. – Vita nostra servabitur. – Via nobis monstratur. – Intratur. – Tacebatur. – Exercebitur.
5. Deo parere debuisti. Du hast dem Gott gehorchen **müssen.** (*vgl. Ü 13 a, 11*) *Also:* Librum novum sibi comparare debuit. Subito remigrare debueramus.
6. Vos mihi parere oportet. **Ihr müßt** mir gehorchen. *Also:* Te nobis medicinam parare oportet. Nos avum aegrotum visitare oportet.
7. *(Wdh. Ü 13 a, 10!) Übersetze den unpersönlichen Ausdruck durch ein Adverb:* Incolas Athenarum a tyranno Cretae superatos esse constat. – Puellas libenter ornari constat. – Magistrum nostrum libris pulchris delectari apparet. – Alas Icari radiis Phoebi deletas esse notum est.

8. incolae a tyranno superati – die von dem Tyrannen besiegten Einwohner (*vgl. Ü 10 a, 7*)
Also: amicus consilio tuo delectatus; stella a nautis observata; ora ventis undisque deleta; liberi periculo territi; poculum vino impletum.
9. animosus – reich an Mut (animus), mutig
periculosus – reich an Gefahren (periculum), gefährlich
Was bedeuten also dolosus, fabulosus, studiosus, ventosus, victoriosus ?[1]

b)

1. Paul wird vom Lehrer ermahnt. Wird der Lehrer auch Emil ermahnen? Emil wird vom Lehrer nicht ermahnt werden.
2. Ich werde meinen Freund morgen besuchen. Ich werde nicht ohne Paul gehen. Aus dem Garten wird der Großvater des Freundes herbeigerufen werden. Er wird uns einige Geschichten erzählen.
3. „Ihr dürft", sagte der Mann, „eure Freunde nicht vom Studium der Wissenschaften fernhalten."
4. Enthaltet euch des Unrechts! Schön ist es, von Schuld frei zu sein.
5. Ich sehe, daß die Küste durch Wind und Wellen zerstört wird. Ich sehe, daß die Küste zerstört ist.
6. Ich glaube, du läßt dich durch Gefahren nicht schrecken. Ich glaube, du hast dich durch Gefahren nicht schrecken lassen.

17

a)

1. *Konjugiere: a)* Utinam periculum superem! – Utinam ex periculo server! – Utinam dis placeam! – Utinam mox sanus sim! *b)* Utinam semper sanus essem! – Utinam culpa vacarem! – Utinam ne morbo prohiberer!
2. *Bilde den Konjunktiv zu folgenden Formen: a)* appropinquamus, es, delectaris, liberamur, aedifico, fleo, defleor, amor, retinemini, firmantur, adhibetur, floret; *b)* indicabam, praebebatis, studebant, arcebat, gaudebas, retinebaris, eramus, prohibebamini, implorabamur, tenebatur, vocabar, superabantur.
3. *Ersetze* obtemperare *durch* parere *und umgekehrt:* obtemperamus, pareat, pareatis, obtemperares, obtemperem, pareant, parent, parerent.
4. *Bestimme:* arcet, delet, intraret, doceatis, immolabatis, mandatis, remaneatis, oremus, praebemus, oras (2) – optas, habitemus – haberemus, monemini – movemini, parem – paream, pares (2), paremus (2), parent (2), parerent, pararent.
5. Tibi non paret. Cenam mihi paret!
6. Taceat! – Er möge schweigen! Er soll schweigen!
Taceamus! – Laßt uns schweigen! Wir wollen schweigen!
Übersetze auf verschiedene Arten: Pareamus! – Obtemperet! – Strenuos laudemus! – Amicis fidi simus! – Domini iusti sint! – Amicum ne apud alios vituperes!

---

[1] *Vergleiche* perilous, victorious; glorious, famous, furious, precious, gracious, luxurious, laborious, joyous, dangerous.

7. Fidi estis. Fidi sitis! – Laboramus. Laboremus!
Verwandle folgende Aussagesätze in Begehrssätze: Magistri nobis saepe fabulas narrant. – Iniuria semper abstines. – Strenui sumus; pigri non sumus. – Non statim remigramus.
8. *Beachte den Unterschied zwischen erfüllbarem und unerfüllbarem Wunsch:* Utinam ne aegrotus essem! – Utinam mox sanus sim!
Also: Wäre mein Großvater doch nicht tot! – Wenn du doch nicht weinen würdest! – Würde mein Freund mich doch morgen besuchen! – Die Götter mögen dir viel Gutes (*Plural*) geben!
9. *Mache folgende Sätze abhängig:*
Curis vacas. (*a: von* opto; *b: von* existimo) – Verba nostra memoria tenetis. (*a: von* oportet; *b: von* optamus) – Puella cenam parat. (*a: von* Avus narrat; *b: von* Avus postulat)
10. *Setze den passenden Konjunktiv:* Avus servis imperat, ut aratrum (apportare). – Amicum oraveramus, ut nobiscum equos (exercere). – Deum implorabimus, ut vos ex periculo (servare). – Te admonebam, ut consilium meum (adhibere). – Theseus Labyrinthum intravit, ut Minotaurum (necare).
11. *In welchen Sätzen von L. 17a, III–V besteht die Möglichkeit der Übersetzung durch einen Infinitiv mit „zu" bzw. „um zu"?*

b)

1. Wir wollen hier bleiben! 2. Ihr sollt nicht fliehen! 3. Er mag eintreten! 4. Hoffentlich (*verwende* utinam) werden die Kinder gerettet! 5. Wäret ihr doch glücklich! 6. Wenn euch doch das Leben auf dem Land erfreuen würde! (*Passiv*) 7. Würdet ihr doch nicht auswandern! 8. *Aktivisch und passivisch:* Die Seeleute sollen die Sterne beobachten! Der Sklave soll die Stunden [aus]rufen! 9. Ich wünsche, daß ihr den Tieren nichts zuleide tut. (*verwende* quälen!) – Ich weiß genau, daß ihr den Tieren nichts zuleide tut. 10. Wir bitten dich, uns eine Geschichte zu erzählen. – Wir glauben, daß du gerne Geschichten erzählst. 11. Der Lehrer forderte, die Mädchen sollten singen. – Der Lehrer erzählte, seine Schülerinnen sängen gerne. 12. Ariadne gibt Theseus einen Faden, damit er sich im Labyrinth nicht verirrt. 13. Die Gefährten des Äneas hatten sich im Walde versteckt, um ihr Leben zu retten.

18

a)

1. *Konjugiere:* cum remigraverim, cum habuerim, mandavissem, studuissem, cum laudatus sim, cum monitus sim, liberatus essem, territus essem
2. *Bilde den Konjunktiv zu:* occultaveram, liberavistis, liberatus sum, fuimus, deletum est, defleti erant, arcui, fueras, impleveramus, oppugnaverant, interrogati eramus.
3. *Führe durch alle Tempora und Modi:* domino obtemperat (paret), cenam parat, taces, superor, docemur, pocula impletis, rogamur.
4. *Bestimme:* aedificetur, commemores, paremus (2), pararemus, pareremus, pare-

tis (2), parueris, paruisses, paravisses, essem, fuerit, fuit, habuit, habuerit, fuissent, habuissent, fleretis, fletis, monstretur, occupati sint, superarentur, superentur, prohibuerimus, prohibebimus, prohiberemus, prohibiti essemus, terrueris, terreris, terrereris, riderent, viderent, tenerer, terrerer, vituperemini, vituperaremini.

5. *(Wdh. Ü 17a, 8!) Unterscheide:* Utinam liberi servati sint! – Utinam ne Icarus radiis Phoebi nimis appropinquavisset!
Übersetze: Hoffentlich bist du fleißig gewesen! – Wenn du doch nicht so faul gewesen wärest! – Hättest du mich doch besucht! – Hoffentlich haben die ungünstigen Winde die Seeleute nicht zurückgehalten!
6. *Achte auf die richtige Wiedergabe von* cum: Cum in Graecia fuerimus, de Graecis vobis narrabimus. – Cum iam stellae de caelo lucerent, remigravimus. – Magister, cum libris delectaretur, multos sibi comparaverat. – Cum libris te delectari existimem, magnam copiam tibi donabo. – Daedalus, cum Labyrinthum aedificavisset, a tyranno retinebatur. – Theseus, cum Minotaurum superavisset, cum liberis in patriam navigavit.
7. *(Wdh. Ü 17a, 10!) Setze den richtigen Konjunktiv:* Puer, cum multas horas in horto (laborare), ab avo laudatur. – Cum nos ex periculo (servare), vobis grati sumus. – Cum Troia a Graecis (expugnari), Aeneas in novam patriam navigavit. – Di Aeneae propitii erant, cum semper pius (esse). – Daedalus, cum Talum (necare), supplicium timebat.
8. *Beachte die Wortstellung:*
Cum dominus in oppido esset, servi non laborabant.
Dominus, cum in oppido esset, in templo sacrificavit.
Cum discipuli strenui fuerint, magister gaudet.
Discipuli, cum strenui fuerint, a magistro laudantur.
9. *Unterscheide:* **Cum** aegrotus essem, medicus medicinam mihi paravit. – Aegrotus eram; **tum** medicus medicinam mihi paravit. – **Ibi** medicina est.
10. Avo equi pulchri sunt. Großvater hat schöne Pferde.
Übersetze entsprechend: Europa hatte drei Söhne. – Der Bauer hat zwei Söhne und eine Tochter. – Wie viele Kinder hat der Arzt? – Minerva hatte einen großen Tempel in der Stadt Athen. – Ich habe viele Bücher. – Ihr besitzt viele Felder und Gärten.

b)

1. Der Herr wird die Sklaven loben, da sie lange gearbeitet haben. – Da die Sklaven lange gearbeitet haben, werden sie von ihrem Herrn gelobt werden. 2. Ich saß im Garten; da trat mein Freund ein. 3. Wir waren in der Scheune; da liegt (*verwende* esse) eine große Menge Getreide. 4. Als Theseus zur Insel Kreta fuhr, opferten die Einwohner Athens den Göttern.
5. Uns wurde erzählt, daß Niobe sieben Söhne und sieben Töchter hatte. 6. Niobe wünschte, daß die Frauen von Theben der Latona nicht opferten. 7. Hätte Niobe Latona doch nicht durch ihre Schmähworte beleidigt! 8. Als [auch] die letzte Tochter durch die Pfeile der Götter getötet worden war, wurde Niobe zu Stein. (*Verwende* mutare!)

a)

19

1. *Führe durch sämtliche Tempora und Modi des Aktivs und Passivs:* libero, terres, deflent.
2. *Bilde die Futura a) des Aktivs zu* sunt, parant, parent, sacrificas, violatis, habes, tenetis, imploramus, debemus; *b) des Passivs zu* vexor, vocor, necantur, adhibentur, delentur.
3. *Bestimme:* a) servaveris (2), servaberis, servareris, serveris; b) delereris, deleris, deleveris (2), deleberis; c) liberavero, libero (3), libera (5), liberi (2), liberas (2), liberes, liberis (2), liberaris, liberos, libro (2).
4. *(Wdh. Ü 8a, 3!) Beachte den Gebrauch der Tempora im Lateinischen und Deutschen:* Si me visitabis, librum tibi donabo. Gaudebisne, si librum tibi donavero? – Si venti adversi erunt, non navigabimus. – Si agri fluvio deleti erunt, inopia magna erit.
5. Amicus meus Marcus vocatur. Ego Lucius vocor, tu Cornelius vocaris. – Apollo a Graecis Phoebus appellatus est.
6. aliquando, olim, cras, hodie, heri, mane, vesperi, primo, deinde, tum, postremo, denique, mox, postea, posthac, tandem, denuo, diu, quotannis, cottidie, saepe, plerumque, semper, iam, non iam, nondum, nunc, nunc etiam, adhuc, numquam, nonnumquam, statim, subito, rursus, iterum, iterum iterumque.

b)

1. Sorge [dafür], daß die Knechte auf den Feldern arbeiten! Wenn sie nicht arbeiten (*Tempus!*), werden wir kein Getreide haben. Bleibe auf dem Felde, um mit den Knechten zu arbeiten! Wenn du fleißig bist (*Tempus!*), werden auch die Knechte gern arbeiten. Bitte auch die Nachbarn, uns zu helfen (Hilfe zu gewähren)!
2. Obwohl der junge Mann reich war, war er nicht hochmütig.
3. Söhne und Töchter wurden von den Römern „liberi" genannt.
4. Wenn ihr keine Angst hättet (*verwende* furchtlos), würdet ihr euch durch die ungünstigen Winde nicht zurückhalten lassen.
5. Wenn du mich besuchtest, würde ich mich freuen.

a)

20

1. *Dekliniere:* res publica, res secundae, dies pulcher, fides vera.
2. *Bestimme:* dei (2), diei (2), die, diu, dis (2), dies (3), dees (2); dierum, deorum, deero; fida (4), fide (2), fidi (2), fidei (2), fido (2); speres, spes; intres, interes (2).
3. *Bilde alle Tempora und Modi von* adsum, absunt, deestis, ludo intersumus, oppido praeest.
4. Imperio Romano praeest. – Er steht an der Spitze des römischen Reiches. *Also:* Er stand an der Spitze der Truppen. – Er hatte an der Spitze der Provinz gestanden. – Wer steht an der Spitze der Familie?

5. *Verwende bei der Wiedergabe des Genetivus obiectivus die richtige Präposition!* Spes auxilii, gaudium victoriae, memoria rerum antiquarum, desiderium amici, gratia beneficiorum, cura liberorum.
6. *(Wdh. Ü 8a, 7!) Erkläre die verschiedenen Genetive:* Studium amici a magistro laudatur. – Studium tuum iustitiae apud cunctos notum est. – Conviva dominae copiam rosarum donavit.
7. *Erkläre die verschiedenen Ablative:* curis liberare, tertia hora adesse, gloria superare, sine periculo navigare, in oppido claro habitare, e fenestra spectare, virga castigare, iniuria damnare, ab amicis arcere, magno cum gaudio videre. – Multis rebus prohibitus sum, quod aegrotus eram. Multis rebus tibi adesse prohibitus sum.
8. *Wiederhole Ü 14a, 4!* Sex dies socii magno in periculo erant, septimo die liberati sunt. Postero die dis sacrificaverunt. – Meridie vicinus noster ex oppido remigravit.
   Multi **in** rebus secundis superbi sunt.
9. *Nenne die Bedeutung der Präpositionen und gib an, mit welchem Kasus sie verbunden werden!* ab, ad, ante, apud, contra, cum, de, ex, in, inter, per, post, pro, prope, sine.

b)

1. Wir setzen unsere Hoffnung auf die Treue der Freunde. Im Unglück werden sie uns die Treue halten und uns helfen.
2. Wir wollen die Götter bitten, daß Gerechtigkeit allezeit die Grundlage unseres Staates sei.
3. Ihr seid gestern nicht dagewesen (*verwende auch* abesse) und habt an den Spielen nicht teilgenommen. Hat Markus euch erzählt, daß [nur] sechs Jungen und zwei Mädchen da waren? Ich verlange, daß ihr nicht zu oft (zu sehr) fehlt. Werdet ihr morgen wieder fehlen und eure Pflicht vernachlässigen? – Nein.
4. Vor uns lag die Ebene, hinter uns eine große Stadt. – Die Bewohner der Stadt werden für ihr Vaterland kämpfen.
5. Ist euch bekannt, daß im 3. Jahrhundert v. Chr. die Römer von den Puniern in vielen Schlachten (*Abl. instr.*) besiegt worden sind?

21

a)

1. *Setze das Relativpronomen ein:* In templis, ... ante multos annos deleta sunt, mirae statuae fuerunt. – In planitie, ... prope Thebas patebat, liberi Niobae necati sunt. – Supra de Europa narravimus, ... taurus per undas in insulam Cretam portavit. – Amici, ... adfuimus, nobis grati sunt. – Aedificium, ... servi laborabant, incendio deletum est. – Icarus, ... Daedalus monuerat, non obtemperavit. – Villa, ... habitamus, prope fluvium sita est.
2. *Die folgenden Sätze sollen als Antwort dienen. Frage lateinisch so, daß der fett gedruckte Ausdruck die Antwort gibt!*

Beispiele: **Nioba** arae appropinquavit. *Frage:* Quis arae appropinquavit?
Molesta via recta est. *Frage:* Quae via recta est?

a) Incolae **deos** implorabant. b) Viam **iucundam** vitare debes. c) Hercules **de consiliis dearum** non diu cogitabat. (*Verwende in der Frage* res!) d) **Mala exempla** nocent. e) Exempla **bonorum** virorum prosunt. f) **Venti** nobis adversi sunt. g) Aedificia **publica ad forum sita** ardent. h) Nautae ad insulas **Cretam et Naxum** navigaverunt.

3. *Beachte den verschiedenen Gebrauch von* quam, quo *und* quod!
   a) Stella, quam procul videmus, nobis viam monstrabit. – Quam in insulam liberi miseri cum Theseo navigaverunt? – Quam variae sunt res humanae! – Marcus non tam strenuus est quam Lucius.
   b) A quo monitus es, ne in rebus adversis desperares? – Quo die afuisti? – Periculum, quo terrebamini, magnum erat. – Quo Theseus cum liberis miseris navigavit?
   c) Poculum, quod vino impletum erat, avo praebui. – Quod vocabulum memoria tenere non potes? – Gaudeo, quod me visitavisti. – Quod in animo habes, non laudo. – Quod deus postulaverat, Theseus sine Ariadna in patriam navigavit. – Quot pericula toleravimus! – Quot liberi Niobae fuerunt? – Quotannis dis diebus certis sacrificabatur.
4. *Bilde alle Tempora und Modi von* amicis prosumus, vobis adesse potest, viri boni rei publicae praesunt.
5. Amico prodes. Amicis prodestis. – Amico prodes! Amicis prodeste!
6. postulas, poteras, portas (2), portes, portis (2), poetis (2), posteris (2), poteris, potueris (2), proderis, profueris (2), potuero, poculo (2), posse, possem, possim, possum, post.
7. *Wiederhole Ü 13a, 11 und Ü 16a, 5!* Nobis prodesse potuissetis. Ihr hättet uns nützen **können.**
   Also: Agricolae bestias horto arcere non potuerunt. Si bestias arcere potuissent, horti vastati non essent. – Vobis prodesse non potuimus.
8. *Wiederhole Ü 15a, 5 d!* Pueri retineri non poterant. – Pericula vitari potuerunt. – Si periculum vitari potuisset, vitavissem.

b)

1. Unser Nachbar hat durch seinen Rat vielen helfen können. Um seinen Freunden nützen zu können, wird er auch morgen in der Stadt sein. Die Freunde, denen er geholfen hat, werden [ihm] immer dankbar sein. Wenn unser Nachbar kann (*Tempus!*), wird er seinen Freunden nützen. Obwohl er vielen helfen konnte, ist er nie hochmütig. Wir freuen uns, daß unser Nachbar vielen geholfen und genützt hat.
2. Die Kinder, die mit Theseus zur Insel Kreta gefahren waren, wurden vom Minotaurus nicht getötet.
3. Die Matrosen fuhren zu den Inseln, auf denen große Vorräte an Getreide waren.
4. Ich werde den Jungen besuchen, mit dem ich an der Küste gewesen bin.

a)

22

1. *Dekliniere* fructus bonus; parva manus, cornu acutum!
2. *Übersetze und bestimme:* unum portum, duo portus, duos portus, tres portus (2); manus dextrae (2), manu sinistra; in domo alta, domus altae (2), domos altas; cornua (2) exercitus, cornu dextrum (2) exercitus; cornua sunt taurorum arma.
3. *Bestimme:* porta (3), portae (3), porto, portu, portus (4), portui, portas (2), portis (2), portibus (2).
4. *Beachte die Wortstellung (vgl. Ü 18a, 8):*
   Agricola, postquam cogitavit, nobis viam monstravit.
   Postquam agricola viam nobis monstravit, in oppidum migravimus.
   Nachdem die Seeleute den Hafen erreicht hatten (= in den Hafen gesegelt waren), opferten sie den Göttern Früchte. – Nachdem der Sohn unseres Nachbarn die Medizin aus der Stadt geholt hatte, ging er mit seinen Freunden spazieren.
5. *Konjunktionen:* et, et-et, -que, atque, neque, neque-neque, neque vero, aut, aut-aut, vel, etiam, quoque, sed, autem, tamen, non modo-sed etiam, ut-ita, itaque, igitur, nam, enim, quidem, utinam, ut, ne, quod, quia, cum, postquam, si, nisi, etiamsi, etsi, quamquam.

b)

1. Die Schiffe sind mit Getreide und Früchten beladen. (*Verwende* anfüllen!) Sie fahren an der Küste vorbei in den Hafen der Stadt Korinth.
2. Nachdem viele Häuser durch Feuer zerstört worden waren, wanderten die meisten Einwohner aus. Außer Wagen und Pferden hatten sie auch Maschinen bei sich. [Nur] eine kleine Schar Einwohner baute die zerstörten Häuser wieder auf.
3. Wir wissen genau, daß an den Isthmien auch Pferde und Wagen teilgenommen haben. – Bekanntlich wurden Neptun außer Stieren auch Pferde geopfert.

a)

23

1. *Dekliniere:* magnus dolor, uxor fida, bonus mos, vulnus periculosum, ver iucundum, mater et filius, viri mulieresque; hortus, portus, corpus, opus.
2. *Bilde den Gen. Sing.:* tempus, murus, opus, currus, nuntius, ius, usus.
3. *Setze passende Adjektive zu* fructus, Corinthus, domus, equus, manus, opus, onus.
4. *Übersetze:* a) mercatori, ver (2), floribus (2), iura (3), corpus (2), temporibus (2); b) mulieris, metallis (2), periculis (2), moris (3), muris (2); c) uxori, diei festi, deleri, veri (3), mori, clamori; d) florem, laborem (2), amem; e) dolore, dolere, delere, vere, flore (2), flere; f) flores (3), mores (2), voles; g) vulnerum, vulneratum (2), vulneratorum, murum, morum, morbum, morborum, hortorum, numerum; h) labora, corpora (2), vulnera (3).

5*.*Wdh. Ü 20a, 5!* Spes fugae, memoria antiquorum temporum, praemium morum nostrorum, timor periculorum, amor patriae, amor matris (2).

6*.a) *Nenne die Substantive, von denen die folgenden Verben abgeleitet sind:* laborare, florere, vulnerare, iurare, exonerare. b) *Nenne die Verben zu* amor, clamor, dolor, error, timor! c) *Was bedeuten also* ardor, terror?

b)

1. Viele Kaufleute fahren oft in fremde Länder. Sie ertragen oft große Mühen. Die Schiffe der Kaufleute bringen große Lasten aus fremden Ländern in die Heimat.
2. Im Frühling blühen in unserem Garten viele ⟨und⟩ schöne Blumen. Die Blumen machen dem Vater, der Mutter, meinen Schwestern und mir große Freude. (*Verwende* erfreuen!)
3. Das Betragen (*verwende* Die Sitten) meines Bruders ist nicht immer gut. Wieder hat er seiner Schwester nicht geholfen, obwohl sie eine große Last trug.
4. Das Wetter war so schön (heiter), daß wir spazierengehen konnten. – Wir wollen so arbeiten, daß wir nicht getadelt werden. – Das Heer der Römer war so groß, daß die Feinde in große Furcht gerieten. (*Verwende* sehr erschrecken!)

24

a)

1. *Bilde zu folgenden Verben a) die Infinitive des Präsens Aktiv und Passiv, b) den Singular und Plural des Imperativs, c) die 2. Sing. und die 3. Plur. vom Ind. Präs. und Impf. Akt. und Pass.:* mitto, rego, rogo, vitupero, diligo, duco, terreo, paro.

2*.*a) Stelle die Substantive der kons. Dekl. mit s-Nominativ aus St. 24 zusammen und ordne sie nach ihren Stammauslauten! b) Welche davon haben natürliches Geschlecht? c) Stelle die Verschlußlautstämme aus St. 24 zusammen, die Neutra sind! Wodurch unterscheiden sie sich von den Maskulina und Feminina?*

3. *Dekliniere* ventus secundus, domus pulchra, sinus parvus, virtus clara, magnum onus, tempus iucundum!
4. *Bestimme:* pareas, aras, oras (2), aetas, curas (2), laudas, vias, vitas (2).
5. *Verbinde sinngemäß:* magnus, publicus, Romanus, severus *mit* laus, lex, salus, virtus.
6. *Bestimme:* duc, duce, duci (2), ducis (2), duces (2), duceris, duco, ducum; iudica, iudice, iudici, iudico, iudices (3), iudicas, iudicum; laudas, lauda, laude, laudem (2), laudes (3), laudis, laudi, laudo, laudum; legi (2), lege (2), leges (2), legis (2), legere; liberis (2), libertis (2), liberatis (3); rege (2), reges (2), regis (2), regi (2), regni, rego, regno (3), rogo, regum, regnum (2), regnis (2), reginis (2); saluta, salute, saluti, salutem (2).
7. *Wiederhole Ü 7a, 4!* Ver aeternum erat. – Es herrschte ewiger Frühling. *Unterscheide davon:* Minos in Creta regnabat.

8. curare – *Grundwort* cura; firmare – *Grundwort* firmus
   a) *Nenne die Grundwörter zu* bellare, iudicare, laudare, liberare, nuntiare, pugnare, regnare, salutare, sanare, sperare; ducere, regere.
   b) *Was bedeuten:* armare (*zu* arma), cenare (*zu* cena), numerare (*zu* numerus); donum (*zu* donare), lux (*zu* lucere), nex (*zu* necare).
9*. pietas Frömmigkeit – *Grundwort* pius; veritas Wahrheit – *Grundwort* verus
   Was bedeuten also: humanitas, improbitas, libertas, necessitas (necessarius), propinquitas, securitas, severitas, temeritas (temerarius), varietas.[1]
10*. aureus, a, um golden *zu* aurum das Gold
   Was bedeuten also: ferreus, a, um; argenteus, a, um?

b)

1. „Markus, lies die neuen Zeilen!" sagte der Lehrer. Markus liest: „Der König wohnt in der Hauptstadt seines Reiches und regiert ein kleines Volk. Das Volk verehrt den König sehr, denn auch der König gehorcht den Gesetzen. Auch die einfachen Leute (*verwende* plebs) sind glücklich und führen ein angenehmes Leben."
2. Der Bauer bebaut sein Land mit seinen Knechten und seinen Pferden. Morgens führen die Knechte die Pferde aufs Feld. Am Abend werden die Pferde zum Fluß geführt.
3. Im goldenen Zeitalter, in dem (*Abl. temp.*) ewiger Friede und ewiger Frühling herrschten, lebten die Bewohner der Erde von den Früchten der Bäume und von Milch und Honig (*Abl.*).

25

a)

1. *Führe a) durch die Tempora und Modi des Präsensstammes im Aktiv* colo, mittitis, defendunt; collocat, lucet, legit; paras, pares, vivis; *b) durch die Tempora und Modi des Präsensstammes im Passiv* mittor, amamur, diligeris, terremini, aguntur.
2. *a) Setze ins Passiv:* regitis, diligebas, abducant, mitteremus, defendet! *b) Verwandle ins Passiv:* Equos ad fluvium ducetis. – Victores multos incolas in servitutem abducebant. – Utinam deos colatis! – Te ad avum mitterem, nisi officiis defuisses.
3. *Übersetze:* cures, deles, diliges, dies (3), doces, duces (3), firmes, leges (3), liberes, pares (2), reges (3), res (3), miles, speres.
4. *Bestimme:* a) mitteris (2), vulneris, legis (2), ludis (3), sitis (3); b) salutaris, mittaris; c) flore, flere, fluere, vere, lege (2); d) legi (2), lude, ludi (3), laudi, laudari, coli, longi (2); e) surgite, surgitis, surgetis, surgatis, vituperatis (3); f) laudantur, legantur, legentur, monentur, monerentur; g) laudent, ludent, student.

---

[1] *Vergleiche* piety, humanity, liberty, necessity, security, severity, variety; anxiety, honesty, royalty, property, loyalty, publicity, reality, prosperity.

5. *Mache den folgenden Satz abhängig von a)* Dominus optat, *b)* Dominus videt: Servi in agris manent neque in horreo laborant.
6. Graeci, qui in insula Sicilia habitabant, saepe cum Poenis bellum gerebant. Vario eventu contra Poenos pugnabant. – Incolae oppidum ab adversariis defendunt. – Oppidum natura loci ab adversariis tutum est.
7. *Unterscheide:* Liberi patri et matri gratiam debent – gratiam habent – gratias agunt.
8. filius – filiolus, castra – castellum
   Nenne das Grundwort zu regulus, porcellus, asellus; parvolus!

b)

1. Wen wird der Vater in die Stadt schicken? Ich wünsche, daß mein Bruder geschickt wird. [3]Da [2]mein [1]Bruder nicht da ist, kann er nicht geschickt werden. Deshalb werde ich heute geschickt. (*Tempus!*) Morgen aber wird mein Bruder geschickt.
2. Der Vater schickt uns einen Brief. Ich bitte dich, den Brief zu lesen.
3. Die Mutter kauft täglich Milch. Sie wünscht, daß wir Milch trinken. Wir trinken gern Milch; denn wir wissen genau, daß Milch dem Körper (*Plural*) nützt.
4. Lebt nicht nur für euch, sondern auch für andere!
5. Lest gute Bücher! Wir würden uns freuen, wenn ihr gute Bücher lesen würdet.
6. Ich wünsche, daß du hier bleibst und nicht in fremde Länder wanderst. – Meinst du, daß der Knecht auf dem Felde gearbeitet hat und nicht in der Scheune gewesen ist?

26

a)

1. *Führe durch die Tempora und Modi des Präsensstammes im Akt. und Pass.:* bibit, ducitis, cingis, abduco.
2. Puellae libros **suos** apportant. Pueri libros **earum** apportant.
   Iulius equum suum regere potest; ego equum eius regere non possum. *Ersetze* Iulius *durch a)* Iulia, *b)* Iulius et Marcus, *c)* Iulia et Cornelia!
3. Venti adversi sunt. Ob eam rem nautae e portu navigare non possunt. – Diebus festis servi non laborabant. Ea re valde delectabantur.
4. *Ersetze im a. c. i. den Akkusativ durch eine Form von* is, ea, id: a) Minotaurum in Labyrintho habitavisse fama est. b) Mulieres Thebanas a Nioba vituperatas esse commemoravimus. c) Homerus poeta Graecos cum Troianis pugnavisse narrat. d) Quis ignorat Helenam uxorem Menelai fuisse? e) Oppidum ab adversariis deletum esse constat. f) Vulnera tua a medico curari necesse est.
5*. *Begründe den Dativ bzw.* pro: Frumentum incolis apportatur. – Etiam aliis vivimus. – Pro re publica dis sacrificemus! – Pro Iphigenia cerva immolata est. – Pro Cornelio Marcus respondebit.

6*. Deam **non** placabis, **nisi** filiam ei immolabis. Du wirst die Göttin **nur** versöhnen, **wenn** du ihr deine Tochter opferst. – Magistro non placebis, nisi strenuus eris. – Multi servi non laborant, nisi dominus adest.

b)

1. Da die Griechen durch Stürme im Hafen zurückgehalten wurden, befahl ihnen der Priester, die Götter durch ein Opfer zu versöhnen.
2. Wo ist Lucie? Ihre Mutter hat sie gerufen, um sie in die Stadt zu schicken. Wer hat ihr das schöne Buch geschenkt?
3. Die Geräte sind in der Scheune. Bringe sie in den Garten!
4. Wer im Glück lebt, der fürchte die Götter!
5. Diejenigen, die ihre Pflichten nicht vernachlässigen, werden gelobt.
6. Niobe beleidigte Latona. Ihr Hochmut war groß.
7. Minos war König von Kreta. Seine Tochter war Ariadne.
8. Die Mädchen werden ihre Bücher tragen. Wir werden ihre anderen Sachen mitnehmen (mit uns tragen).
9. Mein Großvater hat mich ermahnt. Ich werde seine Worte im Gedächtnis behalten, da ich ihn sehr liebe.

27

a)

1. *Übersetze und bestimme:* gero, gigni, committes, fluunt, arcessantur, vinceremini, cedent, peragebatur, surge, bibimus, bibamus.
2. *Übersetze auf verschiedene Weise; beachte vor allem die Wahl der richtigen Konjunktion bzw. Präposition!* Pocula vino impleta apportata sunt. – Adulescentuli ramo olivae ornati ab incolis praemiis delectabantur. – Nautae e periculo servati dona in templum Neptuni portaverunt. – Puer a patre monitus non paruit. – Sociis ab adversariis vexatis Romani aderant. – Socii iniuriis adversariorum liberati Romanis gratiam habuerunt. – Puellae a magistro interrogatae non respondent. – Oppidum muris altis firmatum dolo expugnatum est.
3. a) Die Freude **des Schülers, der** vom Lehrer **gelobt worden ist**, ist groß. – Die Freude **des** vom Lehrer **gelobten Schülers** ist groß.
   Gaudium **discipuli** a magistro **laudati** magnum est.

Das Partizip richtet sich nach seinem Beziehungswort.

   b) Iphigenie soll **der Diana** geopfert werden, **da diese beleidigt ist**!
   Da Diana beleidigt ist, soll Iphigenie **ihr** geopfert werden!
   = Iphigenie soll **der beleidigten Diana** geopfert werden!
   Iphigenia **Dianae violatae** immoletur!
   c) **Die Stadt war nicht erobert worden; deshalb** herrschte **in ihr** große Freude.
   = **Da die Stadt nicht erobert worden war,** herrschte **in ihr** große Freude.
   In oppido non expugnato gaudium magnum erat.

6827 – A – 8

d) **Trotz der Frage** der Freundin antwortet **das Mädchen** nicht.
= **Obwohl das Mädchen** von der Freundin **gefragt worden ist,** antwortet **es** nicht.
Puella ab amica **interrogata** non respondet.

4. Diebus festis pauci incolae aliorum oppidorum in oppido nostro erant. An den Festtagen waren **nur** wenige Einwohner anderer Städte in unserer Stadt. – Pauci libri mihi sunt. – Parva manus militum castellum defendebat. – Plerique discipuli laudati, nonnulli vituperati sunt.

b)

1. Aus eroberten Städten wurden von den Siegern auch Frauen und Kinder in die Knechtschaft weggeführt.
2. In dem Labyrinth, das Daedalus erbaut hatte (*Passiv*), hauste der Minotaurus.
3. Wir haben lange vergeblich auf die Seeleute gewartet, die durch widrige Winde zurückgehalten wurden.
4. Obwohl die Stadt viele Tage lang von allen Seiten bestürmt worden war, konnte sie nicht erobert werden.
5. Da die Griechen durch den Zorn der Göttin zurückgehalten wurden, baten sie ihren Führer, seine Tochter herbeizuholen und zu opfern.
6. Diana war versöhnt und rettete Iphigenie.
7. Troja wurde 10 Jahre lang von den Griechen bestürmt; schließlich wurde es durch List erobert.
8. Die Mädchen schrien vor Schreck. (*Verwende* erschrecken!)

28

a)

1. *Führe durch die Tempora und Modi des Präsensstammes im Akt. und Pass.:* arcesso, solvimus, neglegunt, vincis.
2. *Dekliniere:* idem conviva, eadem res, idem opus; deus ipse, mulier ipsa, verbum ipsum.
3. *Übersetze und bestimme:* idem servus, idem opus (2), eidem servo, eidem servi, eadem iura (2), eadem hora (2), idem aedificium (2), eundem exercitum, eorundem munerum; militi ipsi, amici ipsi, amico ipsi, periculo ipso, pericula ipsa (2), natura ipsa (2), portum ipsum, signum ipsum (2).
4. *Setze in den Sing. bzw. Plur.:* iisdem annis (2), iisdem horis (2), iisdem temporibus (2), eiusdem diei, eiusdem rei, eiusdem portus, eiusdem legis, milites ipsi, idem cornu (2), iidem socii, cum iisdem sociis, eosdem medicos, easdem fabulas, eadem onera (2), a vobis ipsis, nobis ipsis, eorundem sociorum.
5. Aegeus se ipse necavit. – Qui se ipse laudat, ridetur.
Also: Wir haben uns die schönen Dinge selbst beschafft. – Wirst du dir das Buch selbst kaufen?
6. a) Consul ipse aderat. Der Konsul selbst war zugegen. Der Konsul war **persönlich** zugegen.

b) Te ipsum interrogo. Dich persönlich frage ich. **Gerade** dich frage ich.

c) Servus ipso conspectu domini territus est. **Schon** beim Anblick seines Herrn bekam der Sklave einen Schreck.

d) Castra ad oram ipsam erant. Das Lager befand sich **unmittelbar** an der Küste.

Also: Apud populum ipsum summa potestas sit! – Rex ipse dis sacrificavit. – Heri in oppido fui; eo ipso die frater meus me exspectabat. – Ad fluvium ipsum imperator castra collocavit. – Clamore ipso Germani adversarios terruerunt.

7. *Bilde die Adverbien:* rauh, glücklich, gut, häufig, gelehrt, angenehm, weit und breit, schlecht, elend, richtig, selten.

8*. *Bestimme:* valde, lude, amice, vere (2), recte, bene, opere; paro, raro (3), subito, vito, cito.

9. *Bilde neue Sätze mit Hilfe der eingeklammerten Ausdrücke:* Saepe vita servorum misera erat. (vivere) – Iudices semper iusti sint! (iudicare) – Domini asperi erant. (servos tractare)

10*. Romani ab adversariis paene superati sunt. – Beinahe wären die Römer von ihren Feinden besiegt worden.

Also: Adversarii oppidum paene expugnaverunt. – Te paene terruimus. – Officiis meis paene defui. – Te visitare paene prohibitus sum.

b)

1. Vom König selbst wurden die Gesandten beschenkt.
2. Heute helfen uns dieselben Nachbarn wie gestern.
3. Du konntest nicht immer richtig schreiben. Offenbar hast du nun denselben Rat befolgt (angewendet) wie dein Bruder; denn jetzt lernst du gut. Dennoch leistest (kannst) du nicht dasselbe, was deine Schwester geleistet hat.
4. Wir sind nicht weit vom Fluß entfernt. Unmittelbar am Ufer des Flusses befinden sich die Felder meines Vaters. Die Felder deines Großvaters liegen auf demselben Ufer wie [die] meines Vaters. Obwohl wir die Felder immer mit der gleichen Sorgfalt bestellen, steht (ist) auf dem gleichen Feld nicht immer die gleiche Menge Getreide.
5. In dem Land, in dem sich mein Bruder jetzt aufhält, gibt es weit und breit keinen Wald. Die Sprache der Bewohner ist nicht dieselbe wie unsere. Zuerst wurde er von seinen Nachbarn rauh behandelt. Jetzt aber lebt er glücklich in dem fremden Land. Dennoch wird er uns in der Heimat häufig besuchen.
6. Dasselbe Griechenland, dem die Römer viel verdanken, ist auch für uns ⟨selbst⟩ die Mutter der Weisheit.

29

a)

1. *Dekliniere:* latro vulneratus, homo doctus, oratio clara, carmen pulchrum, nomen tuum.
2. *Bilde den Akk. Sing.:* oratio, homo, dicio, nemo, caro, latro.

3. *Bestimme:* a) carnis, castris (2), iustis (2), latronis, hominis, lactis, mellis, viis (2); b) fori, regi (2), homini, nomini, nemini, nominari; c) servarem, servem, regem, regnem, neminem, nominem, nomen (2); d) eme, carmine, carne, iacere, serve; e) leges (3), labores (3), latrones (2); f) filum (2), filium, fluvium, carminum, hominum, nostrum (3), vestrum (3), eorum, meorum, morum, orationum; g) domino (2), caro, dolo (2), dono (3), nemo, oro, servo (3), oratio; h) umbra (2), carmina (2), hora (2), ora (3), labora, nomina (3); i) vivas, vincas, vives, vinces, viveres, vinceres, vinceris (2), vincereris.
4. *(Wdh. Ü 26a, 6!)* Patrem non delectabis, nisi strenuus eris. – Nemo mihi adfuit nisi amicus. – Nemo nisi deus nos servare potest. – Nihil ememus nisi librum. – Nihil legamus nisi opera clarorum scriptorum!
5*. *(Wdh. Ü 8a, 6 und 7 und Ü 20a, 5 und 6!) Erkläre die Genetive:* statua poetae, spes pacis, gaudium puerorum, gaudium carminis pulchri, multum vini, cupiditas latronum, cupiditas gloriae, quartus puerorum, amor matris (2), nemo vestrum, memoria belli, quis militum, multi nostrum, summus deorum, dolor Troianorum, dolor oppidi deleti, amor patriae, nemo eorum, pauci eorum, copia florum, magnus numerus discipulorum; *aber:* unus ex amicis, una e sororibus.
6. *Übersetze das Partizip a) durch einen beigeordneten Hauptsatz:* Iphigenia a Diana servata in terra Taurorum templo deae praefuit. *b) durch einen konjunktionalen Nebensatz:* Ex oppido a Graecis expugnato pauci incolae servati sunt.
7. neque, neque – neque, neque enim, neque tamen, neque vero.
8*. *a) Nenne die Adjektive zu* longitudo *und* multitudo! *b) Was bedeuten also* altitudo, latitudo, magnitudo, pulchritudo?[1]

b)

1. In alten Zeiten lauerten zuweilen Räuber den Menschen auf. Nicht immer konnten sich die Menschen gegen die Räuber verteidigen. Wir freuen uns, daß mutige Männer die Räuber überwunden haben.
2. Niemand von euch ist es unbekannt, daß während der Olympischen Spiele Friede herrschte. Niemand durfte Waffen tragen (in Waffen sein).
3. Mein Bruder hat an dem Festtag im Hause meines Freundes eine schöne Rede gehalten. Über seine Rede haben wir uns sehr gefreut. (*Verwende* delectare!) Später haben wir einige Lieder gesungen.
4. Auf dem Markt standen viele Menschen.
5. Der Satrap weicht vor dem Aufruhr (*Dativ!*) der Soldaten; der Lärm einer so großen Menschenmenge hat ihn sehr erschreckt.

30

a)

1. *Dekliniere:* mercator dives, mulier pauper, vinum vetus.
2. *Auf welche Weise ist das Perfekt gebildet:* scripsit, arcessivit, aluit, misit, gessit, tribuit, emit, vicit, cucurrit.

---

[1] *Vergleiche* longitude, multitude, altitude, latitude, magnitude; fortitude, solitude, beatitude, servitude!

3. *Führe durch alle Tempora und Modi des Aktivs und Passivs:* mitto, trahit, defendunt, colis, relinquimus, consulitis, tribuimus.
4. *Bilde die Infinitive des Aktivs und Passivs:* lego – diligo; rego – gero; vinco, solvo, sumo.
5. *Bilde die 3. Plur. Perf., Plusqu. und Präs. Akt. zu:* duxi, misi, scripsi, gessi, vici, reliqui, cucurri, defendi.
6. a) ala (2), alam (3), ale, ali, alii, alui; b) cedit, cessit; c) consumi, consumpsi, consumpsisset; d) defendam (2), defendes, defendis, defenderis (4), defendereris, defendi (2), defendimus (2); e) dixero, dictum est, dici, dixi; duxi, duci (2), ducti (2); f) geri, gessi, gesti (2); legi (3); emi (2); g) mittet, mitte, mitti, missi (2), misi, miseram (2), miserim, misero (3), miserum (3); h) rexi, regi (2), rege (2), regimus, regibus (2), reximus; i) reliqui (3), relinqui, relinquis, reliquis (2), reliquiis (2), reliqueris (2), relinqueris (2); k) scribi, scripsi, scripti (2); l) tribui (2), tribuis; m) vixit, vicit, vivit, vincit; vicissent, vixissent; vici, vinci, vixi, victi (2); vincitis, victis (2); victus (3); vicerimus (2), vixerimus (2); vinceris (2), viceris (2), vixeris (2).
7. *(Wdh. Ü 16a, 8 und L 27a, 1!)* nuntius ad regem missus, exercitus ab imperatore in planitiem ductus, salus oppidi ab incolis non neglecta, nomina in tabula scripta (2), bellum a Graecis cum Troianis gestum (2), servi in foro empti (2).
8. *Verwandle ins Passiv:* Salutem publicam neglexisti (neglexistis). – Persae Graecos non vicerunt. – Epistulam ad te scripsimus. – Magnam laudem tibi tribui. – Pater servum in oppido reliquerat.
9. *Setze den Infinitiv der Vorzeitigkeit:* Salutem nostram a te neglegi non ignoramus. – Servos a domino in foro emi putamus. – A latronibus scelera committi apparet. – Dominum iustum a servis diligi constat. – Eandem gratiam tibi tribui atque mihi non ignoras. – Magnam copiam frumenti consumi dixistis.
10*. *(Wdh. Ü 14a, 5!)* a) remigrare, reducere, remittere, revocare, retinere, relinquere; b) *Was bedeuten:* recedere, remanere, repellere, reportare?
11*. *a) Wiederhole* intrare, importare; indicare, implorare! *b) Was bedeuten also:* influere, incurrere, inscribere; immittere, impellere.[1]
12.* *Vergleiche* oratio (die Rede) – orare (*ursprünglich:* feierlich reden)!
Nenne die Grundwörter zu folgenden Substantiven: actio, accusatio, cogitatio, coniunctio, defensio, descriptio, mutatio, navigatio, oppugnatio, expugnatio![2]
13. *Vergleiche* orare – orator, imperare – imperator, scribere – scriptor, vincere – victor!
Nenne das Grundwort und die Bedeutung von folgenden Substantiven: defensor, gubernator, accusator, rector, cultor.[3]

---

[1] *Vergleiche* enter, import, indicate, implore, influence, incur, inscribe, inscription, impel, impulse; invade, imperil, include, insert, involve.

[2] *Vergleiche* action, accusation, conjunction, description, navigation; formation, education, dictation, preparation, admiration, decoration, agitation, starvation (*germ. Stamm!*).

[3] *Vergleiche* orator, emperor, governor, rector; conqueror, actor, collector, possessor, conductor, sailor.

b)

1. Ein reicher Bauer hinterließ seinen Kindern viele Felder und Gärten (*aktivisch und passivisch*). Die Felder waren nicht vernachlässigt; denn da die Sklaven ihren Herrn wegen seiner Gerechtigkeit liebten, hatten sie die Äcker stets mit großer Sorgfalt bestellt. Daher hatten die Felder den Bauern und seine Familie ernährt; sie werden auch seine Kinder ernähren. Die Kinder sind nicht [mehr] so reich wie ihr Vater. Es ist aber bekannt, daß sie den Armen gern helfen.
2. Das Getreide, das ihr geschickt habt (*Partizip*), ist schon aufgebraucht.
3. Ich hatte dir ein Buch geschickt, um dich zu erfreuen. Hast du es schon gelesen ? Wenn du es gelesen hast (*Tempus!*), werde ich dir ein neues schicken.
4. Habt ihr die Milch getrunken, die ich für euch gekauft habe ?
5. Bekanntlich sind von den Griechen und Römern viele Götter verehrt worden.
6. Agamemnon fügte sich dem Willen der Göttin.

31

a)

1. *Führe durch die Tempora und Modi a) des Aktivs:* vitam beatam agis; voluntati tuae cedimus; *b) des Aktivs und Passivs:* pellitis, petunt.
2. *Bilde die Komparationsreihe:* murus altus, regio fecunda, iter periculosum, labor magnus, mulier misera, oppidum antiquum, donum pulchrum, vita laboriosa, homo malus, discipulus piger, corpus parvum, mos bonus.
3. *Dekliniere:* flos pulchrior, vita miserior, periculum maius, iter longius.
4. *Bestimme:* firmiori, firmiore, firmiora (2), firmiorum, firmiorem, firmarem, firmare; minus (3), munus (2), minori, muneri, moneri.
5. *Bilde a) den Plural:* clarius, varius, clarus; *b) den Nominativ:* clariorum, variorum, clarorum; *c) den Genetiv des Singulars und Plurals:* melius, varius, maius.
6. *Bilde das Adverb und seine Komparationsformen:* beatus, bonus, malus, pulcher, miser.
7. Mox melior discipulus eris fratre. – In Germania pulchrior fluvius non est Rheno. – Nemo iustior est te. – Te discipulum peiorem esse sorore apparet.
8. Quam domum pater tuus emit ? – Stella, quam Aeneas videt, viam ei monstrat. – Quam libenter voluntati amicorum cessi ! – Nostrum onus maius est quam vestrum. – Nemo nostrum tam strenuus est quam Marcus. – Marcus tam aegrotus est, ut medicus arcessatur. – Vir, quamquam ipse pauper erat, alios parvis donis delectavit. – Postquam ludis interfuisti, in patriam remigraveras.
9. Beatiorem vitam egimus quam tu. – In portum navigavimus, cum stellae iam lucerent.
10. *Übersetze in freierer Weise (z. B. mit „sehr, äußerst, ganz, hoch-, ur-, wunder-, grund-“):* aedificium antiquissimum et pulcherrimum, templum clarissimum, fabula pulcherrima et notissima, exemplum rectissimum, exemplum falsissimum, homo pessimus, vir benignissimus.
11. nemo, nullus, pauci, nonnulli, multi, multitudo, copia, alii, ceteri, reliqui.

b)

1. Häufig bist du nicht fleißig gewesen. Jetzt hast du gut gelernt. Besser konntest du nicht lernen.
2. Du bist heute aufmerksamer als gestern.
3. Ich gebe dir nach; denn ich halte deinen Plan für besser als meinen.
4. Welche Beschäftigung ist für dich die beste?
5. Kleine Städte sind oft wunderschön.
6. Meine Reise war beschwerlicher als deine. – Ich glaube, daß deine Lage besser ist als meine.
7. Die Winter sind bei uns länger und rauher als in Italien und Griechenland.
8. Viele Gegenden Italiens sind sehr schön und mit Recht sehr berühmt.
9. Unter den Städten Siziliens war keine berühmter als Syrakus, keine schöner.
10. Gold ist ein sehr kostbares Metall.

32

a)

1. *Führe durch die Tempora und Modi a) des Aktivs:* obsistit, nubit; *b) des Aktivs und Passivs:* pellunt, consulunt, coniungunt. *c) Bilde zu diesen Wörtern die Infinitive!*
2. *Dekliniere:* alius liber, aliud exemplum, altera manus; uter frater; uterque consul; neutrum carmen; nullus exercitus; nemo, nihil.
3. *Bestimme:* a) solius, varius, illius, filius, huius, ipsius, maius, unius, pulchrius, totius; b) soli (3), servi (2), ei (2), regi (2); c) uno, rego, toto, regio, solo, socio (2).
4. Multi discipuli adsunt; alii legant, alii scribant! – Duae domus sunt patri; alteram avus ei donavit, alteram ipse emit.
5. Adversarii fugae se mandaverunt neque ullam spem salutis habuerunt. – Sine ulla spe salutis adversarii fugae se mandaverunt.
6. *Dekliniere:* hic (ille) liber, haec (illa) condicio, hoc (illud) munus.
7. *Ersetze* hic *durch* ille *und umgekehrt:* illud consilium, haec nomina, illa mulier, hi viri, illi homini, his temporibus, illo vere.
8. *Setze* hic *und* ille *zu:* proverbium (2), proverbio (2), proverbia (2), proverbii; exercitui, exercitus (4); fluvii (2); oppidum (2), oppido (2); res (3), rei (2), rebus (2); uxor; victoriae (3); virum, virorum.
9. hac, hic (2), his (2), hoc (3), hae, haec (3), hanc, hunc, huic; illa (4), ille, illi (2) illo, illis (2).
10. Diu hic eramus. Nunc navigabimus; nam hic ventus nobis secundus est.
11. *Beachte den Unterschied zwischen Adverb und Prädikativum:* Legati cito appropinquaverunt. Legati irati appropinquaverunt. – Bene (Recte, Male) legisti. Primus legisti. Primo epistulam legisti, deinde diu cogitavisti; denique nuntium ad patrem misisti. – Ulixes maestus in ora sedebat. Ulixes saepe (crebro, non raro) in ora sedebat.
12. Dux Gallorum copias in insidiis collocaverat (posuerat). – Milites spem in fuga posuerunt. – Victor arma adversariorum in templo constituit.

13*. Aristides incolis Athenarum iustitia praestat. = Aristides incolas Athenarum iustitia superat. *Ersetze durch* praestare: Aeneas ceteros Troianos pietate superat. – Marcus te diligentia et industria superat.
14. *Unterscheide:* Amicis fidem habeamus! – Amicis in rebus adversis fidem servemus!
15. hic, ibi, ubi, eo, quo, unde, procul, prope, supra.

b)

1. zu jener Stunde, in diesem Jahrhundert, mit dieser Stimme, jenem Horn, dieser Wunde (2), jener Hauptstadt (2), dieser Tag, jenes Pferd (2), diesen Namen (2), jene Gastfreunde (2), diese Kunstwerke (2), dieser Dichter (2).
2. Hilf diesem Armen!
3. Dieser Tempel ist außerordentlich schön, jener gefällt niemandem.
4. In diesem Fluß schwimme ich oft, in jenem zu schwimmen ist gefährlich.
5. Keiner Frau schenken wir größeres Vertrauen als der Mutter.
6. Nur dir werden wir gehorchen.
7. Ein Bauer hatte zwei Söhne. Beide Söhne haben immer fleißig mit ihrem Vater gearbeitet. Dem einen hinterließ er viele Felder, dem anderen die Gebäude und Gärten.
8. Welchem von den beiden Mädchen hast du das Buch geschenkt? – Keinem.
9. Ich ging schnell zu meinem Freund. Traurig betrat ich sein Haus; denn er war sehr krank. „Du allein hast mich bis jetzt nicht besucht." – „Ich wußte nicht, daß deine Krankheit so gefährlich ist, und kein Mensch hat mir das gesagt."
10. Dieser Mann freut sich über nichts. (*Verwende* delectare!)
11. Solon übertrifft die Einwohner Athens an Weisheit.
12. Du bist immer mit dem zufrieden, was du hast; deshalb wird dir höchstes Lob zuteil. (*Verwende* zuteilen!)

33

a)

1. *Dekliniere:* turris alta, mare periculosum, aliud animal, hi viri, hae vires.
2. *Bilde den Ablativ des Singulars, den Nominativ und Genetiv des Plurals:* haec turris, id animal, hoc mare.
3. *Wie heißt der Nominativ zu* marium, manuum, munerum, puerum, radium, initium, turrium?
4. *Bestimme:* a) mare (2), more, mari (2), matri, mariti (2), maris, muris (2), maria (2), marium, maritum; b) vi, vim, vir, vires (2), viri (2), viris (3), viribus (2), virium, virum, virorum, viro (2), viros.
5. *Führe durch die Tempora und Modi a) des Aktivs:* maneo, moneo, spondemus, vident; *b) des Passivs:* irrideris, obsidentur.
6. *Übersetze das Partizip a) durch einen Relativsatz; versuche auch aktive Wiedergabe:* Iphigeniam dolo in castra arcessitam Calchas ad aram duxit. *b) durch einen kon-*

junktionalen Nebensatz: Oppidum muris altissimis firmatum Graeci expugnaverunt. – Ulixi a Circa monito Sirenes non nocuerunt. *c) durch einen präpositionalen Ausdruck:* Nautae e periculo liberati dona in templo Neptuni posuerunt.

7. adiungere – hinzufügen, advolare – herbeifliegen, herbeieilen.
   Was bedeuten adducere, advocare; accurrere, accedere, attrahere ?[1]

b)

1. Im Altertum (In alten Zeiten) fürchteten die Seeleute das hohe Meer und fuhren an der Küste entlang. Denn auf dem hohen Meer sind die Gefahren wegen der Gewalt der Stürme und Wellen oft sehr groß.
2. Neptun war der Gott der Meere und Flüsse.
3. Viele Menschen haben das Meer [noch] nicht gesehen.
4. Sowohl auf dem Lande als auch im Meer gibt es viele Arten von Lebewesen.
5. Der Elefant übertrifft viele Lebewesen an Körperkraft.
6. Rom liegt am Tiber; es ist nicht weit vom Meer entfernt.
7. Durch sein Maßhalten und sein Gerechtigkeitsgefühl hat Solon die Zwietracht der Parteien überwunden.
8. Die Soldaten hatten einige Türme gebaut, um mit diesen die Stadt der Feinde zu erobern.
9. Ich war in der Stadt; aber ich habe dich nicht gesehen. Bist du lange in der Stadt geblieben ?
10. Weil der Junge weinte, haben die Kameraden ihn ausgelacht.
11. Obwohl ich euch gefragt hatte, habt ihr mir nicht geantwortet.

34

a)

1. *a) Führe durch die Tempora und Modi des Aktivs* dico *und* disco ! *b) Bilde die Infinitive von* arcessere *und* pellere !
2. *Dekliniere:* navis frumento onusta, canis fidus, clades magna, miles ignotus, pes dexter, ars pulchra, urbs clara, altera gens, alius vir, hic hortus, ille hospes, puer piger, mater aegrota.
3. *Bilde den Nominativ des Singulars bzw. Plurals:* canum, patrum, matrum, fratrum, parentum, iuvenum; currum, mercatorum, castrorum.
4. *Bilde den Abl. Sing. und den Gen. Plur.:* classis, turris, navis, canis, clades, planities, pes, vox, lex, gens, urbs, mos, mare, ars, animal, pater.
5. *Setze* pulcher *zu* navis (3), canis (2), turris (3), donis (2), urbis (2), artis (2).
6. *Bestimme:* a) castris (2), signis (2), classis (3), dicis, discis, dicionis, maris, moris, navis (3), dolis (2), donis (2), patris; b) flores (3), spes (3), speres, clades (3), pes, res (3), patres (2), mones; c) mori, mari (2), muri (2), ali, genti, navi (2), avi (2); d) artem, gentem, spem, sperem; e) filium, cladium, adversarium, fluvium, navium, nuntium, aedificium (2), urbium, exsilium (2), iudicium (2), iudicum, artium, artificium (2), gentium, odium (2).

---

[1] *Vergleiche* adjoin; add(ition), admit, adopt, affix, accumulate, accompany !

7*. Intra moenia Athenarum multa et pulcherrima templa erant. Inter fluvium et urbem planities patet.

8*. Inter cives semper concordia sit! – Milites vulneratum sub arborem portaverunt. – Sub porta multi mercatores sunt. – Sub monte milites castra collocaverant.

9*. Ex portu in mare altum navigavimus. – Ex illo tempore tempestates timemus. – Ex antiquissimis temporibus homines per maria navigaverunt.

10. a) *Wiederhole:* exportare, expellere, exspectare, explorare, exclamare, explere, exonerare, excitare; emigrare. b) *Was bedeuten* excedere, extrahere, exponere; educere, eligere, emittere, evocare?

b)

1. die Namen berühmter Bürger, die Schiffe der Athener, der Ruhm vieler junger Männer, mit dem größten Teil der Flotte, auf einem hohen Berge, am Fuße eines hohen Berges.
2. Die Zahl der Burgen, die auf Hügeln liegen, ist groß.
3. Gehorcht den Gesetzen eurer Väter!
4. Athen übertraf die meisten Städte Griechenlands an Einwohnerzahl (durch die Menge seiner Bürger). Die Athener bauten eine große Menge (Zahl) Kriegsschiffe und führten zu Lande und zu Wasser mit den Persern Kriege.
5. Es wurde gemeldet, daß der Feldherr am Fuße eines hohen Berges das Lager aufgeschlagen habe.
6. Nennt mir die Namen berühmter Städte!
7. Wem sind die Namen [1]berühmter [3]römischer [2]Geschlechter bekannt?

35

a)

1. *Führe durch die Tempora und Modi:* medicum arcessimus; librum sumis; deos colitis; nautae naves solvunt.
2. *Dekliniere:* vir audax, clades gravis, nomen illustre, puer celer, asinus piger, res utilis, mercator dives, urbs celebris, mulier pauper, mulier pulchra, mulier nobilis, oppidum vetus, oppidum celebre, vir prudens, consilium prudens.
3. *Bilde – soweit möglich – das Femininum und Neutrum, ferner den Genetiv des Singulars und Plurals:* ager, asper, sacer, liber (2), celer, celeber, dexter, puer, piger, pauper, pulcher, alter, magister, sinister.
4. *Bilde den Abl. Sing., den Gen. Plur. und den Nom. (Akk.) Plur. im Neutrum:* facilis, celer, vetus, utilis, gravis, celeber, pauper.
5. *Setze* a) prudens *zu* consilio (2), consilia (2), consiliorum; b) celeber *zu* oppida (2), insula, in insula, oppidum (2); c) difficilis *zu* via (2), iter (2), opere.
6. *Bestimme:* agri (2), agris (2), aris (2), artis (2), artes (2), celeris (3), celeres (2), celerem, celebria (2), proelium (2), officium (2), mortalium, illustrium, navium.
7. *Übersetze das Partizip a) durch einen beigeordneten Hauptsatz oder durch einen konjunktionalen Nebensatz:* Captivi saepe interrogati non responderunt. *b) durch einen aktivischen Relativsatz:* Naves piratarum ab imperatore Romano victorum deletae sunt.

8. *(Vgl. Ü 24a, 9!)* paupertas die Armut – *Grundwort* pauper. *Nenne das Grundwort zu* celeritas, difficultas, gravitas, levitas, mortalitas, nobilitas, utilitas.

9. a) *(Wdh. Ü 9a, 9!) Was bedeutet:* incertus, indoctus, ingratus, invalidus, inutilis; ignobilis; impurus, impiger, immortalis; inimicus, iniuria, inopia.[1] b) *Was bedeuten* probus (*zu* improbus) *und* pavidus (*zu* impavidus) ?

10*. puerilis, e – zum Jungen gehörig, jungenhaft
Nenne das Grundwort und die Bedeutung von virilis, civilis, hostilis ![2]

b)

1. eine schwere Wunde, schwierige Wege, zu jeder Zeit, zu allen Zeiten, durch alle Zeiten, niemand von allen Sterblichen, durch schnelle Flucht der Soldaten, von einem kühnen und reichen Kaufmann, die nützlichen Worte alter und kluger Menschen.
2. Mein Großvater wohnt in einer Stadt, bei der ein berühmter Hafen ist. Oft geht er zum Hafen und erfreut sich (*verwende* delectare) am Anblick der großen und schnellen Schiffe. Mein Vater hat uns erzählt, daß er als junger Mann ein waghalsiger Seemann gewesen sei. Auf einem schnellen Schiff ist er übers Meer (durch die Meere) gefahren. Es ist für ihn oft schwer gewesen, alle Gefahren zu überwinden. Der Großvater hat als Seemann in den Häfen oft schwere Lasten getragen. Das hat ihm [aber] nicht geschadet.

36

a)

1. *Führe durch die Tempora und Modi des Aktivs und Passivs:* tradunt, defendo, legit, diligit.
2. *a) Passe das adjektivische Attribut dem Substantiv an:* carmen (pulcher), opes (magnus, ingens), opus (difficilis), onus (gravis), navis (celer, pulcher), clades (magnus), mons (altus), collis (alius), mors (certus, celer); *b) setze den Genetiv des Plurals als Attribut hinzu:* pulchritudo (canis, collis, flos, mons, arx, navis, turris, urbs, vox, carmen, litus, opus).
3. *Setze* utilis *zu* res (3), rei (2), rerum; vetus *zu* iniuria (2), castra (2), militum.
4. *Dekliniere* equus celerior, gens nobilior, consilium prudentius, onus gravius, civis divitior.
5. *Bilde die Komparationsreihe:* celer, miser, piger, pauper, illustris, levis, dulcis, vehemens, felix, dives, vetus.
6. *Bilde den Abl. Sing. und Gen. Plur. des Positivs, Komparativs und Superlativs von* asper, benignus, celer, dives, illustris, prudens, vetus.
7. Feliciores estis quam ceteri. = Omnium felicissimi estis. *Forme entsprechend um:* Alexander audacior fuit quam alii suae aetatis reges. – Nemo prudentior est quam tu. – Nulla urbs Graeciae divitior erat Corintho, nulla celebrior Athenis.

---

[1] *Vergleiche* enemy, injury; injustice, inability, inequality, indifference, inaccuracy, independence, inexperience, innocence, infamy.

[2] *Vergleiche* puerile, virile, civil, hostile, juvenile, senile.

8. *Bestimme:* a) celerrimum (2), celebrium, marium, exemplarium, artificium (2), mercium, audacium; b) celebriorum, aedificiorum, vetustiorum; c) morum, levissimorum, decorum, virorum, coniuratorum, victorum (2), prudentiorum; d) ora (3), mora (2), corpora (2), difficiliora (2); e) vera (4), dextra (4), opera (4), itinera (2), libera (5), terra (2); f) audacia (2), prudentia (2), diligentia (2), sapientia (2).

9. *Bilde das Adverb und seine Komparationsformen:* acer, audax, bonus, celer, felix, iustus, liber, malus, miser, prudens, pulcher, vehemens.

10. *(Vgl. Ü 32a, 11!)* Dominus servum vehementer vituperavit. Dominus iratus servum verberavit. – Milites, qui fortiter contra latrones pugnaverant, salvi in castra reducti sunt.

11*. *a) Von welchen Adjektiven sind die folgenden Substantive abgeleitet:* audacia, constantia, ferocia, prudentia, imprudentia. *b) Was bedeuten:* diligens, diligentis (*zu* diligentia); eloquens, eloquentis (*zu* eloquentia); innocens, innocentis (*zu* innocentia); sapiens, sapientis (*zu* sapientia).

12*. a) quod, quia, cum, quoniam. *Welcher Modus steht bei diesen kausalen Konjunktionen?* b) *Wie kann das kausale Verhältnis zwischen zwei Hauptsätzen bezeichnet werden?*

b)

1. Lucius läuft schnell; aber Marcus wird schneller laufen als sein Bruder. Gestern war Marcus der schnellste von allen.
2. Keine Frau in Theben (= thebanisch) war glücklicher als Niobe.
3. Die Griechen waren kühnere Seefahrer als die Römer.
4. Sei klüger als dein Bruder! Handle schnell! Gehorche dem Rat kluger Männer! Ihre klugen Ratschläge werden dir sehr nützlich sein. Es ist nicht immer leicht, richtig zu handeln. Wenn du klug handelst (*Tempus!*), wirst du von klugen und erfahrenen Männern gelobt werden.
5. Die Männer trugen schwere Lasten in das Schiff. Sie hatten niemals schwerere Lasten getragen.

37

a)

1. *Führe durch die Tempora und Modi a) des Aktivs:* obtemperas, pares, oboedis, venitis, scit; *b) des Aktivs und Passivs:* amat, monet, regit, audit, punio, impedis, custodimus, audiunt.
2. *Bilde a) die Imperative von* implere, venire, mittere, ducere, iudicare; *b) die Infinitive von* moveo, moneo, punio, sumo, humo.
3. *Ersetze durch entsprechende Verben der i-Konjugation:* ignoratis, ignorabitis; pareant, obtemperant, obtemperemus, paremus, paruisses; prohiberi, prohibebimur, prohibeberis, prohibitus est.
4. *Bestimme:* a) custodi (2), custodiri, custodis (2); b) manetis, monetis, monitis (2), mones, montes (2), mores (2), manes, manus (4), maris, matris, malis (2);

c) punis, poenis (2); d) veni (2), venit (2), venti (2); e) filio (2), studio (2), studeo, audio, aedificio (2), aedifico; f) filias, punias, laudas, varias, venias, doceas, firmas (2); g) aliam, egregiam, puniam (2), veniam (3), noceam.

5. Custodi dominus: „Custodi", inquit, „domum, ut tuti simus !" – Mus urbanus muri rustico: „In urbe", inquit, „vita iucundior est. Veni in urbem !" – Heri in urbem veni, ut cum amicis convenirem. Solus Lucius non venit. Ecce venit.
6. Quando amicus tuus in oppidum nostrum advenit? – Quo convenistis? (*Antworte mit* domus fratris, hortus avi, gymnasium !)
7. *Versuche eine gute deutsche Wiedergabe:* Victores Olympiorum a poetis laudabantur, ut posteris exemplo essent. – Salus tua nobis maximae curae est. – Quis tibi auxilio veniet? – Nobis auxilio venite! – Quid amico dono dabis?
8*. *Übersetze das Partizip a) durch einen konjunktionalen Nebensatz:* Regi Persarum devicto Themistocles suasit, ut exercitum cito reduceret. *b) durch Beiordnung innerhalb des daß-Satzes:* Croesum bello superatum a rege Persarum capitis damnatum esse supra legimus.
9. *a) Wiederhole* comportare; convocare, convenire; colligere! *b) Was bedeuten also* compellere; concurrere, congerere, contrahere? *c) Bei manchen Wörtern ändert sich durch Hinzufügen der Vorsilbe* com- *oder* co- *die Bedeutung kaum:* comparare, commovere, commutare; conservare, consumere, confirmare.[1]

b)

1. Ihr müßt euren Eltern immer gehorchen (3). Ihr könnt von ihnen nicht immer behütet werden. Wenn ihr nicht gehorcht (*Tempus!*), werdet ihr mit Recht bestraft werden.
2. Eure Eltern haben [dafür] gesorgt, daß ihr von tüchtigen und erfahrenen Lehrern unterrichtet werdet.
3. Eure Eltern mögen euch immer als Vorbild dienen! Sie werden euch helfen (*verwende auch* zu Hilfe kommen), wenn es nötig ist. (*Tempus!*)
4. Wächter haben den Leichnam des Polyneikes bewacht. (*Aktiv und Passiv*) Dennoch hat Antigone ihren toten Bruder bestattet, als die Bürger von Theben schliefen.
5. Viele Menschen kamen in der Ebene des Alpheios zusammen, um an den Olympischen Spielen teilzunehmen.
6. Ich weiß wohl, daß auf der Gerechtigkeit das Wohl des Staates beruht.
7. Ich weiß, daß ich nichts weiß.

38

a)

1*. *Führe durch die Tempora und Modi des Aktivs:* decedis, descendis, tendis.
2. *Bilde die Infinitive und Partizipien von* educo, irrideo, alo, reprehendo, impedio, pello, opprimo.

---

[1] *Vergleiche* convoke, convene, collect; compel, concur, contract; compare, commute, conserve, consume, confirm!

3. *Dekliniere:* puella cantans, discipulus discens, aedificium ardens, adulescens in urbem adveniens.
4. *Setze zu den Substantiven das Part. Präs. hinzu und bilde den Nom., Akk. und Abl. Sing. und den Nom. und Gen. Plur.:* mater (liberos amare), periculum (nos impedire), avus (puerum monere), frater (librum legere).
5. *Verwandle den Relativsatz in ein Partizip:* discipulus, qui linguam Latinam discit; puellae, quae carmine nos delectat (2); puellae, quae carmine parentes delectant; puero (a puero), qui equos ad fluvium ducit; animalia, quae in mari vivunt (2); mulieres, quae in forum conveniunt (2).
6. *(Wdh. Ü 27a, 3!) Vorzeitigkeit:* Urbs deleta denuo aedificata est. – *Gleichzeitigkeit:* Puer artificium delens a custode deprehensus est.
   Also: Das Ufer wird von neuem befestigt, da es zerstört ist. – Unser Großvater macht uns eine große Freude, wenn er uns schöne Geschichten erzählt. Die Geschichten, die uns von ihm erzählt worden sind, sind sehr schön. – Da die Bürger von der Furcht vor den Feinden befreit sind, herrscht bei ihnen große Freude. – Antigone wurde von den Wächtern ergriffen, als sie ihren toten Bruder begrub. – Wenn du dich den Eltern widersetzt, bist du undankbar (*s. Ü 35a, 9*).
7*. *Unterscheide:* regnare – regere, parare – parere, placare – placere, docere – discere – dicere, tenere – tendere, incedere – incendere, decedere – descendere.
8. *Ersetze folgende Verben durch Verben gleicher oder ähnlicher Bedeutung:* amare, cantare, cubare, obtemperare, prohibere, firmare, ignorare.
9. deducere – hinabführen, wegführen. *Was bedeuten also:* decurrere, demittere, demigrare, deportare, depellere.
10. *Zahlreiche Fremdwörter sind von lat. Präsenspartizipien gebildet. Was bedeuten folgende:* Regent, Student, Dozent, Agent, Emigrant, Ignorant, Konsument, Laborant; tolerant?

b)

1. der bittende Knabe, die weinende Gattin (2), von dem lernenden Schüler, der ankommenden Gefährten, die brennenden Gebäude (2).

   Übersetze mit Partizip:
2. Der Schüler übt seine Stimme, wenn er singt.
3. Wenn der Vater eintritt, begrüßen wir ihn froh.

   Übersetze wörtlich und mit Partizip:
4. Die Gattin des Orpheus wurde von einer Schlange gebissen (verwundet) und starb.
5. Als Odysseus durch die Meere irrte, wurde sein Schiff von Neptun zerstört.
6. Die Zahl der Schüler, die ihre Pflichten vernachlässigen, ist gering.
7. Die Sklaven, die schwere Lasten in die Scheune trugen, wurden von ihrem Herrn gelobt. – Die Menge der Lasten, die in die Scheune getragen worden sind, ist groß.
8. Der Anblick der vielen Schiffe, die im Hafen (*Kasus!*) ankamen, war wunderbar.

9. Da die Freunde um Hilfe bitten (*verwende* implorare), wollen wir ihnen helfen. (*Tempus!*)
10. Obwohl Aristides die höchste Stellung innehatte, war er bettelarm.
11. Als der Junge den Berg hinunterstieg (von dem Berge hinabstieg), wurde er durch einen Stein verletzt.

39

1. *Bilde a) die Cardinalia, b) die Ordinalia:* 16, 18, 29, 31, 66, 193, 547, 852, 1250, 1648.
2. *Setze* duo, tres, viginti, centum, octingenti *zu* dies, domus, navis, animal; *bilde dann den Genetiv!*
3. 2, 20, 200, 2000, 2200 Sterne; 3, 30, 300, 3000, 3300 Städte; 8, 80, 800, 8000, 8800 Tage; 9, 90, 900, 9000, 9900 Verse.
4. Viginti unum (Unum et viginti) dies in mari alto eramus. – Undequadraginta dies hic manebimus.
5. Quot discipuli sunt in classe nostra? (Quot pueri, quot puellae?) – Quot discipuli sunt in schola nostra?
6. *(Vgl. Ü 12a, 4!)* Frater meus viginti duos annos natus est. – Quot annos tu natus (nata) es? – Quot annos frater tuus (soror tua) natus (nata) est? – Quot annos avus tuus (pater tuus) natus est? – Quot annos avia tua (mater tua) nata est?
7. *Lies:* hora II, IX, XII; anno XIX, XXI, XLIV, CC, DCCLXXVII, CMLV, MDCCCXLVIII, MCMLXI.
8. Quo anno natus (nata) es? – Quem aetatis annum pater (avus, frater) tuus agit? – Quo anno mater (soror, avia) tua nata est? – Quo anno Xerxes in Graeciam invasit?
9. *a) Nenne die Verben zu* cantus, cursus, cultus, versus, victus; exercitus! *b) Was bedeuten* adventus, conventus; discessus, descensus, fluctus; fletus, motus?
10. vir – virtus. *Nenne die entsprechenden Wortbildungen zu* iuvenis, senex, servus!

WÖRTERVERZEICHNIS
ZU DEN LATEINISCHEN ÜBUNGS- UND LESESTÜCKEN MIT MUSTERBEISPIELEN ZUR SATZLEHRE UND ENGLISCHEN PARALLELEN

1

a

	globus	die Kugel, der Ball, Globus
	aula	der Hof, die Halle, Aula
	gymnasium	der Sportplatz, das Gymnasium
	radius	der Strahl, Radius
5	circus	der Kreis, die Rennbahn, der Zirkus
	arēna	der Sand, die Arena
	vīlla	das Landgut, Landhaus, die Villa
	studium	der Eifer, die Beschäftigung, das Studium
	iūbilaeum	das Jubiläum
10	elephantus	der Elefant
	figūra	die Gestalt, Figur
	metallum	das Metall
	chorus	der Reigen, Chor
	saccus	der Sack
15	stilus	der Schreibstift, Griffel
	triumphus	der Triumph
	forma	die Gestalt, Form
	nātūra	die Natur
	medicīna	die Arznei, Medizin; Heilkunde
20	disciplīna	der Unterricht, die Zucht, Disziplin
	camera	die Kammer
	īnstrūmentum	das Gerät, Werkzeug, Instrument, die Maschine
	fēstum	das Fest
	fundāmentum	die Grundlage, das Fundament
25	testāmentum	das Testament
	castellum	das Kastell
	circulus	die Kreislinie, Zirkel
	circus 1	Kreis
	titulus	die Inschrift, Aufschrift, der Titel
	mūsculus	das Mäuschen, der Muskel
30	īnsula	die Insel
	rēgula	die Regel
	epistula	der Brief, die Epistel
	fābula	die Erzählung, Geschichte, Fabel
	ōrāculum	das Orakel
35	flamma	die Flamme
	familia	die Hausgemeinschaft, Familie
	bēstia	das Tier, die Bestie
	palma	die Palme
	cella	die Kammer, Zelle
40	cista	die Kiste
	statua	das Standbild, die Statue
	urna	der Topf, Krug, die Urne
	rosa	die Rose
	cōmoedia	das Lustspiel, die Komödie
45	tragoedia	das Trauerspiel, die Tragödie
	charta	das Papier, die Karte

1: 1 globe 3 gymnasium (Turnhalle), gymnastics 4 ray 5 circus (Zirkus, runder Platz) 7 villa, village (Dorf) 8 study (Studium, Arbeitszimmer) 9 jubilee 10 elephant 11 figure (Gestalt, Zahl) 12 metal 13 chorus (Kehrreim), choir (Chor) 14 sack, satchel 15 style (Schreibart) 16 triumph 17 form (Form, Schulbank, Klasse) 18 nature 19 medicine 20 discipline 21 camera, chamber 22 instrument 23 feast (Fest[mahl]) 24 foundation 25 testament 26 castle (Schloß) 27 circle 28 title 29 muscle 30 isle 31 rule, ruler (Lineal), regular 32 epistle (Sendschreiben) 33 fable 34 oracle 35 flame 36 family, familiar 37 beast 38 palm-tree 39 cell 40 chest (Truhe, Brustkasten) 41 statue 42 urn 43 rose 44 comedy 45 tragedy 46 chart (Seekarte, Tabelle), charter (Freibrief), card

	tabula	das Brett, die Tafel, das Bild
	schola	die Schule
	theātrum	das Theater
50	populus	das Volk
	carrus	der Wagen, Karren
	victōria	der Sieg
	pictūra	das Bild, Gemälde
	scientia	die Kenntnis, das Wissen, die Wissenschaft
55	lingua	die Zunge, Sprache
	exemplum	das Beispiel
	exercitium	die Übung
	imperium	das Reich, der Befehl, die Herrschaft
	numerus	die Zahl, Nummer, Anzahl
60	nāsus	die Nase
	camēlus	das Kamel
	crocodīlus	das Krokodil
	fenestra	das Fenster
	nebula	der Nebel
65	ancora	der Anker
	templum	der Tempel
	vallum	der Wall
	praemium	die Belohnung, Auszeichnung, Prämie
	vocābulum	das Wort, die Bezeichnung, Vokabel

b

70	via	die Straße, der Weg
	amphitheātrum	das Amphitheater
	theātrum 1	Theater

2

a

	discipulus	der Schüler
	disciplīna 1	Unterricht, Zucht
	est	(er, sie, es) ist
	et	und, auch
	sunt	(sie) sind
5	fluvius	der Fluß
	puella	das Mädchen
	terra	die Erde, das Land
	oppidum	die Stadt
	aurum	das Gold
10	ferrum	das Eisen
	longus, a, um	lang
	magnus, a, um	groß
	parvus, a, um	klein
	novus, a, um	neu
15	firmus, a, um	fest, stark
	bonus, a, um	gut
	clārus, a, um	hell, klar, berühmt
	acūtus, a, um	spitz, scharf
	aegrōtus, a, um	krank

b

20	meus, a, um	mein
	rēctus, a, um	gerade, richtig
	amīcus	der Freund
	tuus, a, um	dein
	discipula	die Schülerin
	discipulus 2	Schüler
	disciplīna 1	Unterricht, Zucht
25	strēnuus, a, um	tüchtig, fleißig
	multī, ae, a	viele
	malus, a, um	schlecht, böse
	sānus, a, um	gesund
	paucī, ae, a	wenige
30	falsus, a, um	falsch
	quis?	wer?
	aeternus, a, um	ewig, unvergänglich

47 table (Tisch) 48 school, scholar (Gelehrter) 49 theatre 50 people, population, popular 51 car, carriage, to carry 52 victory 53 picture 54 science, scientific 55 language, linguistic 56 example 57 exercise 58 empire, imperial 59 number, numeral (Zahlwort), numerous 61 camel 62 crocodile 64 nebulous (unbestimmt) 65 anchor 66 temple 67 wall 68 premium 69 vocabulary (Wortschatz) 70 via (Prp.: über)

2: 1 disciple (Jünger) 7 territory (Gebiet) 12 to magnify (vergrößern, übertreiben) 14 novel (neuartig, Roman) 15 firm 16 bonus (Prämie) 17 clear (klar, frei) 18 acute 21 right 22 amicable 25 strenuous 26 to multiply (vervielfachen) 27 malicious (boshaft) 28 sane (geistig gesund), sanitary (hygienisch) 30 false 32 eternal

1. fluvius magnus — der große Fluß, ein großer Fluß
2. īnsula magna — die große Insel, eine große Insel
3. theātrum magnum — das große Theater, ein großes Theater
4. Fluvius magnus est. — Der Fluß ist groß.
5. Fluviī magnī sunt. — Die Flüsse sind groß.
6. Italia terra est. — Italien ist ein Land.
7. Italia et Graecia terrae magnae sunt. — Italien und Griechenland sind große Länder.
8. Multa (Pauca) falsa sunt. — Vieles (Weniges) ist falsch.

3

a

	cantāre	singen, besingen
	servus	der Sklave, Knecht
	labōrāre	arbeiten
	stēlla	der Stern
5	lūcēre	leuchten
	aedificium	das Gebäude, Bauwerk, Haus
	ardēre	brennen
	quid ?	was ?
	quis ? 2	wer ?
	nōn	nicht
10	gaudēre	sich freuen
	itaque	deshalb, daher
	ambulāre	(spazieren)gehen
	nōn iam	nicht mehr
	iūcundus, a, um	erfreulich,angenehm
15	licēre	erlaubt sein
	licet	(es) ist erlaubt
	intrāre	eintreten, betreten
	clāmāre	schreien, rufen
	pārēre	gehorchen
20	dēbēre	müssen, schulden, verdanken
	attentus, a, um	aufmerksam
	esse	sein
	nunc	jetzt, nun
	flōrēre	blühen
25	saepe	oft
	flēre	weinen
	lūna	der Mond
	lūcēre 3	leuchten
	hodiē	heute
	plēnus, a, um	voll
30	dominus	der Hausherr, Herr
	imperāre	befehlen, herrschen
	imperium 1	Befehl, Herrschaft, Reich
	semper	immer
	fīdus, a, um	treu
	libenter *(Adv.)*	gern
35	obtemperāre	gehorchen
	tacēre	schweigen
	stultus, a, um	töricht, dumm

b

	errāre	umherirren, irren, sich irren
	hūmānus, a, um	menschlich
40	etiam	auch, sogar
	et 2	und, auch
	nam	denn
	vērus, a, um	wahr, wahrhaft, echt
	gaudium	die Freude
	gaudēre 3	sich freuen
	patēre	offenstehen, sich erstrecken

3: 1 to chant (besingen) 2 servant 3 to labour, laboratory 4 constellation (Sternbild) 7 ardent (glühend, eifrig) 9 (Vorsilbe: nonsense) 10 to rejoice, to enjoy (s. erfreuen an) 12 ambulance (Krankenwagen), pram = perambulator (Kinderwagen) 15 leisure (Muße) 17 to enter, entry, entrance 18 to claim (beanspruchen) 20 debt (Schuld) 21 attentive, attention 22 essential (wesentlich) 24 to flower, to flourish 27 lunar (Adj.) 29 plenty (Fülle, Menge), plentiful (reichlich) 30 dominion 33 faithful 36 tacit (stillschweigend), taciturn (schweigsam) 38 to err 39 human 42 very (sehr) 43 joy 44 patent (offenkundig)

45 procul	fern, in (aus) der Ferne
asinus	der Esel
interrogāre	fragen
tum	da, damals, dann, darauf
-que (*angehängt*)	und
50 rīdēre	lachen, auslachen
exclāmāre	ausrufen
clāmāre 3	schreien, rufen
amīcitia	die Freundschaft
amīcus 2	Freund
sempiternus, a, um	immerwährend, beständig, ewig
semper 3	immer
medicus	der Arzt
medicīna 1	Arznei, Medizin
55 cūrāre	behandeln, pflegen, sorgen (für)
sānāre	heilen
sānus 2	gesund

9. Servus labōrat.	Der Sklave arbeitet.
10. Stēllae lūcent.	Die Sterne leuchten.
11. Stēllae nōn lūcent.	Die Sterne leuchten nicht.
12. Servus aegrōtus nōn est.	Der Sklave ist nicht krank.
13. Servī nōn semper fīdī sunt.	Sklaven sind nicht immer treu.
14. Errāre hūmānum est.	Irren ist menschlich.
15. Servus labōrāre dēbet.	Ein Sklave muß arbeiten.
16. Aemilius et puellae / Aemilius puellaeque	Emil und die Mädchen

4

a

laudāre	loben, preisen
iūstus, a, um	gerecht
amāre	lieben
dēlectāre	erfreuen
5 avus	der Großvater
narrāre	erzählen
rūsticus, a, um	ländlich, landwirtschaftlich
apportāre	herbeitragen, bringen
vidēre	sehen
10 quem?	wen?
vīnum	der Wein
aliī, ae, a	andere
respondēre	antworten
doctus, a, um	gelehrt
15 benīgnus, a, um	gütig
-ne (*angehängt*)	*leitet eine Satzfrage ein*
per *b. Akk.*	durch (... hindurch)
migrāre	wandern, gehen
silva	der Wald
20 vel	oder
hortus	der Garten

b

vīsitāre	besuchen
nūntius	der Bote, die Botschaft, Nachricht
statim	sofort, sogleich
25 caelum	der Himmel, die Witterung, das Wetter
serēnus, a, um	heiter
valdē	sehr
observāre	beobachten
īgnāvus, a, um	träge, feige
30 vituperāre	tadeln
salūtāre	grüßen, begrüßen

47 to interrogate (verhören) 50 ridiculous 51 to exclaim, exclamation 52 amity 54 medical 55 to cure (heilen)

4: 2 just 3 amiable (liebenswert) 4 to delight 6 to narrate, narrator, narration 7 rustic 9 to view (besichtigen), vision, television, to supervise (beaufsichtigen) 11 wine 13 to respond (eingehen auf), correspondent 14 doctor 15 benign 18 to immigrate 22 to visit 23 announcer (Ansager) 25 celestial 28 to observe 31 to salute

	morbus	die Krankheit	40 mūrus	die Mauer
	perīculōsus, a, um	gefährlich	altus, a, um	hoch, tief
	deinde	darauf, dann	arcēre	fernhalten, abwehren
35	horreum	die Scheune, der Speicher	porta	das Tor, die Tür, Pforte
	ibī	da, dort	aqua	das Wasser
	arātrum	der Pflug	45 cēna	die Mahlzeit, das Essen
	frūmentum	das Getreide, Korn	vīta	das Leben
	equus	das Pferd	sēparāre	absondern, trennen

17. Paulus (Paula) avum vīsitat. — Paul (Paula) besucht seinen (ihren) Großvater.

18. Puella rosās flōrēre videt. — Das Mädchen sieht die Rosen blühen. Das Mädchen sieht, daß die Rosen blühen.

19. Labōratne servus? — **Arbeitet** der Sklave?
    Labōrat. (Nōn labōrat.) — Ja. (Nein.)

20. Aegrōtusne est servus? — Ist der Sklave **krank**?
    Aegrōtus est. (Aegrōtus nōn est.) — Ja. (Nein.)

21. Gallia, Italia, Graecia / Gallia et Italia et Graecia / Gallia, Italia Graeciaque — Gallien, Italien und Griechenland

22. per silvam ambulāre — durch den Wald gehen

5

		a	10 unda	die Welle, Woge
	nauta, **m.**	der Seemann, Schiffer, Matrose	nāvigāre	(zur See) fahren, segeln
	incola, **m.**	der Einwohner	nāvigium	das Schiff
	agricola, **m.**	der Bauer	nauta 5	Seemann, Schiffer Matrose
	poēta, **m.**	der Dichter	perīculum	die Gefahr
5	apud *b. Akk.*	bei	perīculōsus 4	gefährlich
		b	timēre	fürchten, sich fürchten
	obscūrāre	verdunkeln, verfinstern	15 exspectāre	erwarten, warten (auf)
	atque, ac	und, und dazu, und auch	iam	schon, nun, jetzt
	-que 3	und	nōn iam 3	nicht mehr
			appropinquāre	sich nähern
			exonerāre	entladen
	ventus	der Wind	cottīdiē	täglich
	secundus, a, um	folgend, günstig	20 mīrus, a, um	wunderbar, seltsam

32 morbid (krankhaft) 33 perilous 43 portal 46 vital (lebenswichtig)
5: 1 nautical (See-) 3 agriculture (Ackerbau) 4 poet 6 (to) obscure 8 ventilation 9 second (zweiter, Sekunde), secondary 12 navy (Flotte) 13 peril 15 to expect 17 to approach (v. *appropiare)

	antīquus, a, um	alt
	impavidus, a, um	unerschrocken, furchtlos
	diū	lange
	spectāre	sehen, (an)schauen
	exspectāre 5	*(ausschauen)*, erwarten
25	tolerāre	erdulden, ertragen
	adversus, a, um	(zugekehrt), widrig, ungünstig
	sed	aber, sondern
	terrēre	*(jmd.)* schrecken, erschrecken
	aliēnus, a, um	fremd
	aliī 4	andere

23. nauta strēnuus	ein tüchtiger Seemann
24. Corinthus clāra	das berühmte Korinth
25. magna Rhodus	das große Rhodos
26. Homērus, poēta Graecus	Homer, ein griechischer Dichter
27. apud avum	bei dem Großvater, beim Großvater
28. multa **et** mīra	viel Wunderbares

6

a

	erat	(er, sie, es) war
	erant	(sie) waren
	pius, a, um	fromm (vor Gott), gut und treu (zu den Menschen)
	tūtus, a, um	sicher, geschützt
5	firmāre	befestigen, sichern
	firmus 2	fest
	ornāre	schmücken; ausrüsten, ausstatten
	dē *b. Abl.*	von – herab; von, über
	bellum	der Krieg
	dīvitiae, f. **pl.**	der Reichtum
10	castra, n. **pl.**	das Lager
	littera	der Buchstabe
	litterae, f. **pl.**	der Brief, die Literatur, Wissenschaft

b

	philosophus	der Weise, Philosoph
	āra	der Altar
15	aedificāre	bauen
	aedificium 3	Gebäude, Bauwerk, Haus
	columna	die Säule
	et – et	sowohl – als auch, ... – und auch
	doctrīna	die Gelehrsamkeit
	doctus 4	gelehrt
	nōn modo – sed etiam	nicht nur – sondern auch
20	sapientia	die Weisheit
	lūdus	das Spiel, die Schule
	imprīmīs	besonders
	arma, n. **pl.**	die Waffen
	verbum	das Wort
25	vulnerāre	verwunden

29. Incolae oppidum mūrō firmant. *(Ablativus instrumenti; vgl. dagegen Nr. 22)*	Die Einwohner sichern ihre Stadt durch eine (mit einer) Mauer. *(wodurch? womit?)*
30a. Stēllae dē caelō lūcent.	Die Sterne leuchten vom Himmel.
30b. Homērus dē bellō Trōiānō narrat.	Homer erzählt vom (über den) Trojanischen Krieg.
31. Dīvitiae meae magnae nōn sunt.	Mein Reichtum ist nicht groß.

21 antique 24 spectator (Zuschauer), spectacle(s) 25 to tolerate 26 adverse 28 terrible 29 alien
6: 3 pious 4 tutor (Vormund, Studienleiter) 5 to confirm (bestärken, bestätigen) 6 to adorn 9 vgl. riches 10 -caster, -cester, -chester (Lancaster, Worcester, Winchester, Chester) 11 letter, literal (wortgetreu) 12 letter, literature, literary 13 philosopher 16 column (Säule, Druckspalte), colonel (Oberst) 18 doctrine (Lehre) 23 arm (Waffe), arms (Wappen) 24 verb (Tätigkeitswort), verbal (wörtlich, mündlich) 25 vulnerable

7

a

ubī	wo
ibī 4	da, dort
in *b. Abl.*	in, an, auf
habitāre	wohnen
ōra	die Küste
5 quō	wohin
in *b. Akk.*	in, an, auf, nach, zu
portāre	tragen, bringen
apportāre 4	herbeitragen, bringen

b

nūllus, a, um	keiner
nōnnūllī, ae, a	einige
10 gubernāre	steuern, lenken
ēmigrāre	auswandern
migrāre 4	wandern, gehen
patria	das Vaterland, die Heimat, Vaterstadt
inopia	der Mangel
discordia	die Zwietracht; *Plur.* die Zwistigkeiten
15 manēre	bleiben; andauern
pōculum	der Becher
implēre	anfüllen
plēnus 3	voll
deus	der Gott
implōrāre	anflehen, erbitten
20 animus	der Geist, Sinn, Mut
habēre	haben, halten
ōlim	einst
fēcundus, a, um	fruchtbar
cōpia	der Vorrat, die Menge
25 prīmō	zuerst, anfangs
imprīmīs 6	besonders
tōtus, a, um	ganz
ferē *(nachgestellt)*	fast, beinahe
occupāre	besetzen, einnehmen
docēre	lehren
doctus 4	gelehrt
doctrīna 6	Gelehrsamkeit
30 reliquiae, f. **pl.**	die Überreste, Trümmer, Ruinen
monēre (dē)	erinnern (an), ermahnen
mora	die Verzögerung, der Aufenthalt
concordia	die Eintracht
discordia 7	Zwietracht

32. Nauta in hortō (in ōrā, in īnsulā) est.	Der Seemann ist im Garten (an der Küste, auf der Insel). *(Frage: wo?)*
33. Avus aquam in hortum portat.	Der Großvater trägt Wasser in seinen Garten. *(Frage: wohin?)*
34. Nauta in īnsulam nāvigat.	Der Seemann fährt zur Insel. *(Frage: wohin?)*
35. In templō multae statuae sunt.	Im Tempel sind (befinden sich) viele Statuen. Es gibt im Tempel viele Statuen.
36. In oppidō inopia est.	In der Stadt herrscht Mangel.

8

a

mox	bald
erit	(er, sie, es) wird sein
erunt	(sie) werden sein
crās	morgen
5 serva	die Sklavin, Dienerin
servus 3	Sklave, Knecht
industria	der Fleiß

7: 3 inhabitant 7 porter (Gepäckträger) 10 to govern, government 11 to emigrate 15 to remain, remains (Überreste), permanent 18 deity (Gottheit) 19 to implore 20 unanimous (einstimmig) 24 copy (Abschrift) 26 total 28 to occupy 29 docile (gelehrig) 30 relics 31 monitor (Vertrauensschüler)
8: 5 servant 6 industry

cuius?	wessen?
fīlia	die Tochter
cicōnia	der Storch
10 āvolāre	fortfliegen, davonfliegen

b

stabulum	der Stall
porcus	das Schwein
vacca	die Kuh
mōnstrāre	zeigen
15 profectō	sicherlich, wirklich
inquit *(in die Rede eingeschoben)*	sagte (er, sie, es), sagt (er, sie, es)
autem *(nachgestellt)*	aber
cūra	die Sorge, Sorgfalt
cūrāre 3	behandeln, pflegen, sorgen
parāre	bereiten, verschaffen
20 umbra	der Schatten
rīpa	das Ufer
iūstitia	die Gerechtigkeit
iūstus 4	gerecht
celebrāre	rühmen, preisen; festlich begehen
ita	so
25 tūtēla	der Schutz, die Obhut
tūtus 6	sicher, geschützt
beātus, a, um	glücklich
rēgnum	(Königs)herrschaft, (König)reich

37. epistula avī	ein Brief des Großvaters
38. portae aedificiōrum	die Haustüren
39. magna cōpia frūmentī *(Genetivus partitivus)*	eine große Menge Getreide, ein großer Vorrat an Getreide
40. Crās (Mox) nauta nāvigābit.	Morgen (Bald) fährt der Seemann ab.

9

a

fīlius	der Sohn
fīlia 8	Tochter
pōmum	die Frucht; *Plur.* die Früchte, das Obst
dōnāre	schenken, beschenken
cui?	wem? für wen?
5 mihi	mir, für mich
nōbīs	uns, für uns
tibi	dir, für dich
vōbīs	euch, für euch
suus, a, um	sein, ihr
10 vīcīnus	der Nachbar
prope *b. Akk.*	nahe bei, nahe
contrā *b. Akk.*	gegen
bellāre	Krieg führen, kämpfen
bellum 6	Krieg

b

tyrannus	der Tyrann, Alleinherrscher
15 quondam	einst, einmal
superāre	überwinden, besiegen, übertreffen
servāre	bewahren, retten
servus 3	Sklave
posteā	später, nachher, danach
pūgna	der Kampf, die Schlacht
20 dolus	die List
tenēre	halten, festhalten, innehaben
iniūria	das Unrecht; die Gewalttat; *Plur.* die Ungerechtigkeiten
iūstus 4	gerecht
iūstitia 8	Gerechtigkeit

8 filial (Kindes-) 11 stable, constable (Polizist) 12 pork (Schweinefleisch) 14 to demonstrate 18 cure (Kur), curate (Seelsorger) 19 to prepare 20 umbrella (Schirm) 21 river (Fluß) 22 justice 23 to celebrate 25 tutelage 27 reign

9: 3 pardon 14 tyrant 17 to preserve 21 tenant (Pächter, Mieter) 22 injury

spoliāre	berauben
vexāre	quälen, plagen
25 necāre	töten
ēdictum	der Befehl, die Verordnung
numquam	niemals
nōnnumquam	manchmal, bisweilen
iniūstus, a, um	ungerecht
iūstus 4	gerecht
30 sevērus, a, um	streng, ernst
īnsidiae, f. **pl.**	die Nachstellungen, der Anschlag, Hinterhalt
īnsidiās parāre	auflauern, nachstellen, nach dem Leben trachten, eine Falle stellen
ut	wie
armātus, a, um	bewaffnet
arma, n. pl. 6	Waffen
35 nōtus, a, um	bekannt
ōrāre	bitten, beten
hīc	hier
saltāre	springen, tanzen

41. Puella agricolae cēnam parat. — Das Mädchen bereitet dem Bauern (für den Bauern) das Essen.

42. prope silvam — nahe beim Wald, in der Nähe des Waldes

43. contrā Gallōs — gegen die Gallier

10

a

vir, virī	der Mann
puer, puerī	der Knabe, Junge
puella 2	Mädchen
plērumque	meistens
miser, misera, miserum	elend, unglücklich, arm
5 exsilium	die Verbannung
magister, magistrī	der Lehrer, Vorsteher, Anführer
liber, librī	das Buch
artificium	das Kunstwerk
pulcher, pulchra, pulchrum	schön
10 vester, tra, trum	euer
noster, tra, trum	unser
piger, gra, grum	faul, träge
ad *b.Akk.*	zu, an, bei
alter, era, erum	der eine (von zweien), der andere
15 sinister, tra, trum	link(s)
ager, agrī	der Acker, das Feld, Land
situs, a, um	gelegen
dexter, tra, trum	recht(s)
cum *b.Abl.*	(zusammen) mit
20 quōcum? *oder* cum quō?	mit wem?
līber, era, erum	frei
līberī, m. **pl.**	(die Freien), die Kinder
dīligentia	die Sorgfalt, Gewissenhaftigkeit
nātus, a, um	geboren
25 mē	mich
tē	dich
nōs	uns *(Akk.)*
vōs	euch *(Akk.)*
appellāre	nennen, anreden

b

30 ēducāre	erziehen
paedagōgus	der Erzieher, Pädagoge
ērudītus, a, um	gebildet
māne	frühmorgens
taberna	Bude, kleine Stube

23 to spoil (verderben) 24 to vex 29 unjust 30 severe 31 insidious (heimtückisch) 34 armed 35 noted, notice 36 oratory (Betsaal)

10: 4 miser (Geizkragen), miserable (elend) 5 éxile 6 master, mister 7 library 8 artificial 14 to alternate (abwechseln) 15 sínister (unheildrohend) 16 agrarian (Boden-) 17 site (Lage), situated 18 dexterous (geschickt) 23 diligence 24 native (Eingeborener) 29 to appeal (ansprechen) 30 to educate, education 32 érudite 34 tavern (Kneipe)

35 forum	der Markt(platz)
lībertus	der Freigelassene
līber 10	frei
elementa, n. **pl.**	die Anfangsgründe, das Grundwissen
natāre	schwimmen
adultus, a, um	herangewachsen, erwachsen
40 explicāre	entfalten, darlegen, erklären
prīscus, a, um	alt, ehrwürdig
movēre	bewegen
virga	die Rute, der Zweig
castīgāre	züchtigen, tadeln
45 prīmus, a, um	der erste
prīmō 7	zuerst, anfangs
iūrāre	schwören
iūstus 4	gerecht
iniūria 9	Unrecht
asper, era, erum	rauh
aspera, n. **pl.**	die Widerwärtigkeiten, das Ungemach
astrum	das Gestirn, der Stern

44. ad fluvium — zum Fluß, am Fluß
45. Puerī ārās cum puellīs ornant. *(vgl. dagegen Nr. 28)* — Die Jungen schmücken (zusammen) mit den Mädchen die Altäre.
46. cum līberīs esse — mit den Kindern zusammensein, bei den Kindern sein
47. servus in Graeciā nātus — ein in Griechenland geborener Sklave, ein Sklave aus Griechenland
48. Rōmānī fīliōs fīliāsque līberōs appellābant. — Die Römer nannten ihre Söhne und Töchter *liberi* (Freie, Kinder).

11

a

quandō ?	wann ?
quamdiū ?	wie lange ?
diū 5	lange
ūsque (ad)	bis (zu)
vesper, erī	der Abend
5 herī	gestern
sedēre	sitzen
cūr ?	warum ?

b

tam *(bei Adj. u. Adv.)*	so
plērīque, plēraeque, plēraque	die meisten
plērumque 10	meistens
10 iūdicāre	urteilen, meinen
iūstus 4	gerecht
grātus, a, um	willkommen, lieb, dankbar
reliquus, a, um	übrig
reliquiae 7	Überreste
praeclārus, a, um	ausgezeichnet, vortrefflich
clārus 2	hell, klar, berühmt
domina	die Hausfrau, Herrin
dominus 3	Hausherr, Herr
15 dea	die Göttin
deus 7	Gott
placēre	gefallen
sīcut	wie
ut 9	wie
īgnōrāre	nicht wissen, nicht kennen
nōtus 9	bekannt

49. Ad silvam ambulābimus. — Wir werden zum Wald gehen. Wir wollen zum Wald gehen.

37 elements 39 ádult 40 explicit (ausdrücklich) 42 to move, movement, motion 43 verge (Rand) 44 to chastise 45 prime, primer (Fibel), primary, Prime Minister 46 jury (Geschworene)
11: 10 to judge 11 grateful 14 Dame (Adelstitel) 16 to please, pleasure 18 to ignore

12

a

affirmāre	bekräftigen, versichern, bestätigen
firmus 2	fest
firmāre 6	befestigen, sichern
dolēre	Schmerz empfinden, bedauern
memoria	die Erinnerung, das Gedächtnis; die Zeit
memoriā tenēre	(im Gedächtnis) behalten
5 putāre	glauben, meinen
existimāre	glauben, meinen
hōra	die Stunde
annus	das Jahr
decem	zehn
10 ūnus, a, um	ein(er)
sex	sechs

b

aliquandō	(irgend) einmal, einst
quandō 11	wann
amīca	die Freundin
amīcus 2	Freund
subitō *(Adv.)*	plötzlich
15 taurus	der Stier
albus, a, um	weiß
cubāre	liegen, ruhen
validus, a, um	gesund, kräftig, stark
quam *(b. Adj. u. Adv.)*	wie
quamdiū 11	wie lange
20 tergum	der Rücken
frūstrā	vergeblich, umsonst
ecce	sieh da, sieh
summus, a, um	der oberste, höchste
marītus	der Gatte

50. (per) multās hōrās in agrō esse *(Akk. der zeitl. Ausdehnung)* — viele Stunden (lang) auf dem Felde sein *(Frage: wie lange?)*
51. decem annōs nātus — zehn Jahre alt
52. nōn ignōrāre — gut (genau) wissen
53. Avus **puerum timēre** putat. *(a. c. i. als Objekt; vgl. Nr. 18)*
    - a) Der Großvater glaubt, **daß der Junge Angst hat.**
    - b) Der Großvater glaubt, **der Junge habe Angst.**
    - c) Der Großvater glaubt, **der Junge hat Angst.**
    - d) **Der Junge hat Angst,** (so) meint der Großvater.
    - e) **Der Junge hat,** wie der Großvater meint, **Angst.**
    - f) **Der Junge hat** nach der Meinung des Großvaters **Angst.**

13

a

dēlēre	zerstören, vernichten
displicēre	mißfallen
placēre 11	gefallen
maestus, a, um	traurig

incendium	der Brand, die Feuersbrunst
5 vesperī	am Abend, abends
vesper 11	Abend
anteā	vorher, früher

12: 1 to affirm, affirmative 2 to condole (mittrauern) 3 memory, to memorize (ausw. lernen) 7 hour 8 annual 10 united, unity, union 16 Albion (England = weiße Küste) 18 valid (gültig), invalid (kränklich), valiant 24 married (verheiratet)
13: 1 to delete (ausstreichen) 2 to displease

acerbus, a, um	scharf, bitter
appārēre	erscheinen; offenbar sein
appāret	es ist offenbar, es ist klar
decet	es ziemt sich
cōnstat	es steht fest, es ist bekannt
fāma	der Ruf, die Sage, Kunde
fābula 1	Geschichte, Fabel
	b
creāre	hervorbringen, schaffen; wählen
studēre	sich bemühen
studium 1	Eifer, Beschäftigung
īrātus, a, um	erzürnt
supplicium	die Hinrichtung, Todesstrafe
fuga	die Flucht
sē	sich *(Akk.)*
mandāre	übergeben, anvertrauen
fugae sē mandāre	sich zur Flucht wenden, fliehen
mōnstrum	das Ungeheuer
horridus, a, um	rauh, garstig, gräßlich
posthāc	von nun an, später
posteā 9	danach, später

tandem	endlich
retinēre	zurückhalten, festhalten
tenēre 9	halten
prohibēre	fernhalten, hindern
habēre 7	haben, halten
dēnique	endlich, schließlich
quidem *(nachgestellt)*	wenigstens, zwar *(dient oft nur zur Hervorhebung des vorausgehenden Wortes)*
igitur *(meist nachgestellt)*	also
penna	die Feder
cēra	das Wachs
colligāre	zusammenbinden, zusammenfügen
āla	der Flügel
sibī	sich *(Dat.)*
exercēre	üben
volāre	fliegen
āvolāre 8	davonfliegen
neque – neque	weder – noch
nimis	zu (sehr), allzu (sehr)
iterum	wieder(um), zum zweiten Mal
praecipitāre	stürzen
mortuus, a, um	tot
dēflēre	beweinen
flēre 3	weinen
humāre	beerdigen

54. In Graeciā litterae flōrēbant. *(Zustand, Dauer)*	In Griechenland blühte die Wissenschaft.
55. Saepe in fluviō natābam. *(Wiederholung)*	Ich schwamm oft im Fluß.
56. Eurōpa in tergō taurī sedēbat *(Zustand, noch nicht abgeschlossen)*; subitō taurus aquam intrāvit *(neu eintretendes Ereignis)*.	Europa saß auf dem Rücken des Stieres; plötzlich lief der Stier ins Wasser.
57. Perīculum nōs nōn terruit. *(historisches Perfekt)*	Die Gefahr schreckte uns nicht.
58. **Taurum Eurōpam in Crētam portāvisse** fāma est. *(a. c. i. als Subjekt; vgl. Nr. 53)*	a) Es geht die Sage, **daß der Stier Europa nach Kreta getragen hat.** b) Es geht die Sage, **der Stier habe Europa nach Kreta getragen.** c) **Der Stier hat,** so berichtet die Sage, **Europa nach Kreta getragen.**

8 to appear 10 decent 12 fame (Ruhm) 13 to create 14 to study 15 irascible (leicht erzürnt) 19 mandate (Auftrag) 21 monster 22 horrid 25 to retain 26 to prohibit 30 pen 35 to exercise 36 volleyball 40 to precipitate, precipice (Abgrund)

d) **Der Stier hat,** wie die Sage erzählt, **Europa nach Kreta getragen.**

e) Der Sage nach **hat der Stier Europa nach Kreta getragen.**

59. Īcarum fīlium Daedalī fuisse **nōtum est.** — (Es ist bekannt, daß ...) **Bekanntlich** war Ikarus der Sohn des Dädalus.

14

parātus, a, um	bereit
parāre 8	bereiten
nōndum	noch nicht
comparāre	bereiten, beschaffen, verschaffen; vergleichen
parāre 8	bereiten
ā, ab *b.Abl.*	von
argentum	das Silber
auxilium	die Hilfe
postulāre	fordern
ā quō ?	von wem ?
quōcum ? 10	mit wem ?
excitāre	aufwecken
nōmināre	nennen
prōvincia	die Provinz
remigrāre	zurückwandern, zurückkehren
migrāre 4	wandern, gehen
ēmigrāre 7	auswandern
quot ?	wie viele ?
mundus	das Weltall, die Welt; die Erde

60. ā Rōmānīs postulāre	von den Römern fordern
61. ab Asiā	von Asien, aus Asien
62. sēcum habēre	bei sich haben
63. prīmā hōrā *(Abl. d. Zeit; vgl. Nr. 50)*	in der ersten Stunde *(Frage: wann?)*

15

Stammformen der bisher gelernten Verben

1. ā-Konjugation:

laudāre	laudō	laudāvī	laudātum	loben

Auf diese Weise bilden fast alle Verben der ā-Konjugation ihre Stammformen. Die Stammformen von cubāre *und* cōnstāre *werden noch nicht gelernt. Verben der ā-Konjugation, deren Stammformen noch nicht gelernt werden, werden von nun an durch UV (sog. unregelmäßige Verben) gekennzeichnet.*

2. ē-Konjugation:

a) Verben mit v-Perfekt

dēlēre	dēleō	dēlēvī	dēlētum	zerstören, vernichten
flēre	fleō	flēvī	flētum	weinen
dēflēre	dēfleō	dēflēvī	dēflētum	beweinen
implēre	impleō	implēvī	implētum	anfüllen

b) Verben mit u-Perfekt

arcēre	arceō	arcuī	–	fernhalten, abwehren
exercēre	exerceō	exercuī	–	üben

14: 1 prepared 3 to compare (vergleichen) 6 auxiliary (Hilfs-) 9 excited (aufgeregt) 10 to nominate (ernennen) 11 province

decēre	decet	decuit	–	sich ziemen
docēre	doceō	docuī	**doctum**	lehren
dolēre	doleō	doluī	–	Schmerz empfinden, bedauern
flōrēre	flōreō	flōruī	–	blühen
habēre	habeō	habuī	habitum	haben, halten
prohibēre	prohibeō	prohibuī	prohibitum	fernhalten, hindern
dēbēre	dēbeō	dēbuī	dēbitum	müssen, schulden, verdanken
licēre	licet	licuit	–	erlaubt sein
monēre	moneō	monuī	monitum	ermahnen, erinnern
pārēre	pāreō	pāruī	–	gehorchen
appārēre	appāreō	appāruī	–	erscheinen
	appāret	appāruit	–	es ist offenbar, klar
patēre	pateō	patuī	–	offenstehen, sich erstrecken
placēre	placeō	placuī	placitum	gefallen
displicēre	displiceō	displicuī	displicitum	mißfallen
studēre	studeō	studuī	–	sich bemühen
tacēre	taceō	tacuī	tacitum	schweigen
tenēre	teneō	tenuī	–	halten
retinēre	retineō	retinuī	**retentum**	zurückhalten, festhalten
terrēre	terreō	terruī	territum	(jmd.) schrecken, erschrecken
timēre	timeō	timuī	–	(sich) fürchten

Auf diese Weise bilden die meisten Verben der ē-Konjugation ihre Stammformen. Von folgenden Verben der ē-Konjugation werden die Stammformen noch nicht gelernt: ardēre, lūcēre, manēre, rīdēre; respondēre; movēre; sedēre, vidēre; gaudēre. *Auch die Verben der ē-Konjugation, deren Stammformen noch nicht gelernt werden, werden von nun an durch UV gekennzeichnet.*

a

invītāre	einladen
vocāre	rufen, herbeirufen; nennen
cūnctī, ae, a	alle
propinquus, a, um	benachbart, nahe, verwandt
appropinquāre 6	sich nähern
prope 9	nahe bei, nahe
pūgnus	die Faust
pūgnāre	kämpfen
pūgna 9	Schlacht, Kampf
nūntiāre	melden, verkünden, mitteilen
nūntius 4	Bote, Botschaft
collocāre	hinstellen, setzen, legen
castra collocāre	ein Lager aufschlagen
dēnuō (*aus* dē novō)	von neuem, wieder
novus 2	neu
inter *b. Akk.*	zwischen, unter, während
certāre	kämpfen, streiten, wetteifern

b

tribūtum	die Abgabe, Steuer, der Tribut
dūrus, a, um	hart

15: 1 to invite 2 vocation (Beruf) 5 pugilist (Faustkämpfer) 6 pugnacious (kampflustig) 7 to announce, to pronounce, pronunciation 13 tribute 14 to endure (aushalten), during

suprā	oben
superāre 9	überwinden, besiegen
commemorāre	erwähnen
memoria 12	Gedächtnis, Erinnerung
rēgnāre	König sein, herrschen
rēgnum 8	Königsherrschaft, Königreich
adversārius	der Gegner, Feind
adversus 5	widrig, ungünstig
īra	der Zorn
īrātus 13	erzürnt
vāstāre	verwüsten
quotannīs	alljährlich
annus 12	Jahr
tumulus	der Hügel, Grabhügel
sacrificāre	opfern
certus, a, um	bestimmt, sicher
certāre 15	kämpfen, streiten, wetteifern
venia	die Gnade, Verzeihung
bis	zweimal
trānsportāre	hinüberbringen, hinüberschaffen
portāre 7	tragen, bringen
admonēre (dē)	erinnern (an), ermahnen
monēre 7	erinnern, ermahnen
parāre *m. Inf.*	sich anschicken, sich bereit machen
parāre 8	bereiten

64. oppidum ā Rōmānīs dēlētum *(Stellung! – vgl. Nr. 47)*	die von den Römern zerstörte Stadt
65. inter silvam et fluvium	zwischen dem Wald und dem Fluß
66. inter incolās oppidī	unter den Einwohnern der Stadt
67. inter cēnam	während des Essens

16

a

cōnsilium	der Rat, Plan, die Absicht, (Rats)versammlung
adhūc	bis jetzt, bis heute, noch
oportēre, oportet, oportuit	nötig sein, sich gehören
ē, ex *b. Abl.*	aus
unde	von wo, woher
sine *b. Abl.*	ohne
animōsus, a, um	mutig, beherzt, kühn
animus 7	Geist, Sinn, Mut
līberāre	befreien
līber 10	frei
abstinēre, abstineō, abstinuī	fernhalten, sich enthalten
tenēre 9	halten
culpa	die Schuld
vacāre	frei sein

b

tamen	trotzdem, dennoch, doch
neque, nec	und nicht, auch nicht
neque – neque 13	weder – noch
fīlum	der Faden
dare *UV*	geben
indicāre	anzeigen
adhibēre, adhibeō, adhibuī, adhibitum	anwenden; *(von Personen)* heranziehen, zuziehen
habēre 7	haben, halten
immolāre	opfern

16 commemoration (Gedenkfeier) 17 to reign 18 adversary 19 ire 20 to devastate 23 to sacrifice 24 certain 25 venial sin (läßliche S.) 27 (to) transport, transportation 28 to admonish, admonition **16:** 1 counsel (Rat) 7 animosity (Feindseligkeit) 8 to liberate, deliver 9 to abstain, abstinence 10 culprit (Schuldiger) 11 vacation (Urlaub), vacant (unbesetzt), vacancy (freie Stelle) 14 file (Hefter, Reihe) 15 date 16 to indicate, indicator, indicative

integer, gra, grum	unversehrt, wohlbehalten
somnium	der Traum
enim (*nachgestellt*)	denn, nämlich
nam 3	denn
maximus, a, um	der größte
magnus 2	groß
sōlācium	der Trost

68. ē fenestrā, ex oppidō	aus dem Fenster, aus der Stadt
69. sine perīculō	ohne Gefahr

Ablativus separativus:

70. *bei Personen immer mit* ā:	
ā tyrannō līberāre	vom Tyrannen befreien
ab amīcīs arcēre	von den Freunden fernhalten
71. *mit und ohne* ā:	
(ab) iniūriā abstinēre	sich von Unrecht freihalten
72. *meist ohne* ā:	
(ā) culpā vacāre	frei von Schuld sein
(ab) hortō arcēre	vom Garten fernhalten
(ā) cūrīs līberāre	von Sorgen befreien
(ā) cūrīs līber	frei von Sorgen

17

a

utinam, ut *b. Konj.*	wenn doch, daß doch
dī, dīs	= deī, deīs
propitius, a, um	gnädig
praebēre, praebeō, praebuī, praebitum	gewähren, darreichen
habēre 7	haben, halten
nē *b. Konj.*	nicht *(bei Wünschen und Aufforderungen)*
expūgnāre	erobern, erstürmen
pūgnāre 15	kämpfen
excidium	die Zerstörung, der Untergang
optāre	wünschen
ut *b. Konj.*	daß, damit
nē *b. Konj.*	daß nicht, damit nicht
violāre	verletzen, kränken, beleidigen
remanēre *UV*	zurückbleiben
manēre 7	bleiben
dē *b. Abl.*	hinsichtlich
dē 6	von, über

b

oppūgnāre	bestürmen, angreifen
postrēmō	schließlich, zuletzt
posteā 9	danach, später
posthāc 13	von nun an, später
recūsāre	zurückweisen, ablehnen, sich weigern
fortūna	das Schicksal, Glück
rogāre	fragen, bitten
interrogāre 3	fragen
capillus	das Haar
neque vērō	aber nicht
neque 16	und nicht, auch nicht
nocēre, noceō, nocuī, nocitum	schaden
prōdigium	das Vorzeichen, Wunder
ō!	o!, ach!
sīgnum	das Zeichen, Feldzeichen

19 entire (ganz) 23 consolation
17: 3 propitious (günstig) 11 to violate, violent, violence 12 to remain 17 fortune 22 prodigy, prodigious (erstaunlich) 24 sign, signal

25 patrius, a, um	väterlich, heimatlich
patria 7	Vaterland, Vaterstadt
sacer, cra, crum	heilig
sacrificāre 15	opfern
simulācrum	das Bild, Götterbild
umerus	die Schulter
sustinēre, sustineō, sustinuī	aushalten, tragen, auf sich nehmen
tenēre 9	halten
30 socius	der Gefährte, Kamerad; Bundesgenosse
occultāre	verstecken
dēspērāre (dē)	verzweifeln (an)
proavus	der Urgroßvater, Ahnherr
avus 4	Großvater
perpetuus, a, um	beständig

73. (Utinam) nautae serventur! *(erfüllbarer Wunsch für die Gegenwart)*	Wenn die Seeleute doch gerettet würden! Möchten die Seeleute doch gerettet werden! Hoffentlich werden die Seeleute gerettet!
74. (Utinam) nē nāvigium dēleātur!	Hoffentlich wird das Schiff nicht zerstört!
75. Utinam nē aegrōtus esset! *(unerfüllbarer Wunsch für die Gegenwart)*	Wenn er doch nicht krank wäre! Wäre er doch nicht krank!
76. Hīc maneāmus! *(Aufforderung)*	Laßt uns hier bleiben! Bleiben wir hier! Wir wollen hier bleiben!
77. Optō, ut hīc maneāmus. *(abhängiger Begehrssatz)*	Ich wünsche, daß wir hier bleiben.
78. Ōrāvī tē, ut librum mihī dōnārēs.	Ich habe dich gebeten, mir das Buch zu schenken.
79. Dīs sacrificēmus, ut auxilium nōbīs praebeātur! *(Finalsatz)*	Laßt uns den Göttern opfern, damit uns Hilfe gewährt wird!
80. Tē dē viā interrogāvimus, nē errārēmus.	Wir haben dich nach dem Weg gefragt, um uns nicht zu verirren.
81. dē viā interrogāre	nach dem Weg fragen
dē rēgnō certāre	um die Königsherrschaft kämpfen
82. Dīs placuit Trōiam expūgnārī.	(Den Göttern hat es gefallen, daß ...) Die Götter haben Troias Untergang beschlossen.
83. umerīs sustinēre *(Abl. instr.)*	auf den Schultern tragen

18

a

temerārius, a, um	unbesonnen, leichtsinnig
cum *b. Konj.*	1. da, weil; 2. als
ferus, a, um	wild
posterus, a, um	der spätere, folgende; *Plur.:* die Nachkommen, Nachwelt
posteā 9	danach, später
posthāc 13	von nun an, später
5 rūrsus	wieder(um)
quod *b. Ind.*	da, weil; daß
quia *b. Ind.*	da, weil
imminēre, immineō, –	bevorstehen, drohen

b

fēmina	die Frau
10 rēgīna	die Königin
rēgnāre 15	herrschen

26 sacred 29 to sustain 30 social, association 32 to despair (of) 34 perpetual
18: 1 temerarious 3 fierce 4 posterity (Nachwelt) 8 imminent 9 female (weiblich)

rēgnum 8	Königsherrschaft
convīva, m.	der Gast, Tischgenosse
maledictum	Schmähwort, Beschimpfung
malus 2	schlecht, böse
superbus, a, um	übermütig, hochmütig, stolz
suprā 15	oben
vindicāre	bestrafen
15 campus	das Feld
sagitta	der Pfeil
saevus, a, um	wütend, rasend, grimmig
nunc etiam	auch jetzt noch
superbia	der Hochmut, Stolz
superbus 18	hochmütig, stolz
20 ultimus, a, um	der letzte
saxum	der Stein, Fels
mūtāre	verändern, verwandeln; wechseln
factum	die Tat

84. Utinam Thēseus Mīnōtaurum necāverit! *(erfüllbarer Wunsch für die Vergangenheit)*	Hoffentlich hat Theseus den Minotaurus getötet!
85. Utinam pāruissēs! *(unerfüllbarer Wunsch für die Vergangenheit)*	Wenn du doch gehorcht hättest! Hättest du doch gehorcht!
86. Cum strēnuus fueris, laudāris. *(Kausalsatz)*	Da (Weil) du fleißig gewesen bist, wirst du gelobt.
Cum strēnuus fuissēs, laudātus es.	Da (Weil) du fleißig warst, bist du gelobt worden.
87. **Discipulus,** quod (quia) nōn tacuit, ā magistrō vituperātur.	Da **der Schüler** nicht ruhig gewesen ist, wird **er** vom Lehrer getadelt. *(Das gemeinsame Subjekt von Haupt- und Nebensatz steht am Anfang.)*
88. Cum stēllae lūcērent, remigrāvimus. *(Temporalsatz)*	Als die Sterne leuchteten, kehrten wir zurück.
89. Mihī multī librī sunt. *(Dativ des Besitzers)*	Ich habe viele Bücher.
90. numerō līberōrum superāre *(Ablativus limitationis)*	an Kinderzahl übertreffen *(Frage: in welcher Beziehung?)*

19

a

sī	wenn
nisi	wenn nicht
tūtus ā	sicher vor
quamquam	obgleich, obschon, wenn auch, auch wenn
5 etiamsī, etsī	obgleich, obschon, wenn auch, auch wenn
opulentus, a, um	reich, mächtig

b

adulēscentulus	der Jüngling, jung
adultus 10	herangewachsen
trivium	(der Dreiweg), der Scheideweg, die Weggabelung
trēs, tria 14	drei
via 1	Weg
cōgitāre	denken, nachdenken, überlegen

13 superb (prächtig) 14 to vindicate (entlasten, rechtfertigen), to revenge (rächen) 15 camp (Lager) 20 ultimate 23 fact (Tatsache), feat

19: 8 trivial (nichtig)

10 dubitāre	zweifeln, schwanken, zaudern
duo 14	zwei
commodus, a, um	bequem; angemessen
dēliciae, f. **pl.**	die Wonne, Lust, der Genuß
dēlectāre 4	erfreuen
opera	die Arbeit, Tätigkeit, Mühe; Hilfe
carēre, careō, caruī	entbehren
15 inimīcus	der (persönliche) Feind
amīcus 2	Freund
arduus, a, um	steil, beschwerlich, schwierig
labōriōsus, a, um	mühselig, arbeitsam
labōrāre 3	arbeiten
molestus, a, um	beschwerlich
glōria	der Ruhm
20 tantus, a, um	so groß
tam 11	so

91. Sī caelum serēnum est, libenter in hortō labōrāmus.	Wenn das Wetter gut ist, arbeiten wir gerne im Garten. *(Konditionalsatz, sogenannter realer Fall)*
92. Sī mūrus **aedificātus erit,** oppidum ab adversāriīs tūtum erit.	Wenn die Mauer **errichtet ist,** wird die Stadt vor den Feinden sicher sein.
93. Sī caelum serēnum esset, in hortō labōrārēmus.	Wenn das Wetter gut wäre, würden wir im Garten arbeiten. *(Konditionalsatz, irrealer Fall der Gegenwart)*
94. Sī caelum serēnum fuisset, in hortō labōrāvissēmus.	Wenn das Wetter gut gewesen wäre, hätten wir im Garten gearbeitet. *(Konditionalsatz, irrealer Fall der Vergangenheit)*
95. Quamquam (Etiamsī, Etsī) caelum serēnum erat, (tamen) nōn ambulāvimus.	Obwohl das Wetter gut war, sind wir (doch) nicht spazierengegangen. *(Konzessivsatz)*
96. Fīliī fīliaeque ā Rōmānīs līberī appellābantur. *(vgl. Nr. 48)*	Söhne und Töchter wurden von den Römern *liberi* (Freie, Kinder) genannt.

20

rēs, reī	das Ding, die Sache, Angelegenheit; *Plur.:* die Verhältnisse, die Lage
importāre	einführen
portāre 7	tragen, bringen
pūblicus, a, um	öffentlich, allgemein
rēs pūblica, reī pūblicae	der Staat
5 administrāre	leiten, lenken, besorgen, verwalten
fidēs, fideī	die Treue, das Vertrauen
fīdus 3	treu
rēs secundae, rērum secundārum f. **pl.**	(günstige Verhältnisse), das Glück
secundus 5	günstig
rēs adversae, rērum adversārum, f. **pl.**	(ungünstige Verhältnisse), das Unglück
adversus 5	widrig, ungünstig
fidem servāre	die Treue halten, bewahren
10 improbus, a, um	schlecht, verworfen
diēs, diēī, **m.**	der Tag
hodiē 3	heute
cottīdiē 5	täglich

10 to doubt 12 delicious 13 operation, operator 15 enemy 16 arduous 17 laborious 18 to molest (belästigen) 19 glory

20: 1 real, reality, to realize 2 to import, imports, important 3 public 4 republic(an) 5 administration 6 faith 8 adversity 11 diary, dial (Zifferblatt)

	merīdiēs, iēī, **m.**	der Mittag
	spērāre	hoffen, erhoffen
	dēspērāre 17	verzweifeln
	spēs, speī	die Hoffnung
15	explēre, expleō, explēvī, explētum	ausfüllen, erfüllen
	implēre 7	anfüllen
	dēsīderium	die Sehnsucht, das Verlangen
	odium	der Haß
	plānitiēs, iēī	die Ebene
	aequus, a, um	eben, gleich, ruhig, gelassen; gerecht; günstig
20	varius, a, um	verschieden
	modus	das Maß, die Art, Weise
	commodus 19	bequem, angemessen
	damnāre	verurteilen
	adesse, adsum, adfuī	anwesend sein, da sein; *(m. Dat.)* beistehen, helfen
	abesse, absum, **āfuī**	abwesend sein, fehlen, nicht helfen
25	abesse ā	entfernt sein von, frei sein von
	deesse, dēsum, dēfuī	fehlen, sich entziehen
	officium	der Dienst, die Pflicht
	officiō *(Dat.)* deesse	seine Pflicht versäumen, seine Pflicht nicht tun
	interesse, intersum, interfuī	dazwischen (dabei) sein, zugegen sein, mitmachen, teilnehmen
30	lūdīs *(Dat.)* interesse	an den Spielen teilnehmen, die Spiele mitmachen, bei den Spielen dabeisein
	praeesse, praesum, praefuī	an der Spitze stehen, lenken, leiten, führen
	imperiō Rōmānō *(Dat.)* praeesse	an der Spitze des Römischen Reiches stehen
	ante *b. Akk.*	vor
	anteā 13	vorher, früher
	post *b. Akk.*	hinter, nach
	posteā 9	danach, später
35	saeculum	das Jahrhundert
	a. Chr. n. (= ante Chrīstum nātum)	vor Christi Geburt, vor Christus
	p. Chr. n. (= post Chrīstum nātum)	nach Christi Geburt, nach Christus
	cōpiae, f. **pl.**	die Truppen
	cōpia 7	Menge, Vorrat
	prō *b. Abl.*	vor, für
40	beneficium	die Wohltat
	bonus 2	gut
	grātia	die Anmut, Gunst, das Ansehen, der Dank
	grātus 11	willkommen, dankbar
	oculus	das Auge

97. spēs adulēscentulōrum *(Genetivus subiectivus)* — die Hoffnung der jungen Männer

98. spēs victōriae *(Genetivus obiectivus)* — die Hoffnung auf den Sieg, die Siegeshoffnung

99. saccōs in carrō collocāre *(im Lat. Frage: wo?)* — die Säcke auf den Wagen legen *(im Dt. Frage: wohin?)*

100. *Ablativus modi (Frage: wie? auf welche Weise?)*

a) cum studiō labōrāre — mit Eifer arbeiten
b) magnā (cum) dīligentiā — mit großer Sorgfalt

16 desire 17 odious (verhaßt) 18 plain 19 equal (gleich) 20 various 21 model 22 to damn, to condemn 27 office(r) 29 interest 33 a. m. (vormittags) 34 p. m. (nachmittags) 40 benefit 41 grace 42 oculist (Augenarzt)

c)	aequō animō tolerāre	gelassenen Sinnes, mit Gleichmut ertragen
	variīs modīs	auf verschiedene Weise
	iniūriā	zu Unrecht
101.	ante portam	vor dem Tor *(mit dem Gesicht zum Tor)*
102.	post horreum	hinter der Scheune
103.	post multōs annōs	nach vielen Jahren
104.	prō portā	vor dem Tor *(mit dem Rücken zum Tor)*
105.	prō patriā	für das Vaterland

21

a

quī, quae, quod	1. der, die, das; 2. wer, was
modo	eben (noch), eben (erst)
quī? quae? quod?	welcher? welche? welches?
prōdesse, prōsum, prōfuī	nützen
posse, possum, potuī	können, vermögen
commovēre *UV*	bewegen, erregen, veranlassen
movēre 10	bewegen
domāre *UV*	zähmen, bändigen, bezwingen
vītāre	meiden, vermeiden

b

dīvīnus, a, um	göttlich
deus 7	Gott
rēs dīvīna, reī dīvīnae	der Gottesdienst, die Opferhandlung
conciliāre	vereinigen, gewinnen, verschaffen, zustandebringen
hostia	das Opfertier
sacrificium	das Opfer
sacer 17	heilig
sacrificāre 15	opfern
aut	oder
aut – aut	entweder – oder
grātiam habēre	dankbar sein
fēstus, a, um	festlich
diēs fēstus, diēī fēstī	der Festtag, das Fest
fēstum 1	Fest
summa	die höchste Stelle, Hauptsache, der Höhepunkt
summus 12	der höchste
locus	der Ort, Platz, die Stelle
collocāre 15	hinstellen
magnificus, a, um	großartig, prächtig
magnus 2	groß
eō	dorthin, dahin
quō 7	wohin
rāmus	der Zweig
olīva	die Olive, der Ölbaum
timidus, a, um	furchtsam
timēre 5	(sich) fürchten

106.	**Quis** mihī aderit? *(Fragesatz)*	**Wer** wird mir helfen?
107.	**Quī** miserīs adfuerit, ā multīs amābitur. *(Relativsatz)*	**Wer** den Unglücklichen hilft, wird von vielen geliebt werden.
108.	bellō superāre *(Abl. instr.)*	im Kriege besiegen

21: 5 possible 6 commotion (Aufruhr) 7 indomitable (unbezähmbar) 9 divine 11 to reconcile (versöhnen) 12 Host (Hostie) 13 sacrifice 17 festive, festivity, festival 18 feast 19 sum, summary, summit (Gipfel) 20 local, locality 21 magnificent 24 olive 25 timid

22

a

portus, ūs	der Hafen
sinus, ūs	die Krümmung, Bucht
cōnspectus, ūs	das Erblicken, Sichtbarwerden, der Anblick
spectāre 5	schauen, sehen
aditus, ūs	der Zugang, die Einfahrt
5 senātus, ūs	Senat, Senatssitzung
quasī (*aus* quam-sī)	gewissermaßen, sozusagen
refugium	die Zuflucht
fuga 13	Flucht
frūctus, ūs	die Frucht
ēventus, ūs	der Ausgang, Erfolg
10 pūrus, a, um	rein
manus, ūs, **f.**	die Hand; die Schar
domus, ūs, **f.**	das Haus
dominus 3	der Hausherr
cornū, ūs, **n.**	das Horn; der Flügel (des Heeres)
exercitus, ūs	das Heer
exercēre 13	üben
15 quoque *(nachgestellt)*	auch
equitātus, ūs	die Reiterei
equus 4	Pferd
postquam *m. Ind. Perf.*	nachdem
post 20	hinter, nach
praeter *b. Akk.*	vorbei an, an – entlang; außer

b

frūctuōsus, a, um	fruchtbar, ertragreich
frūctus 22	Frucht
20 metalla, n. **pl.**	das Bergwerk
metallum 1	Metall
ūsus, ūs	der Gebrauch, Nutzen, die Erfahrung
cottīdiānus, a, um	täglich
cottīdiē 5	täglich
diēs 20	Tag
necessārius, a, um	notwendig
velut	wie, zum Beispiel
ut 9	wie
25 ūva	die Weintraube
amphora	die Amphora (zweihenkliger Krug)
vāsa, n. **pl.**	die Gefäße
exportāre	hinaustragen, ausführen
portāre 7	tragen, bringen
cultus, ūs	die Bearbeitung, Pflege, Verehrung; Lebensart, Kultur
30 lūcus	der Hain
corōna	der Kranz, die Krone
colōnia	die Kolonie, Pflanzstadt, Tochterstadt
currus, ūs	der Wagen
versus, ūs	die Zeile, der Vers
35 recitāre	vortragen, vorlesen
prīncipātus, ūs	die Vorherrschaft, der Vorrang
prīmus 10	der erste
superesse, supersum, superfuī	übrig sein
magnificentia	die Pracht, Herrlichkeit
magnificus 21	großartig, prächtig
lavāre *UV*	(jmd.) waschen

109. **Postquam** oppidum incendiō **dēlētum est,** incolae ēmigrāvērunt.	**Nachdem** die Stadt durch einen Brand **zerstört war,** wanderten die Einwohner aus.
110. praeter ōram	an der Küste entlang
111. praeter equōs	außer Pferden

22: 1 port 5 senate 7 refuge, refugee (Flüchtling) 8 fruit 9 event (Ereignis) 10 pure 11 manual (Hand-) 12 dome (Kuppel), domestic (Haus-) 21 use 23 necessary 28 to export, exports 29 culture 31 crown, coronation 32 colony 34 verse 35 to recite 38 magnificence

23

a

victor, ōris, m.	der Sieger
victōria 1	Sieg
labor, ōris, m.	die Arbeit, Mühe
labōrāre 3	arbeiten
labōriōsus 19	mühselig, arbeitsam
dolor, ōris, m.	der Schmerz
dolēre 12	Schmerz empfinden, bedauern
interdum	manchmal, zuweilen
inter 15	zwischen
5 clāmor, ōris, m.	das Geschrei
clāmāre 3	schreien, rufen
mercātor, ōris, m.	der Kaufmann
imperātor, ōris, m.	der Feldherr, Kaiser
imperāre 3	befehlen, herrschen
imperium 1	Befehl, Herrschaft, Reich
error, ōris, m.	die Irrfahrt, der Irrtum
errāre 3	(umher)irren
sōl, sōlis, m.	die Sonne
10 adōrāre	anbeten
ōrāre 9	bitten, beten
cōnsul, ulis, m.	der Konsul
cōnsilium 16	Rat, Plan, Absicht
uxor, ōris, **f.**	die Gattin
soror, ōris, **f.**	die Schwester
properāre	eilen, sich beeilen
15 mulier, eris, **f.**	die Frau
flōs, flōris, m.	die Blume, Blüte
flōrēre 3	blühen
mōs, mōris, m.	die Sitte; *Plur.:* das Betragen, der Lebenswandel, der Charakter
scrīptor, ōris, m.	der Schriftsteller
rērum scrīptor	der Geschichtsschreiber
20 māter, tris, **f.**	die Mutter
pater, tris, m.	der Vater; *im Plur. auch:* die Patrizier
patrius 17	väterlich, heimatlich
frāter, tris, m.	der Bruder
vēr, vēris, **n.**	der Frühling
iūs, iūris, **n.**	das Recht
iūstus 4	gerecht
iūstitia 8	Gerechtigkeit
iūrāre 10	schwören
iniūria 9	Unrecht, Gewalttat
25 coniūrātus	der Verschwörer
iūrāre 10	schwören
aliī – aliī	die einen – die anderen
aliī 4	andere
corpus, oris, n.	der Leib, Körper
tempus, oris, n.	die Zeit
vulnus, eris, n.	die Wunde
vulnerāre 6	verwunden
30 onus, eris, n.	die Last
exonerāre 5	entladen
onustus, a, um	beladen
opus, eris, n.	das Werk, die Arbeit
ut *b. Konj. (in Folgesätzen, verneint* ut non*)*	daß, so daß
sīc	so

b

35 captīvus	der (Kriegs)gefangene
servitium	die Sklaverei, Knechtschaft
servus 3	Sklave, Knecht
raptāre	fortreißen, fortschleppen; rauben
vēnditāre	verkaufen
pretium	der Preis, Wert; das Lösegeld
40 mūnus, eris, n.	die Pflicht, das Amt, die Aufgabe; das Geschenk
officīna	die Werkstatt, die Fabrik
officium 20	Pflicht

23: 1 victorious 2 labour 5 clamour 6 merchant 7 emperor 8 error 10 to adore 11 consul 16 flower, flour (Mehl) 17 vgl. morals, manners 27 corps, corporal (Adj.), corporation 28 time, tense, temporal, temporary 30 onerous (beschwerlich) 32 opera 35 captive 36 service 39 price, to appreciate (würdigen), (to) praise 40 remuneration (Vergütung) 41 office

lautumiae, f. **pl.**	der Steinbruch
magistrātus, ūs	der Beamte, die Behörde, das Amt
magnus, a, um 2	groß
magister 10	Lehrer
appārēre, appāreō, appāruī	(einem Beamten bei Amtsgeschäften) dienen
appārēre 13	erscheinen
45 appāritor, ōris, m.	der Diener, Amtsgehilfe
pecūlium	der Privatbesitz
prīvātus (a, um)	einem einzelnen gehörend, privat, Privat-; der Privatmann
iocus	der Scherz
causa	der Grund, die Ursache; die Sache
50 causā *(nachgestellt) m. Gen.*	*(aus dem Grunde)*, wegen, halber, um – willen
verberāre	schlagen
timor, ōris, m.	die Furcht, Angst
timēre 5	(sich) fürchten
ergastulum	das Arbeitshaus
dēlēgāre	hinschicken, verweisen
55 in iūs vocāre	vor Gericht stellen
poena	die Strafe
coërcēre, coërceō, coërcuī, coërcitum	in Schranken halten, zügeln
arcēre 4	fernhalten, abwehren
merēre, mereō, meruī, meritum	dienen, verdienen
in *b. Akk.*	zu, gegen
60 amor, ōris, m.	die Liebe
amāre 4	lieben

112. Puer **tam** aegrōtus est, **ut** medicus vocētur.	Der Junge ist **so** krank, **daß** ein Arzt gerufen wird. *(Konsekutivsatz)*
113. Oppidum **ita** (**sīc**) firmātum erat, **ut** ab adversāriīs expūgnārī **nōn** posset.	Die Stadt war **so** befestigt, **daß** sie von den Feinden **nicht** erobert werden konnte. *(vgl. dagegen Nr. 80)*
114. **Tantum** erat perīculum, **ut** valdē terrērer.	Die Gefahr war **so groß, daß** ich sehr erschreckt wurde.
115. iūre *(Abl. modi; vgl. Nr. 100)*	mit Recht
116. nōmināre **ex** patriā	**nach** dem Vaterland benennen
117. iocī causā	zum Scherz, aus Spaß; um einen Scherz zu machen
118. In servōs hūmānī sunt. *(vgl. Nr. 33 und 34)*	Sie sind zu den Sklaven menschlich.
118a. Ō tempora, ō mōrēs! *(Akk. des Ausrufs)*	Was für Zeiten! Was für Sitten!

24

a

plēbs, plēbis, f.	die Menge, das einfache Volk, die Plebs
tribūnus	der Tribun
patricius (a, um)	patrizisch; Patrizier
(ops), opis, f.	die Macht, Kraft, Hilfe; *Plur.:* die Macht, die Machtmittel, der Reichtum
opulentus 19	reich, mächtig
5 lēx, lēgis, f.	das Gesetz
lēgem rogāre	ein Gesetz beantragen
rogāre 17	fragen, bitten
rēx, rēgis, **m.**	der König
rēgīna 18	Königin
rēgnum 8	Königsherrschaft, Königreich
rēgnāre 15	König sein, herrschen
coniux, iugis, f.	die Gattin
pāx, pācis, f.	der Friede

43 magistrate (Richter) 46 peculiar (eigentümlich) 47 private 48 joke 49 cause 50 because of 54 (to) delegate 56 pain (Schmerz), penal (Straf-), penalty 57 coercion (Zwang) 58 to merit
24: 5 legal, loyal 7 regal, royal 9 peace, pacific

10	dux, ducis, **m.**	der Führer, Feldherr
	perītus, a, um	kundig, erfahren
	iūdex, icis, **m.**	der Richter
	iūs 23	Recht
	laus, laudis, f.	das Lob, der Ruhm; *Plur.:* Lobsprüche
	laudāre 4	loben
	salūs, ūtis, f.	die Gesundheit, Rettung, das Wohl, Heil
	salūtāre 4	begrüßen
15	virtūs, ūtis, f.	die Mannhaftigkeit, Tapferkeit, Tugend
	vir 10	Mann
	pietās, ātis, f.	die Frömmigkeit, das Pflichtgefühl
	pius 6	fromm, treu
	aetās, ātis, f.	das Lebensalter, Zeitalter
	aeternus 2	ewig
	aestās, ātis, f.	der Sommer
	mīles, itis, **m.**	der Soldat
20	pīlum	der Wurfspieß
	gladius	das Schwert
	cor, cordis, n.	das Herz, Gemüt
	concordia 7	Eintracht
	discordia 7	Zwietracht
	augēre *UV*	vermehren, vergrößern
	caput, itis, n.	der Kopf, das Haupt; die Hauptstadt
25	regere	richten, lenken; regieren, beherrschen
	rēgnāre 15	herrschen
	rēctus 2	gerade, richtig
	obtinēre, obtineō, obtinuī, **obtentum**	festhalten, innehaben, behaupten
	tenēre 9	halten
	dūcere	führen, leiten
	dux 24	Führer
	legere	sammeln, lesen
	dīligere	(auslesen), hochachten, lieben
	dīligentia 10	Sorgfalt
30	mittere	schicken
	fīliolus	das Söhnchen
	fīlius 9	Sohn
	honestus, a, um	ehrenvoll, geehrt
		b
	aureus, a, um	golden
	aurum 2	Gold
	initium	der Anfang
35	ōtium	die Muße, Ruhe
	agere	(be)treiben, tun, (ver)handeln
	vītam agere	sein Leben führen, leben
	colere	bebauen, verehren, pflegen
	cultus 22	Bebauung, Verehrung Pflege
	vīctus, ūs	der Lebensunterhalt, die Nahrung
40	gignere	hervorbringen, erzeugen
	mātūrus, a, um	zeitig, reif, rasch
	arbor, oris, **f.**	der Baum
	mel, mellis, n.	der Honig
	flāvus, a, um	goldgelb, blond
45	stīllāre	tropfen
	lac, lactis, n.	die Milch
	fluere	fließen
	fluvius 2	Fluß
	placidus, a, um	sanft
	flāre	blasen, wehen
50	undique	von allen Seiten, überall
	unde 16	von wo, woher
	avāritia	die Habsucht, Habgier
	cupiditās, ātis, f.	die Begierde, Sucht
	voluptās, ātis, f.	das Vergnügen, die Lust
	fraus, fraudis, f.	der Betrug
55	scelus, eris, n.	das Verbrechen
	committere	zustande kommen lassen, begehen; anvertrauen, überlassen
	mittere 24	schicken

10 duke (Herzog) 12 judge 14 salute (Gruß) 15 virtue 16 piety, pity 17 age 19 military 22 cordial 23 to augment 24 chief, captain; capital 26 to obtain (erhalten) 27 to conduct, conductor 28 legend, lesson, lecture (Vorlesung) 30 mission 32 honest 34 initial 36 agent, (to) act. actor, action, active 38 to cultivate 39 victuals 41 mature 42 arbour (Laube) 47 fluent(ly), fluid 48 placid 49 to inflate (aufblasen) 51 avarice 54 fraud 56 to commit

scelus committere	ein Verbrechen begehen
vīvere	leben
vīta 4	Leben
vīctus 24	Lebensunterhalt
sēcūrus, a, um	sorglos, sicher
cūra 8	Sorge
60 iuventūs, ūtis, f.	die Jugend
gerere	tragen, ausführen
bellum gerere	Krieg führen
servitūs, ūtis, f.	die Sklaverei, Knechtschaft
servus 3	Sklave, Knecht
servitium 23	Sklaverei, Knechtschaft
abdūcere	wegführen, wegschleppen
dūcere 24	führen
65 cingere	gürten, umgeben
dēfendere (ā)	verteidigen (gegen), schützen (vor)
trahere	ziehen, schleppen, mit sich reißen
suprēmus, a, um	der oberste, höchste, letzte
suprā 15	oben
valēre, valeō, valuī	gesund sein, stark sein, Einfluß haben, gelten
validus 12	gesund, stark, kräftig

119. Spēs nostra **in** fidē amīcōrum **est**. — Unsere Hoffnung **beruht auf** der Treue der Freunde.

120. corde amāre *(Abl. modi)* — von Herzen lieben

25

discere	lernen
currere	laufen, eilen
currus 22	Wagen
emere	kaufen
avia	die Großmutter
avus 4	Großvater
5 grātiās agere	Dank sagen, danken
grātiam habēre 21	dankbar sein
surgere	aufstehen, sich erheben
regere 24	richten, lenken; regieren
lūdere	spielen
lūdus 6	Spiel
bibere	trinken
nēve, neu	und nicht
(in Begehrs- und Finalsätzen)	

121. Pater postulat, ut fīlius statim remigret **neque (nēve)** cum fīliō nautae nāviget. *(Begehrssatz)* — Der Vater fordert, daß sein Sohn sofort zurückkomme **und nicht** mit dem Sohn des Schiffers im Boot fahre.

Puerī Rōmānī magistrīs pārēbant, nē vituperārentur **nēve (neque)** virgīs castīgārentur. (*Finalsatz*) — Die römischen Jungen gehorchten ihren Lehrern, um nicht getadelt **und nicht** mit Ruten geschlagen zu werden.

26

a

is, ea, id	1. er, sie, es; 2. dieser, diese, dieses; 3. der(jenige), die(jenige), das(jenige)
accūsāre	anklagen

57 to commit a crime 58 vivacious, to revive 59 secure, sure 62 belligerent (kriegführend) 63 servitude 64 to abduct 66 to defend 67 tractor, (to) train, (to) trail 68 supreme 69 value (Wert), valuable **25:** 2 current, currency 6 to surge, insurgent (Aufrührer) **26:** 2 to accuse

causa 23	Ursache, Grund; Sache
inhūmānus, a, um	unmenschlich
hūmānus 3	menschlich
metus, ūs	die Furcht
dēsīderāre	verlangen, sich sehnen (nach); vermissen
dēsīderium 20	Sehnsucht
dōnum	das Geschenk
dōnāre 9	schenken
dēsertus, a, um	verlassen, öde
ōrātor, ōris, m.	der Redner
ōrāre 9	bitten, beten
peragere	durchführen, vollenden
agere 24	betreiben
propter *b. Akk.*	wegen
ob *b. Akk.*	wegen

b

convocāre	zusammenrufen
vocāre 15	rufen
tempestās, ātis, f.	der Sturm, das Unwetter, Wetter
tempus 23	Zeit
cerva	die Hirschkuh, Hindin
sacerdōs, ōtis, **m.**	der Priester
sacer 17	heilig
dare 16	geben
plācāre	versöhnen, besänftigen
placidus 24	sanft
voluntās, ātis, f.	der Wille, Wunsch
cēdere	gehen, weichen, nachgeben, sich fügen
neglegere	vernachlässigen, sich nicht kümmern um
precēs, um, f. **pl.**	die Bitte, das Gebet
suādēre *UV*	raten
arcessere	herbeiholen
mātrimōnium	die Ehe
māter 23	Mutter
in mātrimōnium dūcere	in die Ehe führen, heiraten *(vom Mann aus)*
prō *b. Abl.*	an Stelle von, anstatt
prō 20	vor, für
iacēre, iaceō, iacuī	liegen
vōx, vōcis, f.	die Stimme, das Wort
vocāre 15	rufen
solvere	lösen, freisprechen
nāvigia solvere	abfahren, die Anker lichten, in See stechen
vincere	siegen, besiegen
victor 23	Sieger
victōria 1	Sieg
longinquus, a, um	entfernt, entlegen
longus 2	lang
asportāre	wegtragen, fortführen
portāre 7	tragen, bringen
redūcere	zurückführen, wiederbringen
dūcere 24	führen

122. Agricola equōs **suōs** amat. *(reflexiv)* Nōbīs licuit equōs **eius** ad fluvium dūcere. *(nicht reflexiv)*	Der Bauer liebt **seine** Pferde. Wir durften **seine** Pferde zum Fluß bringen.
123. propter (ob) inopiam	wegen des Mangels, aus Mangel
124. ob eam causam (ob eam rem)	deswegen

3 inhuman 5 to desire 6 donation (Spende) 7 desert (Wüste) 8 orator 12 to convoke 13 tempest 15 sacerdotal 16 to placate 17 voluntary, volunteer 18 to cease (aufhören) 19 to neglect 20 prayer 23 matrimony 26 adjacent (benachbart) 27 voice, vowel (Vokal) 28 to solve, solution 30 to vanquish 33 to reduce (verkleinern), reduction

125. Dea **nōn** plācābitur, **nisi** Īphigenīa eī immolābitur.

Die Göttin wird sich **nicht** versöhnen lassen, **wenn nicht** Iphigenie ihr geopfert wird. = Die Göttin wird sich **nur** versöhnen lassen, **wenn** Iphigenie ihr geopfert wird.

126. prō Īphigenīā *(vgl. Nr. 105)*	an Iphigenies Stelle
127. **magnā** vōce *(Abl. modi; vgl. Nr. 100 und 115)*	mit **lauter** Stimme

27

a

cīvitās, ātis, f.	die Bürgerschaft, Gemeinde, der Stamm, Staat

b

neque tamen	jedoch nicht, trotzdem nicht
tamen 16	dennoch, doch, trotzdem
neque vērō 17	aber nicht
ligneus, a, um	hölzern
complēre, compleō, complēvī, complētum	anfüllen
implēre 7	anfüllen
explēre 20	ausfüllen, erfüllen
5 advolāre	herbeifliegen, herbeieilen
volāre 13	fliegen
latēre, lateō, latuī	verborgen sein
māchina	die Maschine *(vor allem eine Maschine, die beim Angriff auf eine feindliche Stadt Verwendung findet)*
hydra	die Wasserschlange
serpere	kriechen
10 neque enim	denn nicht
enim 16	denn, nämlich
cognōscere	kennenlernen, erkennen, erfahren
nōtus 9	bekannt
noctū	bei Nacht, in der Nacht
latebrae, f. **pl.**	das Versteck
latēre 27	verborgen sein
revocāre	zurückrufen
vocāre 15	rufen
15 somnus	der Schlaf
somnium 16	Traum

128. *Übersetzungsmöglichkeiten des Partizips:*

Oppidum **dēlētum** ab incolīs dēnuō aedificātum est.

a) *Partizip:* Die **zerstörte** Stadt wurde von den Bewohnern von neuem aufgebaut.

b) *Relativsatz:* Die Stadt, **die zerstört war,** wurde von den Bewohnern von neuem aufgebaut.

c) *konjunktionaler Nebensatz:* **Nachdem** die Stadt **zerstört war,** wurde sie von den Bewohnern von neuem aufgebaut.

27: 1 city, citizen (Bürger) 4 (to) complete 6 latent 7 machine 11 to recognize 14 to revoke (widerrufen)

d) *präpositionaler Ausdruck:* Die Stadt wurde **nach** ihrer **Zerstörung** von den Bewohnern von neuem aufgebaut.

e) *Beiordnung:* Die Stadt **war zerstört.** Sie wurde **jedoch** von den Bewohnern von neuem aufgebaut.

28

a

īdem, eadem, idem	derselbe, dieselbe, dasselbe
atque, ac *(nach Vergleichswörtern)*	wie
atque, ac 5	und, und dazu, und auch
dīcere	sagen, sprechen; nennen
ipse, ipsa, ipsum	selbst
5 potestās, ātis, f.	die Macht, Gewalt
posse 21	(mächtig sein, imstande sein), können
sūmere	nehmen
ancilla	die Magd
vēlum	das Segel
niger, gra, grum	schwarz
10 iūdicium	(die Rechtsprechung), das Urteil, Gericht
iūs 23	Recht
dīcere 28	sagen, sprechen
iūdex 24	Richter
iūdicāre 11	urteilen, meinen
longē *(Adv.)*	weit, bei weitem
longus 2	lang
lātus, a, um	breit
spectāre *m. Akk.*	sehen auf, trachten nach, denken an
spectāre 5	sehen, schauen
tractāre	behandeln; verrichten
15 scrībere	schreiben
scrīptor 23	Schriftsteller
crēber, bra, brum	häufig
crēbrō *(Adv.)*	häufig
rārus, a, um	selten
rārō *(Adv.)*	selten
20 omnīnō *(Adv.)*	im ganzen, völlig, durchaus

b

prīnceps, cipis, m.	der erste, der Fürst
prīmus 10	der erste
prīncipātus 22	Vorherrschaft
cāsus, ūs	der Fall, Zufall, Unglücksfall
paene	fast, beinahe
dolōsus, a, um	listig
dolus 9	List
25 monēre dē	warnen vor
monēre (dē) 7	erinnern (an), ermahnen
comes, itis, m.	der Begleiter, Gefährte
cum 10	mit
āmittere	verlieren
mittere 24	schicken
ēgregius, a, um	hervorragend, außergewöhnlich
prōmittere	versprechen
30 dīmittere	wegschicken, entlassen
mittere 24	schicken
cito *(Adv.)*	schnell
excitāre 14	aufwecken
relinquere	zurücklassen, verlassen
reliquiae 7	Überreste
reliquus 11	übrig

28: 1 identity, to identify 5 power 6 to resume (wiederaufnehmen) 8 veil (Schleier) 10 judg(e)ment 14 to attract (anziehen), to treat, treatment, treaty (Vertrag) 15 Scripture (Hl. Schrift), manuscript 18 rare 21 prince, principal 22 case 26 count (Graf), county 29 to promise 30 to dismiss 32 to relinquish

	naufragium	der Schiffbruch
	nāvigium 5	Schiff
	nauta 5	Schiffer, Seemann
	vix	kaum
35	remittere	zurückschicken
	mittere 24	schicken
	bonum	das Gute, das Gut; *Plur.:* das Hab und Gut, Vermögen
	bonus 2	gut
	cōnsūmere	verbrauchen, verschwenden
	sūmere 28	nehmen
	nōscere	kennenlernen, erkennen, erfahren
	cognōscere 27	kennenlernen, erkennen

129. Ego eōdem diē nātus sum **atque** (**quō**) tū.	Ich bin an demselben Tag geboren **wie** du.
130. Aegeus sē ipse necāvit. *(Hervorhebung des Subjekts)*	Ägeus hat sich selbst getötet. Ägeus hat sich das Leben genommen.
131. Iūdex iūstē iūdicat. *(adverbiale Bestimmung zur Erweiterung des Prädikats)*	Der Richter urteilt gerecht.
132. vir vērē Rōmānus *(adverbiale Bestimmung beim Adjektiv)*	ein wahrhaft römischer Mann, ein echter Römer
133. Paene necātus est.	Beinahe wäre er getötet worden.
134. per Mercurium *(vgl. dagegen Nr. 29)*	durch Merkur

29

a

	ōrātiō, ōnis, f.	die Rede
	ōrāre 9	bitten, beten
	ōrātor 26	Redner
	ōrātiōnem habēre	eine Rede halten
	senātor, ōris, m.	der Senator
	senātus 22	Senat
	prōverbium	das Sprichwort
	verbum 6	Wort
5	homo, inis, **m.**	der Mensch
	hūmānus 3	menschlich
	lupus	der Wolf
	cāseus	der Käse
	caro, carnis, f.	das Fleisch
	nōmen, inis, n.	der Name
	nōmināre 14	nennen
10	nēmo (ne *und* homo)	(nicht ein Mensch), niemand
	nihil	nichts
	carmen, inis, n.	das Lied, Gedicht
	īgnōtus, a, um	unbekannt
	nōtus 9	bekannt
	peccāre	sündigen
15	hospes, itis, **m.**	der Gastfreund, Gast
	tribuere	zuteilen
	tribūtum 15	Abgabe
	contentus, a, um	zufrieden
	latrō, ōnis, **m.**	der Räuber
	culter, tri	das Messer, der Dolch
20	vestīmentum	das Kleidungsstück; *Plur.:* die Kleidung
	sub *b. Abl.*	unter *(wo?)*
	sub *b. Akk.*	unter *(wohin?)*
	diciō, ōnis, f.	die Gewalt, Macht
	dīcere 28	sagen, sprechen

b

	ūnā	zusammen
25	expedītiō, ōnis, f.	der Feldzug
	cōnsulere	um Rat fragen, befragen; beraten
	cōnsul 23	Konsul
	cōnsilium 16	Rat, Plan

35 to remit (überweisen) 36 bounty (Wohltat) 37 to consume, consumption (Verbrauch)
29: 1 oration 3 senator 4 proverb 7 cheese 9 noun (Subst.) 10 vgl. nobody 11 nil 15 hospital, hospitable, hospitality; host (Gastgeber), hostel, hotel 16 to attribute 17 content 20 vestiary (Garderobe) 21 subway 25 expedition 26 to consult

	resistere	sich widersetzen, (erfolgreich) Widerstand leisten, standhalten
	respōnsum	die Antwort
	respondēre 4	antworten
	longitūdo, inis, f.	die Länge
	longus 2	lang
30	iter, itineris, **n.**	der Weg, Marsch, die Reise
	multitūdo, inis, f.	die Menge
	multī 2	viele
	praefectus	der Befehlshaber, Satrap
	terror, ōris, m.	der Schrecken, das Entsetzen
	terrēre 5	erschrecken
	fugāre	in die Flucht schlagen
	fuga 13	Flucht
35	addūcere	heranführen; veranlassen
	dūcere 24	führen
	aciēs, ēī	die Schärfe, Schlachtreihe, Schlacht
	acūtus 2	spitz, scharf
	aciē vincere	in einer Schlacht besiegen
	multum	viel
	multī 2	viele
	cēterī, ae, a	die anderen, übrigen
40	praeda	die Beute, der Raub
	obsidiō, ōnis, f.	die Belagerung
	sedēre 11	sitzen
	certāmen, inis, n.	der Wettkampf, Kampf
	certāre 15	kämpfen, streiten
	inde	von da; darauf; deshalb
	unde 16	von wo
	pergere	fortsetzen, fortfahren; (weiter)ziehen
	regere 24	lenken, beherrschen
45	origo, inis, f.	der Ursprung, die Herkunft
	possessiō, ōnis, f.	der Besitz
	posse 21	können
	sedēre 11	sitzen
	proelium	der Kampf, das Gefecht, die Schlacht
	regiō, ōnis, f.	die Richtung, Gegend, das Gebiet
	regere 24	richten, lenken; beherrschen
	petere	erstreben; aufsuchen, wohin gehen; angreifen; erbitten
50	sēditiō, ōnis, f.	der Zwiespalt, Aufruhr, Aufstand, die Meuterei
	cōgere	zusammentreiben; zwingen
	agere 24	betreiben, tun, verhandeln
	imprōvīsō *(Adv.)*	unvorhergesehen, unvermutet
	vidēre 4	sehen
	dīvidere	teilen

135.	**Nēmo** equum cūrat **nisi** dominus. *(vgl. Nr. 125)*	**Niemand** kümmert sich um das Pferd **als** der Herr. **Nur** der Herr kümmert sich um das Pferd.
136.	**Nihil** amīcō dōnāvī **nisi** librum.	Ich habe meinem Freund **weiter nichts** geschenkt **als** ein Buch. Ich habe meinem Freund **nur** ein Buch geschenkt.
137.	nēmo nostrum nēmo vestrum *(Gen. part.; vgl. Nr. 39)*	niemand (keiner) von uns niemand (keiner) von euch
138.	multum vīnī	viel Wein
139.	ūnus ex amīcīs	einer von meinen Freunden

27 to resist 28 response, responsible 29 longitude 30 itinerary (Reiseweg) 31 multitude 32 prefect (Vertrauensschüler) 33 terror 40 prey 45 origin 46 possession, possessive 48 region 50 sedition 53 to divide, division

140. morbō fīliī dolēre *(Ablativus causae)*	traurig sein über die Krankheit seines Sohnes
141. rēbus suīs contentus	mit seiner Lage zufrieden
142. eā dē causā *(vgl. Nr. 124)*	aus diesem Grunde, deswegen
143. sub arbore occultāre	unter einem Baum verstecken *(Frage: wo?)*
144. sub arborem portāre	unter einen Baum tragen *(Frage: wohin?)*
145. Opēs Persārum praeda Macedonum **fuērunt.**	Die Schätze der Perser **sind** Beute der Makedonen **geworden.**

30

Stammformen der bisher gelernten Verben der konsonantischen Konjugation

1. S-PERFEKTA:

cēdere	cēdō	cessī	cessum	gehen, weichen
cingere	cingō	cīnxī	cīnctum	gürten, umgeben
dīcere	dīcō	dīxī	dictum	sagen, sprechen; nennen
dīvidere	dīvidō	dīvīsī	dīvīsum	teilen
dūcere	dūcō	dūxī	ductum	führen
abdūcere	abdūco	abdūxī	abductum	wegführen
addūcere	addūcō	addūxī	adductum	heranführen; veranlassen
redūcere	redūcō	redūxī	reductum	zurückführen
fluere	fluō	flūxī	–	fließen
gerere	gerō	gessī	gestum	tragen, ausführen
neglegere	neglegō	neglēxī	neglēctum	vernachlässigen
dīligere	dīligō	dīlēxī	dīlēctum	hochachten, lieben
lūdere	lūdō	lūsī	lūsum	spielen
mittere	mittō	mīsī	missum	schicken
āmittere	āmittō	āmīsī	amissum	verlieren
committere	committō	commīsī	commissum	zustande kommen lassen; anvertrauen, überlassen
dīmittere	dīmittō	dīmīsī	dīmissum	wegschicken, entlassen
prōmittere	prōmittō	prōmīsī	prōmissum	versprechen
remittere	remittō	remīsī	remissum	zurückschicken
regere	regō	rēxi	rēctum	richten, lenken; regieren
pergere	pergō	perrēxī	perrēctum	fortsetzen, fortfahren, weiterziehen
surgere	surgō	surrēxī	surrēctum	aufstehen, sich erheben
scrībere	scrībō	scrīpsī	scrīptum	schreiben
serpere	serpō	serpsī	serptum	kriechen
sūmere	sūmō	sūmpsī	sūmptum	nehmen
cōnsūmere	cōnsūmō	cōnsūmpsī	cōnsūmptum	verbrauchen, verschwenden
trahere	trahō	trāxī	tractum	ziehen, schleppen
vīvere	vīvō	vīxī	vīctum	leben

2. V- UND U-PERFEKTA:

arcessere	arcessō	arcessīvī	arcessītum	herbeiholen
colere	colō	coluī	cultum	bebauen, verehren, pflegen

cōnsulere	cōnsulō	cōnsuluī	cōnsultum	um Rat fragen, befragen
gignere[1]	gignō	genuī	genitum	hervorbringen, erzeugen
nōscere[2]	nōscō	nōvī	–	kennenlernen, erkennen, erfahren
cognōscere[2]	cognōscō	cognōvī	cognitum	
petere	petō	petīvī	petītum	erstreben; aufsuchen, wohin gehen; angreifen; erbitten

3. PERFEKTA MIT ABLAUT:

agere	agō	ēgī	āctum	(be)treiben, tun, (ver)handeln
peragere	peragō	perēgī	perāctum	durchführen, vollenden
cōgere	cōgō	coēgi	coāctum	zusammentreiben; zwingen
emere	emō	ēmī	ēmptum	kaufen
legere	legō	lēgī	lēctum	lesen, sammeln
relinquere[3]	relinquō	relīquī	relictum	zurücklassen, verlassen
vincere[3]	vincō	vīcī	victum	siegen, besiegen

4. PERFEKTA OHNE VERÄNDERUNG DES PRÄSENSSTAMMES:

dēfendere	dēfendō	dēfendī	dēfēnsum	verteidigen
solvere	solvō	solvī	solūtum	lösen, freisprechen
tribuere	tribuō	tribuī	tribūtum	zuteilen

5. PERFEKTA MIT REDUPLIKATION:

bibere[1]	bibō	bibī	–	trinken
currere	currō	cucurrī	cursum	laufen
discere[1, 2]	discō	didicī	–	lernen
resistere[1]	resistō	restitī	–	Widerstand leisten, standhalten

a

legiō, ōnis, f.	die Legion
legere 24	sammeln, lesen
prīdem	längst, vor langer Zeit
prō 20	vor, für
lēgātus	der Gesandte, Legat
dēlēgāre 23	hinschicken
admittere, admittō, admīsī, admissum	zulassen
mittere 24	schicken
rem pūblicam gerere	den Staat lenken
triumphum agere	einen Triumph feiern
agere 24	betreiben, tun, handeln
condiciō, ōnis, f.	die Verabredung, Bedingung, Lage, Bestimmung
dīcere 28	sagen
pauper, *Gen.* pauperis	arm
misericordia	das Mitleid
miser 10	arm, elend
cor 24	Herz, Gemüt
dīves, *Gen.* dīvitis	reich

30: 1 legion 4 to admit 7 condition(s) 8 poor

---

[1] bibere, discere, gignere *und* resistere *haben im Präsensstamm Reduplikation.*
[2] discere, nōscere *und* cognōscere *haben im Präsensstamm sc-Erweiterung.*
[3] relinquere *und* vincere *haben n-Erweiterung im Präsensstamm.*

	dīvitiae 6	Reichtum
	vetus, *Gen.* veteris	alt

b

	at	aber, dagegen
	summīs rēbus praeesse	das höchste Amt bekleiden, mit wichtigen Aufgaben betraut sein
	repudiāre	zurückweisen, abschlagen
15	probitās, ātis, f.	die Rechtschaffenheit, Redlichkeit
	innocentia	die Unschuld, Uneigennützigkeit
	prōdere, prōdō, prōdidī, prōditum	überliefern, verraten
	dare 16	geben
	memoriae prōdere	der Nachwelt überliefern
	obtrectāre	(einem) entgegenarbeiten, (gegen jemand) arbeiten
	tractāre 28	behandeln, verrichten
20	obsistere, obsistō, obstitī	entgegentreten, sich in den Weg stellen
	resistere 29	standhalten, Widerstand leisten
	irrītāre	aufwiegeln, aufreizen
	suffrāgium	die Abstimmung, Wahl
	testula	die Scherbe
	testulārum suffrāgia, n. **pl.**	das Scherbengericht (Ostrakismos)
25	pellere, pellō, pepulī, pulsum	treiben, vertreiben
	dēvincere, dēvincō, dēvīcī, dēvictum	völlig besiegen, entscheidend besiegen
	vincere 26	siegen, besiegen
	societās, ātis, f.	das Bündnis, der Vertrag
	socius 17	Gefährte, Bundesgenosse
	coniungere, coniungō, coniūnxī, coniūnctum	verbinden
	coniux 24	Gattin
	amīcitiam coniungere	Freundschaft schließen
30	aequitās, ātis, f.	die Gerechtigkeit, Unparteilichkeit, das Gerechtigkeitsgefühl; der Gleichmut
	aequus 20	eben, gerecht, gelassen
	prō *b. Abl.*	im Verhältnis zu
	prō 20	vor, für
	prō 26	anstatt
	pecūnia	das Geld
	pecūlium 23	Privatbesitz
	dēscrībere, dēscrībō, dēscrīpsī, dēscrīptum	aufzeichnen, beschreiben; (einen Anteil) festlegen
	scrībere 28	schreiben
	dēcēdere, dēcēdō, dēcessī, dēcessum	weggehen, sterben
	cēdere 26	gehen, weichen
35	paupertās, ātis, f.	die Armut
	pauper 30	arm
	meritum	das Verdienst
	merēre 23	dienen, verdienen
	alere, alō, aluī, altum	ernähren, unterhalten
	altus 4	hoch
	adultus 10	herangewachsen
	nūbere, nūbō, nūpsī, nūptum	heiraten *(von der Frau aus)*

146. amīcitia et societās — ein Freundschaftsbündnis *(Hendiadyoin)*
147. prō dīvitiīs tuīs — im Verhältnis zu deinem Reichtum

11 veteran 14 to repudiate 15 probity 16 innocence 21 to irritate 22 suffrage 25 pulse 27 society 28 to join 30 equity 32 pecuniary (Geld-) 33 to describe, description 34 deceased (verstorben) 35 poverty 36 merit 38 nuptials (Hochzeit)

31

a

	quam *(nach Komparativen)*	als
	quam 12	wie
	lībertās, ātis, f.	die Freiheit
	līber 10	frei
	pretiōsus, a, um	kostbar, wertvoll
	pretium 23	Preis
	cārus, a, um	lieb, teuer
5	hiems, hiemis, f.	der Winter
	maiōrēs, um, m. **pl.**	(die Größeren, Älteren,) die Vorfahren
	cōnservāre	bewahren, retten, erhalten
	servāre 9	bewahren, retten
	passus, ūs	der (Doppel)-schritt *(1,50 m)*
	spatium	der Raum, Zwischenraum, die Strecke; der Zeitraum
10	pēs, pedis, **m.**	der Fuß *(ca. 0,30 m)*
	digitus	der Finger *(ca. 2 cm)*
	magnopere	sehr
	magnus 2	groß
	opus 23	Arbeit, Werk
	magis	mehr
	maximē	am meisten, besonders
15	parentēs, um, **m.**	die Eltern
	putāre	halten für
	putāre 12	glauben, meinen
	iūdicāre	halten für
	iūdicāre 11	urteilen, meinen

b

	pendere, pendō, pependī, pēnsum	abwägen, bezahlen
	nepōs, ōtis, **m.**	der Enkel
20	honor, ōris, m.	die Ehre, das Amt
	honestus 24	ehrenvoll, geehrt
	incertus, a, um	unsicher, ungewiß, unzuverlässig
	certus 15	bestimmt, sicher
	exitus, ūs	der Ausgang, das Ende
	aditus 22	Zugang, Einfahrt
	aper, aprī, m.	der Eber, das Wildschwein
	cōnstituere, cōnstituō, cōnstituī, cōnstitūtum	hinstellen, festsetzen, beschließen
25	vēnātiō, ōnis, f.	die Jagd
	hasta	der Spieß, die Lanze
	rogus	der Scheiterhaufen
	cremāre	verbrennen
	intellegere, intellegō, intellēxī, intellēctum	einsehen, verstehen, erkennen
	neglegere 26	vernachlässigen
	dīligere 24	hochschätzen, lieben
30	ter	dreimal
	trēs, tria 14	drei
	tertius 14	der dritte
	colloquium	die Unterredung, das Gespräch
	commōtus, a, um	bewegt, erschüttert
	commovēre 21	bewegen, erregen, veranlassen
	movēre 10	bewegen

148. Maior sum **quam frāter.** — Ich bin größer **als mein Bruder.**

149. Maior sum **frātre.** *(Ablativus comparationis)* — Ich bin größer **als mein Bruder.**

150. Tellum beātum putō (iūdicō). *(doppelter Akk.; vgl. Nr. 48)* — Ich halte Tellus für glücklich.

151. Tellus beātus putātur (iūdicātur). *(doppelter Nom.; vgl. Nr. 96)* — Tellus wird für glücklich gehalten.

31: 2 liberty 3 precious 4 to cherish (liebhaben) 6 major, mayor 7 conservative 8 pace, passage, to pass 9 space 10 pedestrian (Fußgänger) 15 parents 18 pension, to spend, expens(iv)e 19 nephew 20 honour 22 exit 24 to constitute 29 intelligent 31 colloquial (Adj.)

32

a

	vir summus	ein bedeutender Mann
	contendere, contendō, contendī, contentum	sich anstrengen, eilen, kämpfen
	contendere dē	kämpfen um
	uter, utra, utrum?	welcher von beiden?
5	expellere, expellō, expulī, expulsum	hinaustreiben, vertreiben
	pellere 30	(ver)treiben
	uterque, utraque, utrumque	jeder von beiden
	neuter, neutra, neutrum	keiner von beiden
	alius, alia, aliud	ein anderer
	aliī 4	andere
	ūllus, a, um *(in negativen Sätzen)*	irgendeiner
	nūllus 7	keiner
10	laetus, a, um	fröhlich, freudig
	salvus, a, um	gesund, wohlbehalten
	salūs 24	Heil, Gesundheit
	salūtāre 4	begrüßen
	ūnus, a, um	einzig, allein
	ūnus 12	einer
	sōlus, a, um	allein, einzig
	fidem habēre	Vertrauen schenken, Glauben schenken
	fidēs 20	Treue, Vertrauen
15	hic, haec, hoc	dieser
	hīc 9	hier
	ille, illa, illud	jener
	impiger, gra, grum	fleißig
	piger 10	faul
	pōnere, pōnō, posuī, positum	stellen, setzen, legen
	auctōritās, ātis, f.	das Ansehen, der Einfluß
	augēre 24	vermehren, vergrößern

b

20	trādere, trādō, trādidī, trāditum	übergeben, anvertrauen, überliefern
	prōdere 30	überliefern, verraten
	dare 16	geben
	penes *b. Akk.*	bei, im Besitze von, in der Hand von
	genus, generis, n.	die Abstammung, Herkunft, das Geschlecht, die Art
	gignere 24	hervorbringen, erzeugen
	praestāre *UV*	(voranstehen), übertreffen
	cōnstāre 13	feststehen
	opprimere, opprimō, oppressī, oppressum	unterdrücken, überfallen
25	ratiō, ōnis, f.	die Berechnung, Vernunft, Art
	invidia	der Neid, Haß
	calamitās, ātis, f.	das Unglück, die Not
	factiō, ōnis, f.	die Partei
	factum 18	die Tat
	temperantia	die Mäßigung, maßvolles Wesen
30	aes, aeris, **n.**	das Erz, Geld
	aes aliēnum	die Schulden
	aliēnus 5	fremd
	nōn sōlum – sed etiam	nicht nur – sondern auch
	sōlus 32	allein
	hūmānitās, ātis, f.	die Menschlichkeit, (feine) Bildung

32: 2 to contend (streiten) 5 to expel, expulsion 7 neutral 11 safe 12 unique 13 sole 18 position 19 authority 20 tradition, treason (Verrat), traitor (Verräter) 22 gender (gramm. Geschl.), general 24 oppression 25 ration, reason 26 envy 27 calamity 29 temperance 33 humanity

hūmānus 3	menschlich
homo 29	Mensch
reprehendere, reprehendō, reprehendī, reprehēnsum	tadeln
35 intereā	unterdessen, inzwischen
inter 15	zwischen, unter, während
posterior, ius	der spätere
posterus 18	der spätere

nātiō, ōnis, f.	die Völkerschaft
nātus 10	geboren
lēgātiō, ōnis, f.	die Gesandtschaft
lēgātus 30	Gesandter
dēlēgāre 23	hinschicken, verweisen
in numerō habēre	zu etwas rechnen
40 adiungere, adiungō, adiūnxī, adiūnctum	hinzufügen
coniungere 30	verbinden
sē adiungere	sich anschließen

152. uterque cōnsul	jeder der beiden Konsuln, beide Konsuln
153. **neque ūllī** hominī	**und keinem** Menschen
154. **sine ūllō** perīculō	**ohne jede** Gefahr
155. **Laetae** uxōrēs nautās salūtāvērunt. *(Prädikativum)*	**Froh** begrüßten die Frauen die Seeleute.
156. **Sōlī** Virtūtī Herculēs fidem habuit.	Der Tugend **allein** schenkte Herkules Vertrauen. **Nur** der Tugend schenkte Herkules Vertrauen.
157. Pater **adulēscentulus** in Graeciā fuit.	Mein Vater ist **als junger Mann** in Griechenland gewesen.
158. Solō **mercātor** multās terrās cognōvit.	Solon hat **als Kaufmann** viele Länder kennengelernt.
159. (cog)nōvī	ich habe kennengelernt, ich kenne
160. in templō pōnere *(vgl. Nr. 99)*	im Tempel niederlegen, in den Tempel legen
161. penes dīvitēs	bei den Reichen, in der Hand der Reichen
162. cēterīs genere praestāre *(Abl. limit.; vgl. Nr. 90)*	(den anderen hinsichtlich seiner Herkunft voranstehen), die anderen durch seine Herkunft übertreffen

33

turris, is, (im, ium), f.	der Turm
exstruere, exstruō, exstrūxī, exstrūctum	errichten, erbauen
custōs, ōdis, **m.**	der Wächter, Hüter
tormentum	die Wurfmaschine, das Geschütz; die Folter

5 aspectus, ūs	der Anblick
cōnspectus 22	Anblick
spectāre 5	sehen, (an)schauen
vīs, vim, vī, f.	die Gewalt, Kraft
vīrēs, vīrium, f. **pl.**	die Kräfte
ingenium	die angeborene Art, natürliche Begabung, der Geist

37 nation(al) 38 legation 40 adjoining (neben) 41 to join

33: 1 turret (Türmchen), tower 3 custodian 4 torment 5 aspect 8 engine(er)

gignere 24	hervorbringen, erzeugen
genus 32	Abstammung, Geschlecht, Art
cursus, ūs	der Lauf, die Bahn
currere 25	laufen
explōrāre	erkunden, erforschen
implōrāre 7	anflehen
condere, condō, condidī, conditum	gründen, bergen
dare 16	geben
prōdere 30	überliefern, verraten
trādere 32	übergeben, anvertrauen, überliefern
mare, is, (ium), n.	das Meer
lītus, oris, n.	der Strand, das Gestade

pulchritūdo, inis, f.	die Schönheit
pulcher 10	schön
animal, ālis, (ium), n.	das Lebewesen, Geschöpf; Tier
animus 7	Geist, Sinn, Mut
exemplar, āris, (ium), n.	das Vorbild, Muster, Beispiel
exemplum 1	Beispiel
irrīdēre *UV*	auslachen, verspotten
rīdēre 3	lachen
pīrāta, m.	der Seeräuber, Pirat
obsīdēre *UV*	(gegenübersitzen), belagern
sedēre 11	sitzen
obsidiō 29	Belagerung
spondēre *UV*	(feierlich) versprechen, geloben
respondēre 4	antworten

163. terrā marīque *(Ablativus locativus)* zu Lande und zu Wasser *(Frage: wo?)*

9 course, excursion 10 to explore, explorer 12 marine(r) 15 animal (Tier) 16 sample (Muster) 18 pirate 20 sponsor (Bürge, Förderer), to sponsor

Stammformen der Verben der ē-Konjugation (Fortsetzung)
(s. auch bei St. 15)

1. S-PERFEKTA:

ardēre	ardeō	arsī	–	brennen
augēre	augeō	auxī	auctum	vermehren, vergrößern
lūcēre	lūceō	lūxī	–	leuchten
manēre	maneō	mānsī	mānsum	bleiben
remanēre	remaneō	remānsī	remānsum	zurückbleiben
rīdēre	rīdeō	rīsī	rīsum	lachen, auslachen
irrīdēre	irrīdeō	irrīsī	irrīsum	auslachen, verspotten
suādēre	suādeō	suāsī	suāsum	raten

2. V-PERFEKTA:

movēre	moveō	mōvī[1]	mōtum[1]	bewegen
commovēre	commoveō	commōvī	commōtum	bewegen, erregen, veranlassen

3. PERFEKTA MIT ABLAUT:

sedēre	sedeō	sēdī	sessum	sitzen
obsidēre	obsideō	obsēdī	obsessum	belagern
vidēre	videō	vīdī	vīsum	sehen

[1] entstanden aus *movi-vī, *movi-tum.

4. PERFEKTA MIT REDUPLIKATION:

spondēre	spondeō	spopondī	spōnsum	versprechen, geloben
respondēre	respondeō	respondī	respōnsum	antworten

(*Die Stammformen von* gaudēre *werden später gelernt.*)

34

a

nāvis, is, (ium), f.	das Schiff
nāvigāre 5	segeln
nāvigium 5	Schiff
nauta 5	Seemann
naufragium 28	Schiffbruch
classis, is, (ium), f.	die Abteilung, Klasse, Flotte
impetus, ūs	der Angriff, der Schwung
petere 29	erstreben, angreifen
nāvis longa	das Kriegsschiff
5 appellere, appellō, appulī, appulsum	herantreiben, landen lassen
pellere 30	treiben
hostis, is, (ium), m.	der Feind, Landesfeind
clādēs, is, (ium), f.	der Schaden, Verlust, die Niederlage
minuere, minuō, minuī, minūtum	vermindern, verringern
minor, minus 31	kleiner
lūctus, ūs	die Trauer, der Schmerz
10 urbs, urbis, (ium), f.	die Stadt
ars, artis, (ium), f.	die Kunst, Fertigkeit
artificium 10	Kunstwerk
in numerō esse	zu etwas gehören
in numerō habēre 32	zu etwas rechnen
gēns, gentis, (ium), f.	das Geschlecht; der Volksstamm, das Volk
gignere 24	hervorbringen, erzeugen
genus 32	Abstammung, Herkunft, Geschlecht, Art
iuvenis, is, (um), m.	der Jüngling, junge Mann
15 canis, is, (um), m.	der Hund

b

collis, is, (ium), m.	der Hügel
columna 6	Säule
amoenus, a, um	lieblich, reizend gelegen
mōns, montis, (ium), m.	der Berg
medius, a, um	der mittlere
20 pars, partis, (ium), f.	der Teil, die Seite
arx, arcis, (ium), f.	die Burg
arcēre 4	fernhalten, abwehren
sub *b. Abl.*	unmittelbar vor, am Fuße von
sub 29	unter
intrā *b. Akk.*	innerhalb
inter 15	zwischen
moenia, ium, n. pl.	die Mauer, Stadtmauer
25 extrā *b. Akk.*	außerhalb
ex, ē 16	aus
adulēscēns, entis, (ium), m.	der Jüngling, junge Mann
adulēscentulus 19	Jüngling

34: 1 nave (Kirchenschiff) 2 class 3 impetuous (Adj.) 6 host (Heer), hostile 8 to diminish, minute (winzig) 10 suburb 11 art 13 gentle(man) 14 juvenile 18 mount(ain) 19 medium, medieval (mittelalterlich) 20 part 23 interior 25 extra, exterior

ex *b.Abl.*	von – an, seit
ex, ē 16	aus
comportāre	zusammentragen, hinschaffen
portāre 7	tragen, bringen
oleum	das Öl
olīva 21	Ölbaum
30 merx, mercis, (ium), f.	die Ware
mercātor 23	Kaufmann
invādere, invādō, invāsī, invāsum	hineingehen, eindringen
cīvis, is, (ium), m.	der Bürger
cīvitās 27	Bürgerschaft, Gemeinde, Staat
ēloquentia	die Beredsamkeit
colloquium 31	Unterredung, Gespräch
adeō	so sehr
eō 21	dahin, dorthin
35 lūmen, inis, n.	das Licht
lūcēre 3	leuchten
lūna 3	Mond
decus, oris, n.	die Zierde, der Ruhm
decet 13	es ziemt sich
mors, mortis, (ium), f.	der Tod
mortuus 13	tot

164. sub monte — am Fuße des Berges
165. ex antīquissimīs temporibus — von den ältesten Zeiten an, seit ältesten Zeiten
166. intrā moenia — innerhalb der Stadtmauer
167. extrā urbem — außerhalb der Stadt
168. nāvēs ad lītus appellere — die Schiffe an der Küste landen lassen, mit den Schiffen an der Küste landen
169. in urbem comportāre *(Frage: wohin?)* — in der Stadt zusammentragen, in die Stadt schaffen
170. in Graeciam invādere *(Frage: wohin?)* — in Griechenland eindringen

35

celeber, bris, bre	vielbesucht, berühmt
celebrāre 8	rühmen, preisen
celer, eris, ere	schnell
ūtilis, e	brauchbar, nützlich
ūsus 22	Gebrauch, Nutzen
nōbilis, e	berühmt, edel, vornehm
nōtus 9	bekannt
cognōscere 27	kennenlernen
5 illūstris, e	hell, berühmt
lūcēre 3	leuchten
lūmen 34	Licht
lūna 3	Mond
facilis, e	leicht *(zu tun)*
factum 18	Tat
difficilis, e	schwer *(zu tun)*, schwierig
vitium	der Fehler, das Laster
vituperāre 4	tadeln
levis, e	leicht *(von Gewicht)*
10 gravis, e	schwer *(von Gewicht)*
omnis, e	jeder, ganz; *Plur.:* alle
mortālis, e	sterblich
mors 34	Tod
mortuus 13	tot

29 oil 30 merchandise 31 to invade, invasion 32 civic (Bürger-) 33 eloquence 35 to illuminate 36 decoration

35: 2 to accelerate (beschleunigen) 3 useful, utility (Gebrauchs-) 4 noble, nobility 5 to illustrate 6 facility (Erleichterung), to facilitate 7 difficult(y) 8 vice 9 levity (Leichtsinn) 10 grave (ernst), gravity, grief (Kummer) 11 (omni)bus 12 mortal

audāx, *Gen.* audācis	waghalsig, kühn
ingēns, *Gen.* ingentis	ungeheuer, gewaltig
15 prūdēns, *Gen.* prūdentis	vorsichtig, klug
prō 20	vor
vidēre 4	sehen
cautus, a, um	vorsichtig
puerīlis, e	jungenhaft, kindlich
fēlīx, *Gen.* fēlīcis	glücklich

171. prūdēns et cautus — vorsichtig und bedächtig, sehr vorsichtig *(Hendiadyoin; vgl. Nr. 146)*

36

a

praeceptum	die Vorschrift
acer, acris, acre	scharf, heftig
acūtus 2	scharf, spitz
aciēs 29	Schärfe, Schlachtreihe
vetustus, a, um	alt
vetus 30	alt
dulcis, e	süß, angenehm
5 rēs suās gerere	seine Angelegenheiten besorgen, seine Interessen wahrnehmen
vehemēns, *Gen.* vehementis	heftig
temere *(Adv.)*	unbesonnen, leichtsinnig
temerārius 18	unbesonnen, leichtsinnig
senex, senis, (um), m.	der Greis
senātus 22	Senat
sententia	die Meinung, Ansicht, der Gedanke
10 aliter *(Adv.)*	anders
alius 32	ein anderer
fortis, e	tapfer

b

mūs, mūris, m.	die Maus
mūsculus 1	Mäuschen, Muskel
urbānus, a, um	städtisch, gebildet
urbs 34	Stadt
mūs urbānus	die Stadtmaus, Hausmaus
15 mūs rūsticus	die Landmaus, Feldmaus
rūsticus 4	ländlich
cibus	die Speise, Nahrung
colligere, colligō, collēgī, collēctum	zusammenlesen, sammeln
legere 24	lesen, sammeln
tangere, tangō, tetigī, tāctum	berühren
simplex, *Gen.* simplicis	einfach
20 imprūdēns, *Gen.* imprūdentis	unverständig, unklug
prūdēns 35	klug
īnfēlīx, *Gen.* īnfēlīcis	unglücklich
fēlīx 35	glücklich
quoniam	weil ja, da ja
cum (*altlat.* quom) 18	da, weil
iam 5	schon, jetzt, nun
saltus, ūs	der Bergwald, das Waldgebirge
famēs, is f.	der Hunger
25 crēdere, crēdō, crēdidī, crēditum	vertrauen, glauben
dare 16	geben
cor 24	Herz, Gemüt
sēdēs, is, (um), f.	der Sitz, Wohnsitz
sedēre 11	sitzen
sors, sortis, f.	das Los, Schicksal

13 audacious, audacity 15 prudent (vors.) 16 cautious 17 puerile 18 felicity
36: 1 precept 2 eager (begierig) 6 vehement 9 sentence (Satz) 11 fort(ress), to fortify, force (Kraft), to force (zwingen) 13 urban 17 to collect, college 19 simple 20 imprudent 24 famine (Hungersnot), famished (sehr hungrig) 25 credit, creed (Glaube) 27 sort (Art)

ferōx, *Gen.* ferōcis	wild, ungestüm
ferus 18	wild
investīgāre	aufspüren
30 cōnstāns, *Gen.* cōnstantis	standhaft, beständig
cōnstāre 13	feststehen
valē! valēte!	lebe (lebt) wohl!
valēre 24	gesund sein
certē *(Adv.)*	gewiß, sicherlich, jedenfalls
certus 15	bestimmt, sicher
suāvis, e	lieblich, angenehm, süß

172. Utinam cōnstantior fuissem neque tibī crēdidissem! — Wenn ich doch standhafter gewesen wäre und dir nicht geglaubt hätte!

37

a

custōdīre, custōdiō, custōdīvī, custōdītum	wachen, behüten
custōs 33	Wächter, Hüter
dīligēns, dīligentis	sorgfältig, gewissenhaft
dīligentia 10	Sorgfalt, Gewissenhaftigkeit
dīligere 24	hochachten, lieben
fūr, fūris, m.	der Dieb
pūnīre	bestrafen
poena 23	Strafe
5 audīre	hören, anhören
oboedīre	gehorchen
venīre, veniō, vēnī, ventum	kommen
ēventus 22	Ausgang, Erfolg
sērō *(Adv.)*	spät, zu spät
crūdēlis, e	grausam
10 sēdulus, a, um	fleißig
ērudīre	unterrichten, (aus-)bilden
ērudītus 10	gebildet
scīre	wissen, verstehen
scientia 1	Kenntnis, Wissen, Wissenschaft
nescīre	nicht wissen, nicht verstehen
advenīre, adveniō, advēnī, adventum	ankommen
15 convenīre, conveniō, convēnī, conventum	(mit jemand) zusammenkommen, (jemand) treffen
subvenīre, subveniō, subvēnī, subventum	zu Hilfe kommen
impedīre	hindern

b

invicem	abwechselnd, gegenseitig
permittere, permittō, permīsī, permissum	erlauben, überlassen
mittere 24	schicken
20 mūnīre	bauen, befestigen, sichern, schützen
moenia 34	Mauern
caedere, caedō, cecīdī, caesum	niederhauen, fällen, töten
fīnīre	begrenzen, beenden
fīnis, is, (ium), **m.**	die Grenze, das Ende; *Plur.:* das Gebiet
ēdīcere, ēdīcō, ēdīxī, ēdictum	ansagen, bekanntmachen, verordnen
dīcere 28	sagen, sprechen
ēdictum 9	Befehl, Verordnung
25 sepelīre, sepeliō, sepelīvī, sepultum	begraben, bestatten
nefārius, a, um	ruchlos, gottlos, frevelhaft

28 ferocious 29 to investigate 30 constant 32 certainly

37: 2 diligent (fleißig) 3 furtive (verstohlen) 4 to punish, punishment 5 audience 6 to obey, obedient 9 cruel 14 adventure 15 convent(ion) 19 to permit, permission 22 to finish 23 final (End[spiel])

cōnsentīre, cōnsentiō, cōnsēnsī, cōnsēnsum	übereinstimmen
sententia 36	Meinung, Ansicht, Gedanke
dormīre	schlafen
clam	heimlich
iūsta solvere	(das Gebührende einlösen), (dem Toten) die gebührende Ehre erweisen
dēprehendere, dēprehendō, dēprehendī, dēprehēnsum	wegfangen, ergreifen, ertappen
reprehendere 32	tadeln
dēdūcere, dēdūcō, dēdūxī, dēductum	herabführen, wegführen, hinführen
dūcere 24	führen
capitis damnāre	zum Tode verurteilen
immortālis, e	unsterblich
mortālis 35.	sterblich
virgo, inis, f.	die Jungfrau, das Mädchen
licentia	die Erlaubnis; Willkür
licēre 3	erlaubt sein
contemnere, contemnō, contempsī, contemptum	verachten

173. **in urbem** advenīre — **in der Stadt** ankommen
in forum convenīre — **auf dem Marktplatz** zusammenkommen
(im Lat. Frage: wohin?) — *(im Deutschen Frage: wo? – vgl. Nr. 169 und 170)*

174. *Dativus finalis:*

auxiliō venīre	zu Hilfe kommen
dōnō dare	als Geschenk geben, zum Geschenk machen, schenken
exemplō esse	(zum Beispiel gereichen), als Beispiel dienen
dolōrī esse	(zum Schmerz gereichen), Schmerz bereiten
cūrae esse	(zur Sorge gereichen), Sorge bereiten, am Herzen liegen
cordī esse	am Herzen liegen

38

a

rūrī	auf dem Lande
rūsticus 4	ländlich
pendēre, pendeō, pependī	hängen
pendere 31	abwägen, bezahlen
carpere, carpō, carpsī, carptum	pflücken

b

mūsicus, a, um	musisch
Mūsa 8	Muse
ars mūsica	die Musik
lyra	die Leier
canere, canō, cecinī	singen
cantāre 3	singen, besingen

27 to consent 28 dormitory (Schlafsaal) 32 to deduce (ableiten), to deduct (abziehen) 34 immortal 35 virgin 36 licence 37 contempt (Mißachtung)
38: 2 to depend 5 music(al) 6 lyric(al)

cantus, ūs	der Gesang
serpēns, entis, **m.**	die Schlange
serpere 27	kriechen
herba	das Gras, Kraut
īnferī, m. **pl.**	die Unterirdischen, die Götter der Unterwelt, die Unterwelt
dēscendere, dēscendō, dēscendī, dēscēnsum	hinabsteigen
pervenīre, perveniō, pervēnī, perventum	hinkommen, gelangen
venīre 37	kommen
nervus	die Sehne, Saite
pulsāre	(heftig) schlagen
pellere 30	treiben
reddere, reddō, reddidī, redditum	zurückgeben; machen (zu)
dare 16	geben
dēmittere, dēmittō, dēmīsī, dēmissum	hinabschicken
intermittere, intermittō, intermīsī, intermissum	(dazwischentreten lassen), verstreichen lassen, unterbrechen
mittere 24	schicken
auris, is, (ium), f.	das Ohr
audīre 37	hören
aurēs praebēre	zuhören
recēdere, recēdō, recessī, recessum	zurückgehen, zurückweichen, zurückkehren
cēdere 26	gehen, weichen
haurīre, hauriō, hausī, haustum	schöpfen
volvere, volvō, volvī, volūtum	wälzen
vertere, vertō, vertī, versum	wenden
versus 22	Zeile, Vers
incēdere, incēdō, incessī, incessum	einherschreiten
cēdere 26	gehen
dictum	(das Gesagte), das Wort, die Äußerung
dīcere 28	sagen, sprechen
dictō *(Dat.)* audiēns sum	ich höre auf das Wort
antecēdere, antecēdō, antecessī, antecessum	vorangehen; übertreffen
cēdere 26	gehen
lūx, lūcis, f.	das Licht, Tageslicht
lūcēre 3	leuchten
lūmen 34	Licht
incendere, incendō, incendī, incēnsum	anzünden, entflammen
incendium 13	Brand
anima	die Seele
animus 7	Geist, Sinn, Mut
animal 33	Lebewesen, Geschöpf
prehendere, prehendō, prehendī, prehēnsum	ergreifen, fassen
dēprehendere 37	ergreifen, ertappen
reprehendere 32	tadeln
tendere, tendō, tetendī, tentum	spannen, ausbreiten, ausstrecken, dehnen
contendere 32	sich anstrengen, eilen, kämpfen
fātum	das Schicksal, Geschick
discēdere, discēdō, discessī, discessum	auseinandergehen, weggehen, abziehen, schwinden
cēdere 26	gehen, weichen

175. Mūs in saltū **habitāns** pauper est. *(Part. der Gleichzeitigkeit)* — Die Maus, **die** im Bergwald **wohnt,** ist arm.

Mūs in saltū **habitāns** pauper erat. — Die Maus, **die** im Bergwald **wohnte,** war arm.

8 chant 9 serpent(ine) 10 herb (Kraut) 12 to descend 14 nerve 15 to pulsate 16 to render 21 to recede 22 exhausted (erschöpft) 23 revolver, revolution 26 to dictate, dictation 32 prize, prison(er) 33 to tend (to) (neigen), tendency, tension, tent, to extend, extension 34 fate

39

circiter, ad *(bei Zahlen)*	ungefähr
gladiātōrius, a, um	Gladiatoren-
gladius 24	Schwert
lūdī gladiātōriī	Gladiatorenspiele
nāvis onerāria	das Lastschiff, Transportschiff
onus 23	Last
pedes, itis, **m.**	der Fußsoldat
pēs 31	Fuß
eques, itis, **m.**	der Reiter, Ritter
equus 4	Pferd
pācāre	(friedlich machen), unterwerfen, beruhigen
pāx 24	Friede
complūrēs, complūra	mehrere
prae *b. Abl.*	vor
senectūs, ūtis, f.	das (Greisen)alter
senex 36	Greis
humus, **f.**	der Erdboden, die Erde
humāre 13	beerdigen

176.	mīlle passūs	tausend Schritt
177.	duo mīlia passuum	zweitausend Schritt
178.	duo mīlia quīngentī passūs	zweitausendfünfhundert Schritt
179.	vaccās prae sē agere	Kühe vor sich hertreiben
	collem vix prae multitūdine hominum vidēre posse	den Hügel infolge der Menschenmenge kaum sehen können

39: 7 to pacify, to appease (beschwichtigen) 176 a mile

VERZEICHNIS DER EIGENNAMEN

Achillēs, is 26	Achill, griechischer Held vor Troja, Sohn des Peleus und der Thetis
Actium 1	Ort an der Westküste Griechenlands; Augustus besiegte hier 31 v. Chr. Antonius
mare Aegaeum 33	das Ägäische Meer, zwischen Griechenland und Kleinasien (*vgl.* Aegeus)
Aegeus, eī 16	Herrscher von Athen, Vater des Theseus
Aegyptus, f. 29	Ägypten
via Aemilia 1	berühmte, von M. Aemilius Lepidus erbaute Landstraße in Italien
Aemilius 1	Ämilius (Emil), Angehöriger des römischen Geschlechts der Ämilier
M. Aemilius Lepidus 1	römischer Staatsmann (1. Hälfte des 2. Jh. v. Chr.)
L. Aemilius Paullus 35	römischer Staatsmann des 3. Jh. v. Chr., 219 und 216 Konsul; 216 bei Cannä gefallen
Aenēās, ēae 17	trojanischer Held, Sohn des Anchises und der Venus
Āfer, Āfra 23	der Afrikaner, die Afrikanerin; auch Sklaven- bzw. Sklavinnenname
Āfrica 1	Afrika (*engl.* Africa)
Agamemno, onis 26	Agamemnon, König von Mykene, Heerführer der Griechen vor Troja
Alexander, drī 29	König von Makedonien (336–323 v. Chr.)
Alexandrīa 33	bedeutende Hafenstadt in Ägypten, von Alexander gegründet
Āllia 2	Nebenfluß des Tiber, an dem die Römer 387 v. Chr. von den Galliern besiegt wurden
Alphēus 21	der Alpheios, Fluß bei Olympia in Elis, einer Landschaft des westlichen Peloponnes
Ammō, ōnis 29	(Jupiter) Ammon, ägyptischer Gott mit berühmtem Orakel in der libyschen Wüste (Oase Siwah)
Anchīsēs, ae 17	Vater des Äneas
Androgeus 15	Sohn des Königs Minos von Kreta
Antigona 37	Antigone, Tochter des Ödipus, Königs von Theben, und Schwester des Eteokles und Polyneikes
M. Antōnius 1	römischer Staatsmann (82–30 v. Chr.); Freund Cäsars; Gegner des Augustus (*vgl.* Actium)
Apollo, inis 18	Apollon, Sohn des Jupiter und der Latona, Bruder der Diana; Gott der Weissagung, der Poesie, der Musik, in späterer Zeit auch Sonnengott (*vgl.* Phoebus)
Ap. (= Appius) 1	römischer Vorname
via Appia 1	die berühmte, von Ap. Claudius Caecus erbaute Landstraße (312 v. Chr.)
Argonautae, m., pl. 5	die Argonauten
Ariadna 16	Ariadne, Tochter des Minos
Arīminum 1	Stadt an der Ostküste Italiens, jetzt Rimini
Ariovistus 19	Suebenfürst, 58 v. Chr. von Cäsar besiegt

Aristīdēs, is 30	athenischer Staatsmann des 5. Jh. v. Chr., Gegner des Themistokles
Ascanius 17	Sohn des Äneas
Asia 1	Asien, vor allem Kleinasien (*engl.* Asia)
Athēnae, pl. 6	Athen, Hauptstadt Attikas (*engl.* Athens)
Athēniēnsis, e 34	athenisch; der Athener
Ōceanus Atlanticus 1	der Atlantische Ozean (= Ozean beim Atlasgebirge)
Attica 13	Landschaft im östlichen Mittelgriechenland mit der Hauptstadt Athen
Atys 31	Sohn des Krösus
Augustus 1	Augustus, d.h. der Erhabene; Beiname des ersten römischen Kaisers (31 v. Chr.–14 n. Chr.); auch Titel der späteren Kaiser
Aulis, idis 26	Hafen in Böotien
Babylō, ōnis 29	Babylon, seit dem 6. Jh. v. Chr. in der Hand der Perser, eine der Hauptstädte des Perserreiches
Britannia 1	Britannien
Brundisium 1	Hafen im SO Italiens, jetzt Brindisi
C. (= Gāius) 1	Gajus, römischer Vorname
Caesar, aris 23	*s.* C. Iulius Caesar; auch Beiname der Kaiser
Calchās, antis 26	griechischer Priester und Seher
Calliopa 38	Kalliope, eine Muse
Calypsō 28	Nymphe auf der Insel Ogygia, wo Odysseus lange Zeit weilte
Cannae, pl. 39	Ort in Apulien, bei dem die Römer 216 v. Chr. eine furchtbare Niederlage erlitten
Capitōlium 24	das Kapitol, eine Erhebung in Rom mit den Hauptheiligtümern der Stadt
Capua 1	Kapua, Stadt in Kampanien
Carthāginiēnsis, e 39	karthagisch; der Karthager
Carthāgo, inis 31	Stadt an der nordafrikanischen Küste, von Phöniziern gegründet
Charybdis, is 28	Meeresstrudel in der Straße von Messina, als Ungeheuer gedacht
Chrīstus 20	Christus; a. Chr. n. = ante Chrīstum nātum – vor Christi Geburt, vor Christus; p. Chr. n. = post Chrīstum nātum – nach Christi Geburt, nach Christus
Cicerō, ōnis 29	*s.* M. Tullius Cicerō
Circa 28	Kirke, Tochter des Sonnengottes, göttliche Zauberin auf einer Insel im Ozean, zu der Odysseus auf seiner Irrfahrt kam
Circus Maximus 1	der Circus Maximus in Rom
Claudia 1	Claudia, Angehörige des römischen Geschlechts der Claudier
Ap. Claudius Caecus 1	berühmter römischer Staatsmann um 300 v. Chr. (*vgl.* via Appia)
Cleopatra 1	Königin von Ägypten (69–30 v. Chr.)
Colōnia 1	Köln (*engl.* Cologne)

Colossēum 1	das Kolosseum, das große Amphitheater in Rom (aus dem 1. Jh. n. Chr.)
Corinthius 22	korinthisch; der Korinther
Corinthus, f. 5	Korinth, reiche Handelsstadt auf dem Isthmus
Cornēlia 2	Cornelia, Angehörige des römischen Geschlechts der Cornelier
Cornēlius 5	Cornelius (Cornel), Angehöriger des römischen Geschlechts der Cornelier
P. Cornēlius Scīpiō Āfricānus maior 39	der Ältere Scipio (ca. 235–183 v. Chr.) Sieger über Hannibal
P. Cornēlius Scīpiō Āfricānus minor 39	der Jüngere Scipio (185–129 v. Chr.), der Zerstörer Karthagos (146 v. Chr.) und Numantias (133 v. Chr.)
Creōn, ontis 37	König von Theben, Oheim der Antigone
Crēta 12	Insel im östlichen Mittelmeer
Croesus 31	letzter König von Lydien (560–546 v. Chr.)
Cyclōps, ōpis 28	der Kyklop, einäugiger Riese
Cȳrus 31	Kyros der Große, König der Perser (559–529 v. Chr.)
D. (= Decimus) 14	römischer Vorname
Daedalus 13	kunstfertiger Athener, Erbauer des Labyrinths
Dānuvius 1	die Donau (*engl.* Danube)
Dārēus 29	Dareios I., Perserkönig (521–485 v. Chr.), 490 Feldzug gegen Griechenland; Dareios III., Perserkönig (336–330 v. Chr.)
Delphī, pl. 6	berühmte Orakelstätte in Griechenland
Delphicus 29	delphisch, von Delphi
Dēlus, f. 5	Delos, griechische Insel im Ägäischen Meer
Deus 11	Gott
Diāna 18	Tochter des Jupiter und der Latona, Schwester des Apollon, Mond- und Jagdgöttin (*griech.* Artemis)
Dionȳsius 9	Dionysios, Tyrann von Syrakus (406–367 v. Chr.)
Dionȳsus 16	Diónysos, Gott des Weines
Ephesus, f. 5	Ephesos, griechische Stadt in Kleinasien
Eteoclēs, is 37	Bruder der Antigone
Eurōpa 1, 12	phönikische Königstochter, von Zeus (Jupiter) in Stiergestalt nach Kreta entführt; der Erdteil hat nach ihr seinen Namen
Eurydica 38	Eurydike, Gattin des Orpheus
Favōnius 24	Name des Westwindes
via Flāminia 1	berühmte Landstraße in Italien
C. Flāminius 1	römischer Staatsmann (2. Hälfte des 3. Jh. v. Chr.)
Gāius 1	römischer Vorname (*abgekürzt* C.)
Gallia 4	Gallien (das heutige Frankreich und Belgien, auch Oberitalien)
Gallus 9	gallisch; der Gallier
Gaugamēla, n. pl. 29	Ort in Assyrien; Alexander erringt hier 331 v. Chr. den entscheidenden Sieg über Dareios

Germānia 1	Germanien (*engl.* Germany)
Germānus 29	germanisch; der Germane
Graecia 1	Griechenland (*engl.* Greece)
Graecus 5	griechisch; der Grieche
Hannibal, alis 23	Feldherr der Karthager im 2. Punischen Krieg (218–201 v. Chr.)
Hector, oris 23	Sohn des Priamos, des Königs von Troja
Hecuba 23	Gattin des Priamos, des Königs von Troja (*griech.* Hekabe)
Helena 26	Gattin des Menelaos, von Paris nach Troja entführt
Herculēs, is 19	Sohn Jupiters und der Alkmene (*griech.* Herakles)
Hierosolyma, n. pl. 6	Jerusalem
Hispānia 14	Spanien (*span.* España)
Homērus 5	Homer, griechischer Dichter, unter dessen Namen u. a. die Epen *Ilias* und *Odyssee* überliefert sind
Q. Horātius Flaccus 10	Horaz (65–8 v. Chr.), römischer Dichter der augusteischen Zeit
Īcarus 13	Sohn des Dädalus
India 29	Indien (*engl.* India)
Īphigenīa 26	Iphigenie, Tochter Agamemnons und Klytämnestras
Issus, f. 29	Issos, Seestadt in Kilikien; 333 v. Chr. besiegt Alexander dort das persische Heer unter Dareios
Isthmia, n. pl. 22	die Isthmischen Spiele
Isthmus 22	die Korinthische Landenge, der Isthmus, Stätte der Isthmischen Spiele
Italia 1	Italien
Ithaca 28	Insel im Jonischen Meer, Heimat des Odysseus (Ulixes)
Iūlia 1	Angehörige des römischen Geschlechts der Julier
Iūlius 1	Angehöriger des römischen Geschlechts der Julier
C. Iūlius Caesar 39	römischer Staatsmann, Feldherr und Schriftsteller (100–44 v. Chr.)
L. Iūnius Brūtus 1	der erste Konsul in Rom (510 v. Chr.)
Iuppiter, Iovis 12	Jupiter (*griech.* Zeus), Gott des Himmels und Vater der Götter (*engl.* Jove)
L. (= Lūcius) 1	römischer Vorname
Labyrinthus 13	das Labyrinth, Gebäude in Kreta mit vielen Irrgängen
Lacedaemonius 34	der Lakedämonier, Spartaner
Lāocoōn, coontis 27	trojanischer Priester
Latīnus 1	zu Latium gehörig, lateinisch (*engl.* Latin)
lingua Latīna 1	die lateinische Sprache
Latium 1	Landschaft in Mittelitalien
Lātōna 18	Mutter des Apollon und der Diana (*griech.* Leto)
Lūcia 2	römischer Vorname
Lȳdus, Lȳdia 23	der Lyder, die Lyderin; auch Sklaven- bzw. Sklavinnenname
M. (= Mārcus) 1	römischer Vorname
Macedones, um 29	die Makedonen

pūgna Marathōnia 30	die Schlacht bei Marathon (490 v. Chr.)
Mediōlānum 2	Mailand (*ital.* Milano)
Menelāus 23	Menelaos, König von Sparta, Bruder Agamemnons, Gemahl der Helena
Mercurius 28	Merkur (*griech.* Hermes), Bote der Götter und Geleiter der Seelen (*engl.* Mercury)
Mīlētus, f. 5	Milet, griechische Stadt in Kleinasien
Miltiadēs, is 34	athenischer Staatsmann und Feldherr, Sieger von Marathon (490 v. Chr.)
Minerva 11	Schutzgöttin der Künste, Wissenschaften und Gewerbe (*griech.* Athene)
Mīnōs, ōis 13	König von Kreta
Mīnōtaurus 13	menschenfressendes Ungeheuer
Mīsēnum 1	Kap in der Nähe von Neapel
Moerus 9	Bürger von Syrakus (*vgl.* Schiller, Die Bürgschaft)
Mosella 2	die Mosel (*engl.* Moselle)
Mūsa 8	die Muse, Göttin der schönen Künste, meist in der Mehrzahl gebraucht
Naxus, f. 16	Naxos, Insel der Kykladen
Neāpolis, is *(griechisches Wort)* 1	Neapel
Neptūnus 7	Neptun (*griech.* Poseidon), Gott des Meeres
Nīlus 1	der Nil
Nioba 18	Niobe, Tochter des Tantalus, Königin von Theben
Ōceanus 1	der Ozean (*engl.* Ocean)
Oedipūs, podis 37	König von Theben
Ōgygia 28	sagenhafte Insel der Kalypso
Olympia, n. pl. 6	die Olympien, die Olympischen Spiele
Ops, Opis 24	Fruchtbarkeitsgöttin
Orbilius 10	Lehrer des Dichters Horaz
Orcus 38	der Orkus, die Unterwelt, das Totenreich
Orestēs, is 26	Orest, Sohn Agamemnons und Klytämnestras
Orpheus, eī 38	sagenhafter thrakischer Sänger, Gemahl der Eurydike
Ōstia 1	Hafenstadt bei Rom
P. Ovidius Nāsō 5	Ovid (43 v. Chr. – ca. 18 n. Chr.), römischer Dichter zur Zeit des Kaisers Augustus
P. (= Pūblius) 39	römischer Vorname
Panathēnaea, n. pl. 15	die Panathenäen, das große Fest der Athener zu Ehren der Athene mit Wettkämpfen und einer Prozession
Paula 1	Paula
Paulus 1	Paulus (Paul)
Peloponnēsus, f. 22	der (die) Peloponnes
Pēnelopa 28	Penelope, Gattin des Odysseus (Ulixes)
Periclēs, is 34	Perikles, athenischer Staatsmann des 5. Jh. v. Chr., gest. 429
Persae, m. pl. 29	die Perser
Petra 1	Petra

Petrus 1	Petrus (Peter)
Phaeāces, um 28	die Phäaken, sagenhafte Bewohner eines Fabellandes
Pharus, f. 33	Pharos, Insel bei Alexandria mit berühmtem Leuchtturm
Phīdiās, ae 23	bedeutendster griechischer Bildhauer des 5. Jh. v. Chr. (*griech.* Pheidias)
Philippus 29	Philipp II., König von Makedonien (359–336 v. Chr.), Vater Alexanders des Großen
Phoebus 13	Name des Apollon als Sonnengott
Phoenissa 12	die Phönikierin
Pīraeus, m. 34	der Hafen Athens
Plāgōsus 10	Spitzname des Orbilius (*s. d.*); plāgōsus – schlaglustig
Plataeae, pl. 30	Stadt in Böotien; 479 v. Chr. Schlacht bei Plataä
Platō, ōnis 20	Platon, griechischer Philosoph, 427–347 v. Chr., Schüler des Sokrates
Plūtō, ōnis 38	Gott der Unterwelt (*griech.* Hades), Gemahl der Proserpina
Poenus 9	der Punier, Karthager
Polynīcēs, is 37	Polyneikes, Bruder des Eteokles und der Antigone
Polyphēmus 28	Polyphem, Kyklop, Sohn Neptuns
Priamus 23	Priamos, König von Troja
Proserpina 38	Proserpina (*griech.* Persephone), Gattin des Pluton, Tochter der Ceres (*griech.* Demeter)
Pūnicus 35	punisch, karthagisch; bellum Pūnicum secundum – der 2. Punische Krieg (218–201 v. Chr.)
Q. (= Quīntus) 10	römischer Vorname
Ravenna 1	Stadt an der Ostküste Italiens
Rhēnus 1	der Rhein
Rhodus, f. 5	Rhodos
Rōma 1	Rom
Rōmānus 5	römisch; der Römer (*engl.* Roman)
imperium Rōmānum 1	das Römische Reich
Rōmulus 1	Gründer Roms (753 v. Chr.) und erster König von Rom
S. (= Sextus) 14	römischer Vorname
Samus, f. 5	Samos, griechische Insel vor der Küste Kleinasiens
Scīpiō, ōnis 39	*s.* P. Cornēlius Scīpiō
Scylla 28	Klippe an der sizilischen Meerenge, als Ungeheuer gedacht
Selīnūntius 9	Bürger von Selinunt, Freund des Mörus
Sicilia 7	Sizilien (*engl.* Sicily)
Sīrēnēs, um 28	die Sirenen, Vögel mit Mädchenköpfen, die durch ihren Gesang die Seefahrer anlockten, um sie zu töten
Sīsyphus 38	König von Korinth, leidet wegen seines Frevels in der Unterwelt
Sōcratēs, is 37	Sokrates, griechischer Philosoph in Athen, 399 v. Chr. unschuldig zum Tode verurteilt
Sōl, Sōlis 23	Name des Sonnengottes bei den Römern (*vgl.* Phoebus *und* Apollo)
Solō, ōnis 31	Solon, athenischer Gesetzgeber (594 v. Chr.)

Sophoclēs, is 37	griechischer Tragödiendichter des 5. Jh. v. Chr. in Athen
Sparta 1	Hauptstadt Lakoniens auf dem Peloponnes
Syrācūsae, pl. 7	Syrakus (*engl.* Syracuse)
Syrācūsānus 9	der Syrakusaner
Syrus, Syra 23	der Syrer, die Syrerin; auch Sklaven- bzw. Sklavinnenname
Tālus 13	Talos, Neffe und Schüler des Dädalus
Tantalus 18	König in Phrygien, Sohn Jupiters, Vater der Niobe, leidet wegen seines Frevels in der Unterwelt
Tarentum 1	Tarent, reiche Handelsstadt in Süditalien (*ital.* Taranto)
L. Tarquinius Superbus 1	der letzte König von Rom (510 v. Chr. vertrieben)
Tartarus 38	Ort der Büßer in der Unterwelt
Taurī, pl. 26	die Taurier, skythisches Volk auf der Krim
Tēlemachus 28	Telemachos, Sohn des Odysseus und der Penelope
Tellus 31	Tellos, athenischer Bürger
Tenedus, f. 27	Tenedos, kleine Insel bei Troja
Terentius 36	Terenz, Angehöriger des röm. Geschlechts der Terentier
C. Terentius Varrō 35	römischer Staatsmann des 3. Jh. v. Chr., 216 Konsul
Thēbae, pl. 6	Theben, Hauptstadt der Landschaft Böotien in Mittelgriechenland (*engl.* Thebes)
Thēbānus 18	thebanisch, der Thebaner
Themistoclēs, is 30	Themistokles, athenischer Staatsmann des 5. Jh. v. Chr., Gegner des Aristides, Schöpfer der athenischen Flotte
Thēseus, eī 16	König von Athen, Sohn des Ägeus
Tiberis, is 33	der Tiber
Trōia 15	Stadt im nordwestlichen Kleinasien
Trōiānus 6	trojanisch; der Trojaner
M. Tullius Cicerō 29	der größte Redner Roms (106–43 v. Chr.); Konsul im Jahre 63
Tūsculum 1	Stadt in Mittelitalien
Tyrus, f. 29	phönikische Hafenstadt, 332 v. Chr. von Alexander eingenommen
Ulixēs, is 5	Odysseus, König von Ithaka (*engl.* Ulysses)
P. **Vergilius** Marō 5	Vergil (70–19 v. Chr.), römischer Dichter der augusteischen Zeit, Verfasser des Epos *Aeneis*
Vērōna 2	Stadt in Oberitalien
Virtūs 19	Virtus (= Tugend), Göttin der Tugend
Vitium 19	Vitium (= Laster), anderer Name für die Göttin Voluptas
Voluptās 19	Voluptas (= Vergnügen), Göttin der Lust
Xerxes, is 29	Xerxes I., Sohn des Dareios I., Perserkönig (485–465 v. Chr.); 480–479 Feldzug gegen Griechenland
Zama 39	Ort in Afrika, bei dem Scipio 202 v. Chr. den entscheidenden Sieg über Hannibal errang

LATEINISCH-DEUTSCHES WÖRTERVERZEICHNIS

Aufgeführt sind alle in den lateinischen Stücken vorkommenden Wörter mit ihrer wesentlichen Bedeutung außer den Eigennamen (s. bes. Verzeichnis). Die Ziffer nennt das Vokabelstück, wo weitere Bedeutungen und grammatische Einzelheiten angegeben sind.

ā, ab	von	14
abdūcere	wegführen	24
abesse	abwesend sein	20
abesse ā (ab)	entfernt sein von, frei sein von	20
abstinēre	fernhalten, sich enthalten	16
ac	*s.* atque	5, 28
accūsāre	anklagen	26
ācer	scharf, heftig	36
acerbus	scharf, bitter	13
aciēs	Schärfe, Schlachtreihe	29
acūtus	spitz, scharf	2
ad	zu, an, bei	10
ad *(bei Zahlen)*	ungefähr	39
addūcere	heranführen, veranlassen	29
adeō	so sehr	34
adesse	anwesend sein, dasein; *(m. Dat.)* beistehen, helfen	20
adhibēre	anwenden, *(Personen)* heranziehen	16
adhūc	bis jetzt, noch (heute)	16
aditus	Zugang, Einfahrt	22
adiungere	hinzufügen	32
sē adiungere	sich anschließen	32
administrāre	leiten, lenken, besorgen, verwalten	20
admittere	zulassen	30
admonēre (dē)	erinnern (an), ermahnen	15
adōrāre	anbeten	23
adulēscēns	Jüngling, junger Mann	34
adulēscentulus	Jüngling; jung	19
adultus	herangewachsen	10
advenīre	ankommen	37
adversārius	Gegner, Feind	15
adversus	widrig, ungünstig	5
advolāre	herbeifliegen, herbeieilen	27
aedificāre	bauen	6
aedificium	Gebäude, Bauwerk, Haus	3
aegrōtus	krank	2
aequitās	Gerechtigkeit(sgefühl); Gleichmut	30
aequus	eben, gleich, gelassen, gerecht; günstig	20
aes	Erz, Geld	32
aes aliēnum	Schulden	32
aestās	Sommer	24
aetās	Lebens-, Zeitalter	24
aeternus	ewig, unvergänglich	2
affirmāre	bekräftigen, versichern, bestätigen	12
ager	Acker, Feld	10
agere	(be)treiben, tun, (ver)-handeln	24
grātiās agere	Dank sagen, danken	25
vītam agere	leben	24
triumphum agere	einen Triumph feiern	30
agricola	Bauer	5
āla	Flügel	13
albus	weiß	12
alere	ernähren, unterhalten	30
aliēnus	fremd	5
aliquandō	einst, einmal	12
aliter	anders	36
alius	ein anderer	32
aliī	andere	4
aliī - aliī	die einen – die andern	23
alter	der eine von zweien, der andere	10
altus	hoch, tief	4
amāre	lieben	4
ambulāre	(spazieren)gehen	3
amīca	Freundin	12
amīcitia	Freundschaft	3
amīcus	Freund	2
āmittere	verlieren	28
amoenus	reizend gelegen, lieblich	34
amor	Liebe	23
amphitheātrum	Amphitheater	1
amphora	zweihenkliger Krug	22
ancilla	Magd	28
ancora	Anker	1
anima	Seele	38
animal	Lebewesen, Geschöpf	33
animōsus	mutig, beherzt, kühn	16
animus	Geist, Sinn, Mut	7
annus	Jahr	12
ante	vor	20
anteā	vorher	13
antecēdere	vorangehen, übertreffen	38
antīquus	alt	5
aper	Eber	31
appārēre	erscheinen, offenbar, klar sein; dienen	13, 23
appāret	es ist offenbar, klar	13
appāritor	Diener, Amtsgehilfe	23
appellāre	nennen, anreden	10

appellere	herantreiben	34
apportāre	herbeitragen, bringen	4
appropinquāre	sich nähern	5
apud	bei	5
aqua	Wasser	4
āra	Altar	6
arātrum	Pflug	4
arbor	Baum	24
arcēre	fernhalten, abwehren	4
arcessere	herbeiholen	26
ardēre	brennen	3
arduus	steil, schwierig	19
arēna	Sand, Arena	1
argentum	Silber	14
arma	Waffen	6
armātus	bewaffnet	9
ars	Kunst, Fertigkeit	34
artificium	Kunstwerk	10
arx	Burg	34
asinus	Esel	3
aspectus	Anblick	33
asper	rauh; *n. pl.* Widerwärtigkeiten, Ungemach	10
asportāre	wegtragen, fortführen	26
astrum	Stern, Gestirn	10
at	dagegen, aber	30
atque, ac	und, und dazu, und auch; *(nach Vergleichswörtern)* wie	5, 28
attentus	aufmerksam	3
auctōritās	Ansehen, Einfluß	32
audāx	kühn	35
audīre	hören, anhören	37
dictō audiēns	aufs Wort gehorsam	38
augēre	vermehren, vergrößern	24
aula	Hof, Halle, Aula	1
aureus	golden	24
auris	Ohr	38
aurum	Gold	2
aut	oder	21
aut - aut	entweder - oder	21
autem	aber	8
auxilium	Hilfe	14
avāritia	Habgier	24
avia	Großmutter	25
āvolāre	davonfliegen	8
avus	Großvater	4
beātus	glücklich	8
bellāre	Krieg führen	9
bellum	Krieg	6
beneficium	Wohltat	20
benīgnus	gütig	4
bēstia	Tier, Bestie	1

bibere	trinken	25
bis	zweimal	15
bonum	das Gute, das Gut; *Plur.* Hab und Gut, Vermögen	28
bonus	gut	2
caedere	fällen, töten	37
caelum	Himmel, Witterung	4
calamitās	Unglück, Not	32
camēlus	Kamel	1
camera	Kammer	1
campus	Feld	18
canere	singen	38
canis	Hund	34
cantāre	singen, besingen	3
cantus	Gesang	38
capillus	Haar	17
captīvus	(Kriegs)gefangener	23
caput	Kopf, Hauptstadt	24
carēre	entbehren	19
carmen	Lied, Gedicht	29
caro	Fleisch	29
carpere	pflücken	38
carrus	Wagen, Karren	1
cārus	lieb, teuer	31
cāseus	Käse	29
castellum	Kastell	1
castīgāre	züchtigen, tadeln	10
castra	Lager	6
cāsus	Fall, Zufall, Unglücksfall	28
causa	Grund, Ursache, Sache	23
causā	wegen	23
cautus	vorsichtig	35
cēdere	gehen, weichen, nachgeben	26
celeber	vielbesucht, berühmt	35
celebrāre	rühmen, preisen; festlich begehen	8
celer	schnell	35
cella	Kammer, Zelle	1
cēna	Mahlzeit, Essen	4
cēra	Wachs	13
certāre	kämpfen, streiten, wetteifern	15
certāmen	(Wett)kampf	29
certē	jedenfalls	36
certus	bestimmt, sicher	15
cerva	Hirschkuh	26
cēterī	die anderen, übrigen	29
charta	Papier, Karte	1
chorus	Reigen, Chor	1
cibus	Speise, Nahrung	36
cicōnia	Storch	8

cingere	gürten, umgeben	24
circiter *(bei Zahlen)*	ungefähr	39
circulus	Kreislinie, Zirkel	1
circus	Kreis, Rennbahn, Zirkus	1
cista	Kiste	1
cito *(Adv.)*	schnell	28
cīvis	Bürger	34
cīvitās	Bürgerschaft, Gemeinde, Stamm, Staat	27
clādēs	Schaden, Verlust, Niederlage	34
clam	heimlich	37
clāmāre	schreien, rufen	3
clāmor	Geschrei	23
clārus	hell, klar, berühmt	2
classis	Abteilung, Flotte	34
coërcēre	in Schranken halten, zügeln	23
cōgere	zusammentreiben, zwingen	29
cōgitāre	denken, überlegen	19
cognōscere	kennenlernen, erkennen	27
colere	(be)bauen, pflegen, verehren	24
colligāre	zusammenbinden, -fügen	13
colligere	sammeln	36
collis	Hügel	34
collocāre	hinstellen, setzen, legen	15
castra collocāre	ein Lager aufschlagen	15
colloquium	Unterredung, Gespräch	31
colōnia	Pflanzstadt, Tochterstadt	22
columna	Säule	6
comes	Begleiter, Gefährte	28
commemorāre	erwähnen	15
committere	zustande kommen lassen; begehen; anvertrauen, überlassen	24
scelus committere	ein Verbrechen begehen	24
commodus	bequem, angemessen	19
commōtus	bewegt, erschüttert	31
commovēre	bewegen, erregen, veranlassen	21
cōmoedia	Lustspiel, Komödie	1
comparāre	verschaffen, vergleichen	14
complēre	anfüllen	27
complūrēs	mehrere	39
comportāre	zusammentragen, hinschaffen	34
conciliāre	vereinigen, gewinnen, verschaffen	21
concordia	Eintracht	7
condere	gründen, bergen	33
condiciō	Bedingung, Lage	30
coniungere	verbinden	30
amīcitiam coniungere	Freundschaft schließen	30
coniūrātus	Verschwörer	23
coniux	Gattin	24
cōnsentīre	übereinstimmen	37
cōnservāre	bewahren, retten, erhalten	31
cōnsilium	Rat, Plan, Absicht	16
cōnspectus	Anblick	22
cōnstāns	standhaft, beständig	36
cōnstāre	feststehen	13
cōnstat	es steht fest, ist bekannt	13
cōnstituere	hinstellen, festsetzen, beschließen	31
cōnsul	Konsul	23
cōnsulere	um Rat fragen, befragen	29
cōnsūmere	verbrauchen, verschwenden	28
contemnere	verachten	37
contendere	sich anstrengen, eilen, kämpfen	32
contentus	zufrieden	29
contrā	gegen	9
convenīre	zusammenkommen	37
convīva	Gast, Tischgenosse	18
convocāre	zusammenrufen	26
cōpia	Menge, Vorrat	7
cōpiae	Truppen	20
cor	Herz, Gemüt	24
cornū	Horn, Flügel *(eines Heeres)*	22
corōna	Kranz	22
corpus	Körper	23
cottīdiānus	täglich	22
cottīdiē *(Adv.)*	täglich	5
crās	morgen	8
creāre	hervorbringen, schaffen, wählen	13
crēber	häufig	28
crēbrō *(Adv.)*	häufig	28
crēdere	vertrauen, glauben	36
cremāre	verbrennen	31
crocodīlus	Krokodil	1
crūdēlis	grausam	37
cubāre	liegen, ruhen	12
cuī ?	wem ?	9
cuius	wessen ?	8
culpa	Schuld	16
culter	Messer	29
cultus	Bearbeitung, Pflege, Verehrung, Kultur, Lebensart	22
cum *b. Abl.*	mit	10
cum *b. Konj.*	als; da, weil	18

cūnctī	alle	15
cupiditās	Begierde	24
cūr?	warum?	11
cūra	Sorge	8
cūrāre	behandeln, pflegen, sorgen (für)	3
currere	laufen	25
currus	Wagen	22
cursus	Lauf, Bahn	33
custōdīre	bewahren, behüten	37
custōs	Wächter, Hüter	33
damnāre (capitis)	(zum Tode) verurteilen	20, 37
dare	geben	16
dē	von – herab, von, über; hinsichtlich	6, 17
dea	Göttin	11
dēbēre	müssen, schulden, verdanken	3
dēcēdere	weggehen, sterben	30
decem	zehn	12
decēre	sich ziemen	13
decet	es ziemt sich	13
decus	Zierde, Ruhm	34
dēdūcere	herab-, weg-, hinführen	37
deesse	fehlen, sich entziehen	20
officiō deesse	seine Pflicht versäumen	20
dēfendere	verteidigen	24
dēflēre	beweinen	13
deinde	darauf, dann	4
dēlectāre	erfreuen	4
dēlēgāre	hinschicken, verweisen	23
dēlēre	zerstören, vernichten	13
dēliciae	Wonne, Lust, Genuß	19
dēmittere	hinabschicken	38
dēnique	endlich, schließlich	13
dēnuō	von neuem	15
dēprehendere	ergreifen, ertappen	37
dēscendere	hinabsteigen	38
dēscrībere	beschreiben, festlegen	30
dēsertus	verlassen, öde	26
dēsīderāre	verlangen, sich sehnen; vermissen	26
dēsīderium	Sehnsucht	20
dēspērāre (dē)	verzweifeln (an)	17
deus	Gott	7
dēvincere	entscheidend besiegen	30
dexter	rechts	10
dī	= deī	17
dīcere	sagen, sprechen, nennen	28
diciō	Gewalt, Macht	29
dictum	Wort, Äußerung	38
diēs	Tag	20
difficilis	schwierig	35
digitus	Finger (ca. 2 cm)	31
dīligēns	sorgfältig, gewissenhaft	37
dīligentia	Sorgfalt, Gewissenhaftigkeit	10
dīligere	lieben, hochachten	24
dīmittere	fortschicken, entlassen	28
dīs	= deīs	17
discēdere	auseinandergehen, weggehen, abziehen	38
discere	lernen	25
disciplīna	Unterricht, Zucht, Disziplin	1
discipula	Schülerin	2
discipulus	Schüler	2
discordia	Zwietracht	7
displicēre	mißfallen	13
diū	lange	5
dīves	reich	30
dīvidere	teilen	29
dīvīnus	göttlich	21
dīvitiae	Reichtum	6
docēre	lehren	7
doctrīna	Gelehrsamkeit	6
doctus	gelehrt	4
dolēre	Schmerz empfinden, bedauern	12
dolor	Schmerz	23
dolōsus	listig	28
dolus	List	9
domāre	zähmen, bändigen, bezwingen	21
domina	Hausfrau, Herrin	11
dominus	Hausherr, Herr	3
domus	Haus	22
dōnāre	(be)schenken	9
dōnum	Geschenk	26
dormīre	schlafen	37
dubitāre	zweifeln, zaudern	19
dūcere	führen, leiten	24
in mātrimōnium dūcere	heiraten *(vom Mann)*	26
dulcis	süß, angenehm	36
dūrus	hart	15
dux	Führer, Feldherr	24
ē, ex	aus; seit	16, 34
ecce	sieh da, sieh	12
ēdīcere	ansagen, verordnen	37
ēdictum	Befehl, Verordnung	9
ēducāre	erziehen	10
ego	ich	14
ēgregius	hervorragend, außergewöhnlich	28

elementa	Anfangsgründe, Grundwissen	10
elephantus	Elefant	1
ēloquentia	Beredsamkeit	34
emere	kaufen	25
ēmigrāre	auswandern	7
enim	nämlich, denn	16
eō	dahin, dorthin	21
epistula	Brief	1
eques	Reiter, Ritter	39
equitātus	Reiterei	22
equus	Pferd	4
erant	(sie) waren	6
erat	(er, sie, es) war	6
ergastulum	Arbeitshaus	23
erit	(er, sie es) wird sein	8
errāre	(umher)irren	3
error	Irrfahrt, Irrtum	23
ērudīre	unterrichten	37
ērudītus	gebildet	10
erunt	(sie) werden sein	8
esse	sein	3
in numerō esse	zu etwas gehören	34
est	(er, sie, es) ist	2
et	und, auch	2
et - et	sowohl – als auch, – und auch	6
etiam	auch, sogar	3
etiamsī	auch wenn, obgleich	19
etsī	auch wenn, obgleich	19
ēventus	Ausgang, Erfolg	22
ex, ē	aus; seit	16, 34
excidium	Zerstörung, Untergang	17
excitāre	aufwecken	14
exclāmāre	ausrufen	3
exemplar	Vorbild, Beispiel	33
exemplum	Beispiel	1
exercēre	üben	13
exercitium	Übung	1
exercitus	Heer	22
exīstimāre	glauben, meinen, halten für	12
exitus	Ausgang, Ende	31
exonerāre	entladen	5
expedītiō	Feldzug	29
expellere	hinaus-, vertreiben	32
explēre	ausfüllen, erfüllen	20
explicāre	entfalten, darlegen, erklären	10
explōrāre	erkunden, erforschen	33
exportāre	hinaustragen, ausführen	22
expūgnāre	erobern, erstürmen	17
exsilium	Verbannung	10
exspectāre	erwarten, warten (auf)	5
exstruere	erbauen	33
extrā	außerhalb	34

fābula	Erzählung, Geschichte, Fabel	1
facilis	leicht *(zu tun)*	35
factiō	Partei	32
factum	Tat	18
falsus	falsch	2
fāma	Ruf, Sage, Kunde	13
famēs	Hunger	36
familia	Familie, Hausgemeinschaft	1
fātum	Schicksal	38
fēcundus	fruchtbar	7
fēlīx	glücklich	35
fēmina	Frau	18
fenestra	Fenster	1
ferē	fast, beinahe	7
ferōx	wild, ungestüm	36
ferrum	Eisen	2
ferus	wild	18
fēstum	Fest	1
fēstus	festlich	21
fidēs	Vertrauen, Treue	20
fīdus	treu	3
figūra	Gestalt, Figur	1
fīlia	Tochter	8
fīliolus	Söhnchen	24
fīlius	Sohn	9
fīlum	Faden	16
fīnīre	begrenzen, beenden	37
fīnis	Grenze, Ende, Ziel; *Plur.* Gebiet	37
firmāre	befestigen, sichern	6
firmus	fest, stark	2
flamma	Flamme	1
flāre	blasen, wehen	24
flāvus	goldgelb, blond	24
flēre	weinen	3
flōrēre	blühen	3
flōs	Blume, Blüte	23
fluere	fließen	24
fluvius	Fluß	2
forma	Gestalt, Form	1
fortis	tapfer	36
fortūna	Schicksal, Glück	17
forum	Markt(platz)	10
frāter	Bruder	23
fraus	Betrug	24
frūctuōsus	fruchtbar, ertragreich	22
frūctus	Frucht	22
frūmentum	Getreide, Korn	4
frūstrā	vergeblich, umsonst	12
fuga	Flucht	13
fugāre	in die Flucht schlagen	29
fundāmentum	Grundlage, Fundament	1
fūr	Dieb	37

gaudēre	sich freuen	3
gaudium	Freude	3
gēns	Geschlecht, Volk(sstamm)	34
genus	Abstammung, Herkunft, Geschlecht, Art	32
gerere	tragen, ausführen	24
bellum gerere	Krieg führen	24
rem pūblicam gerere	den Staat lenken	30
rēs suās gerere	seine Angelegenheiten besorgen	36
gignere	hervorbringen, erzeugen	24
gladiātōrius	Gladiatoren-	39
lūdī gladiātōriī	Gladiatorenspiele	39
gladius	Schwert	24
globus	Kugel, Ball, Globus	1
glōria	Ruhm	19
grātia	Anmut, Gunst, Dank	20
grātus	willkommen, lieb, dankbar	11
gravis	schwer *(von Gewicht)*	35
gubernāre	steuern, lenken	7
gymnasium	Gymnasion, Sportplatz	1

habēre	haben, halten	7
fidem habēre	Vertrauen schenken	32
grātiam habēre	dankbar sein	21
ōrātiōnem habēre	eine Rede halten	29
in numerō habēre	rechnen zu	32
habitāre	wohnen	7
hasta	Spieß	31
haurīre	schöpfen	38
herba	Gras, Kraut	38
herī	gestern	11
hic, haec, hoc	dieser, diese, dieses	32
hīc	hier	9
hiems	Winter	31
hodiē	heute	3
homo	Mensch	29
honestus	ehrenvoll, geehrt	24
honor	Ehre, Amt	31
hōra	Stunde	12
horreum	Scheune, Speicher	4
horridus	rauh, garstig, gräßlich	13
hortus	Garten	4
hospes	Gastfreund, Gast	29
hostia	Opfertier	21
hostis	Feind, Landesfeind	34
hūmānitās	Menschlichkeit, (feine) Bildung	32
hūmānus	menschlich	3
humāre	beerdigen	13
humus	Erdboden, Erde	39
hydra	Wasserschlange	27

iacēre	liegen	26
iam	schon, nun, jetzt	5
nōn iam	nicht mehr	3
ibī	da, dort	4
īdem, eadem, idem	derselbe, dieselbe, dasselbe	28
igitur	also	13
īgnāvus	träge, feige	4
īgnōrāre	nicht wissen, nicht kennen	11
īgnōtus	unbekannt	29
ille, illa, illud	jener, jene, jenes	32
illūstris	hell, berühmt	35
imminēre	bevorstehen, drohen	18
immolāre	opfern	16
immortālis	unsterblich	37
impavidus	unerschrocken, furchtlos	5
impedīre	hindern	37
imperāre	befehlen, herrschen	3
imperātor	Feldherr, Kaiser	23
imperium	Befehl, Herrschaft, Reich	1
impetus	Angriff, Schwung	34
impiger	fleißig	32
implēre	anfüllen	7
implōrāre	anflehen, erbitten	7
importāre	einführen	20
imprīmīs	besonders	6
improbus	schlecht, verworfen	20
imprōvīsō	unvermutet	29
imprūdēns	unverständig, unklug	36
in *b. Akk.*	in, an, auf, nach, zu; gegen	7, 23
in *b. Abl.*	in, an, auf	7
incēdere	einhergehen	38
incendere	anzünden, entflammen	38
incendium	Brand, Feuersbrunst	13
incertus	ungewiß	31
incola	Einwohner	5
inde	von da; darauf	29
indicāre	anzeigen	16
industria	Fleiß	8
īnfēlīx	unglücklich	36
īnferī	die Unterirdischen, (Götter der) Unterwelt	38
ingenium	Begabung, Geist	33
ingēns	ungeheuer, gewaltig	35
inhūmānus	unmenschlich	26
inimīcus	Feind	19
initium	Anfang	24
iniūria	Unrecht, Gewalttat; *Plur.* Ungerechtigkeiten	9

6827 – B – 11

iniūstus	ungerecht	9
innocentia	Unschuld, Uneigennützigkeit	30
inopia	Mangel	7
inquit	sagt(e) (er, sie, es)	8
īnsidiae	Nachstellungen, Hinterhalt	9
īnstrūmentum	Werkzeug, Gerät, Instrument, Maschine	1
īnsula	Insel	1
integer	unversehrt, wohlbehalten	16
intellegere	einsehen, verstehen	31
inter	zwischen, unter, während	15
interdum	bisweilen, manchmal	23
intereā	unterdessen, inzwischen	32
interesse	teilnehmen	20
intermittere	unterbrechen	38
interrogāre (dē)	fragen (nach)	3
intrā	innerhalb	34
intrāre	eintreten, betreten	3
invādere	eindringen	34
investīgāre	aufspüren	36
invicem	abwechselnd	37
invidia	Neid, Haß	32
invītāre	einladen	15
iocus	Scherz	23
ipse, ipsa, ipsum	selbst	28
īra	Zorn	15
īrātus	erzürnt	13
irrīdēre	auslachen	33
irrītāre	aufwiegeln, aufreizen	30
is, ea, id	er, sie, es; dieser, diese, dieses; der(jenige), die(jenige), das(jenige)	26
ita	so	8
itaque	deshalb, daher	3
iter	Weg, Marsch, Reise	29
iterum	wieder(um)	13
iūbilaeum	Jubiläum	1
iūcundus	angenehm, erfreulich	3
iūdex	Richter	24
iūdicāre	urteilen, meinen; halten für	11, 31
iūdicium	Urteil, Gericht	28
iūrāre	schwören	10
iūs	Recht	23
iūstitia	Gerechtigkeit	8
iūstus	gerecht	4
iuvenis	Jüngling, junger Mann	34
iuventūs	Jugend	24
labor	Arbeit, Mühe	23
labōrāre	arbeiten	3
labōriōsus	mühselig, arbeitsam	19
lac	Milch	24
laetus	fröhlich, freudig	32
latebrae	Versteck	27
latēre	verborgen sein	27
latrō	Räuber	29
lātus	breit	28
laudāre	loben, preisen	4
laus	Lob, Ruhm	24
lautumiae	Steinbruch	23
lavāre	waschen	22
lēgātiō	Gesandtschaft	32
lēgātus	Gesandter, Legat	30
legere	lesen, sammeln	24
legiō	Legion	30
levis	leicht *(von Gewicht)*	35
lēx	Gesetz	24
libenter *(Adv.)*	gern	3
liber	Buch	10
līber	frei	10
līberāre	befreien	16
līberī	Kinder	10
lībertās	Freiheit	31
lībertus	Freigelassener	10
licentia	Erlaubnis, Willkür	37
licēre	erlaubt sein	3
licet	es ist erlaubt	3
ligneus	hölzern	27
lingua	Sprache, Zunge	1
littera	Buchstabe; *Plur.* Brief, Literatur, Wissenschaft	6
lītus	Strand, Gestade	33
locus	Ort, Platz, Stelle	21
longinquus	entfernt, entlegen	26
longitūdo	Länge	29
longus	lang	2
longē *(Adv.)*	weit, bei weitem	28
lūcēre	leuchten	3
lūctus	Trauer	34
lūcus	Hain	22
lūdere	spielen	25
lūdus	Spiel, Schule	6
lūmen	Licht	34
lūna	Mond	3
lupus	Wolf	29
lūx	(Tages)licht	38
lyra	Leier	38
māchina	Maschine	27
maestus	traurig	13
magis	mehr	31
magister	Lehrer, Anführer	10
magistrātus	Amt, Behörde, Beamter	23
magnificentia	Pracht, Herrlichkeit	22
magnificus	großartig, prächtig	21
magnopere	sehr	31
magnus	groß	2

maior	größer, älter; *Plur.* Vorfahren	31
maledictum	Schmähwort, Beschimpfung	18
malus	schlecht, böse	2
mandāre	übergeben, anvertrauen	13
fugae sē mandāre	sich zur Flucht wenden, fliehen	13
māne	frühmorgens	10
manēre	bleiben, andauern	7
manus	Hand, Schar	22
mare	Meer	33
terrā marīque	zu Lande und zu Wasser	33
marītus	Gatte	12
māter	Mutter	23
mātrimōnium	Ehe	26
mātūrus	zeitig, reif, rasch	24
maximē	am meisten, besonders	31
maximus	der größte	16
mē	mich	10
medicīna	Arznei, Heilkunde	1
medicus	Arzt	3
medius	der mittlere	34
mel	Honig	24
memoria	Gedächtnis, Erinnerung	12
mercātor	Kaufmann	23
merēre	verdienen	23
merīdiēs	Mittag	20
meritum	Verdienst	30
merx	Ware	34
metallum	Metall;	1
	Plur. Bergwerk	22
metus	Furcht	26
meus	mein	2
migrāre	wandern, gehen	4
mihī	mir, für mich	9
mīles	Soldat	24
minuere	vermindern, verringern	34
mīrus	wunderbar, seltsam	5
miser	elend, unglücklich, arm	10
misericordia	Mitleid	30
mittere	schicken	24
modo	eben noch, eben erst	21
nōn modo – sed etiam	nicht nur – sondern auch	6
modus	Maß, Art, Weise	20
moenia	Mauer, Stadtmauer	34
molestus	beschwerlich	19
monēre (dē)	erinnern (an), ermahnen;	7
	warnen (vor)	28
mōns	Berg	34
mōnstrāre	zeigen	8
mōnstrum	Ungeheuer	13
mora	Verzögerung	7
morbus	Krankheit	4

mors	Tod	34
mortālis	sterblich	35
mortuus	tot	13
mōs	Sitte; *Plur.* Charakter, Lebenswandel	23
movēre	bewegen	10
mox	bald	8
mulier	Frau	23
multī	viele; *n.* viel(es)	2
multitūdo	Menge	29
multum	viel	29
mundus	Welt(all), Erde	14
mūnīre	bauen, befestigen, sichern	37
mūnus	Pflicht, Amt, Aufgabe, Geschenk	23
mūrus	Mauer	4
mūs	Maus	36
mūs rūsticus	Feldmaus	36
mūs urbānus	Hausmaus, Stadtmaus	36
mūsculus	Mäuschen, Muskel	1
mūsicus	musisch	38
ars mūsica	Musik, Tonkunst	38
mūtāre	verändern, verwandeln, wechseln	18
nam	denn	3
narrāre	erzählen	4
nāsus	Nase	1
natāre	schwimmen	10
nātiō	Völkerschaft	32
nātūra	Natur	1
nātus	geboren	10
naufragium	Schiffbruch	28
nauta	Seemann, Matrose	5
nāvigāre	zur See fahren, segeln	5
nāvigium	Schiff	5
nāvis	Schiff	34
nāvis longa	Kriegsschiff	34
nāvis onerāria	Lastschiff	39
-ne	*(leitet eine Satzfrage ein)*	4
nē *b. Konj.*	*(in Begehrssätzen)* nicht; daß nicht	17
	(in Finalsätzen) damit nicht, um nicht zu	17
nebula	Nebel	1
nec	*s.* neque	16
necāre	töten	9
necessārius	notwendig	22
nefārius	frevelhaft, gottlos	37
neglegere	vernachlässigen, sich nicht kümmern um	26
nēmo	niemand	29
nepōs	Enkel	31
neque, nec	und nicht, auch nicht	16

neque – neque	weder – noch	13
neque enim	denn nicht	27
neque tamen	jedoch nicht, trotzdem nicht	27
neque vērō	aber nicht	17
nervus	Sehne, Saite	38
nescīre	nicht wissen, nicht verstehen	37
neu	*s.* nēve	25
neuter	keiner von beiden	32
nēve, neu	*(in Begehrssätzen)* und nicht	25
niger	schwarz	28
nihil	nichts	29
nimis	(all)zu (sehr)	13
nisi	wenn nicht	19
nōbilis	berühmt, edel, vornehm	35
nōbīs	uns, für uns	9
nocēre	schaden	17
noctū	bei Nacht, in der Nacht	27
nōmen	Name	29
nōmināre	nennen	14
nōn	nicht	3
nōn iam	nicht mehr	3
nōn modo (sōlum) – sed etiam	nicht nur – sondern auch	6, 32
nōndum	noch nicht	14
nōnnūllī	einige	7
nōnnumquam	bisweilen, manchmal	9
nōs	wir	14
nōs	uns	10
nōscere	kennenlernen, erkennen	28
noster	unser	10
nōtus	bekannt	9
novus	neu	2
nūbere	heiraten *(von der Frau)*	30
nūllus	keiner	7
numerus	Zahl, Anzahl	1
numquam	niemals	9
nunc	jetzt, nun	3
nunc etiam	auch jetzt noch	18
nūntiāre	melden, verkünden	15
nūntius	Bote, Botschaft, Nachricht	4
o!	o! ach!	17
ob	wegen	26
oboedīre	gehorchen	37
obscūrāre	verdunkeln, verfinstern	5
observāre	beobachten	4
obsidēre	belagern	33
obsidiō	Belagerung	29
obsistere	entgegentreten	30
obtemperāre	gehorchen	3
obtinēre	festhalten, innehaben	24
obtrectāre	entgegenarbeiten	30
occultāre	verstecken	17
occupāre	besetzen, einnehmen	7
oculus	Auge	20
odium	Haß	20
officīna	Werkstatt, Fabrik	23
officium	Pflicht	20
oleum	Öl	34
ōlim	einst	7
olīva	Ölbaum	21
omnīnō *(Adv.)*	im ganzen, völlig, durchaus	28
omnis	jeder, ganz; *Plur.* alle	35
onus	Last	23
onustus	beladen	23
opera	Arbeit, Tätigkeit, Mühe	19
oportēre	nötig sein, sich gehören	16
oportet	es gehört sich, ist nötig, man muß	16
oppidum	Stadt	2
opprimere	unterdrücken, überfallen	32
oppūgnāre	bestürmen, angreifen	17
ops	Macht, Hilfe; *Plur.:* Machtmittel, Reichtum, Schätze	24
optāre	wünschen	17
opulentus	reich, mächtig	19
opus	Arbeit, Werk	23
ōra	Küste	7
ōrāculum	Orakel	1
ōrāre	bitten, beten	9
ōrātiō	Rede	29
ōrātor	Redner	26
orīgo	Ursprung, Herkunft	29
ornāre	schmücken, ausstatten	6
ōtium	Muße, Ruhe	24
pācāre	unterwerfen	39
paedagōgus	Erzieher	10
paene	fast, beinahe	28
palma	Palme	1
parāre	bereiten, verschaffen; *(mit Inf.)* sich anschicken	8, 15
parātus	bereit	14
parentēs	Eltern	31
pārēre	gehorchen	3
pars	Teil; Seite	34
parvus	klein	2
passus	(Doppel)schritt (1,50 m)	31
pater	Vater	23
patēre	offenstehen, sich erstrecken	3
patria	Vaterland, Heimat, Vaterstadt	7

patricius	patrizisch; Patrizier	24
patrius	väterlich, heimatlich	17
paucī	wenige; *n.* wenig(es)	2
pauper	arm	30
paupertās	Armut	30
pāx	Friede	24
peccāre	sündigen	29
pecūlium	Privatbesitz	23
pecūnia	Geld	30
pedes	Fußsoldat	39
pellere	(ver)treiben	30
pendere	abwägen, bezahlen	31
pendēre	hängen	38
penes	bei, im Besitze von, in der Hand von	32
penna	Feder	13
per	durch	4
peragere	durchführen, vollenden	26
pergere	fortsetzen; weiterziehen	29
perīculōsus	gefährlich	4
perīculum	Gefahr	5
perītus	kundig, erfahren	24
permittere	überlassen, erlauben	37
perpetuus	beständig	17
pervenīre	(hin)gelangen	38
pēs	Fuß (ca. 0,30 m)	31
petere	erstreben; aufsuchen; angreifen; erbitten	29
philosophus	Weiser, Philosoph	6
pictūra	Bild, Gemälde	1
pietās	Pflichtgefühl, Frömmigkeit	24
piger	faul, träge	10
pīlum	Wurfspieß	24
pīrāta	Seeräuber	33
pius	fromm, gut und treu	6
plācāre	besänftigen, versöhnen	26
placēre	gefallen	11
placidus	sanft	24
plānitiēs	Ebene	20
plēbs	Plebs, Menge, einfaches Volk	24
plēnus	voll	3
plērīque	die meisten	11
plērumque	meistens	10
pōculum	Becher	7
poena	Strafe	23
poēta	Dichter	5
pōmum	Frucht; *Plur.* Obst	9
pōnere	stellen, setzen, legen	32
populus	Volk	1
porcus	Schwein	8
porta	Tor, Tür, Pforte	4
portāre	tragen, bringen	7
portus	Hafen	22
posse	können	21
possessiō	Besitz	29
post	hinter, nach	20
posteā	danach, später	9
posterior	der spätere	32
posterus	der spätere, folgende; *Plur.* Nachkommen, Nachwelt	18
posthāc	von nun an, später	13
postquam	nachdem	22
postrēmō	schließlich, zuletzt	17
postulāre	fordern	14
potestās	Macht, Gewalt	28
prae	vor	39
praebēre	darreichen, gewähren	17
aurēs praebēre	zuhören	38
praeceptum	Vorschrift	36
praecipitāre	stürzen	13
praeclārus	ausgezeichnet, vortrefflich	11
praeda	Beute	29
praeesse	an der Spitze stehen, leiten	20
summīs rēbus praeesse	das höchste Amt bekleiden, mit wichtigen Aufgaben betraut sein	30
praefectus	Befehlshaber	29
praemium	Belohnung	1
praestāre	übertreffen	32
praeter	vorbei an, an – entlang, außer	22
precēs	Bitte, Gebet	26
prehendere	ergreifen	38
pretiōsus	kostbar	31
pretium	Preis, Wert, Lösegeld	23
prīdem	längst, vor langer Zeit	30
prīmō	zuerst, anfangs	7
prīmus	der erste	10
prīnceps	der erste, Fürst	28
prīncipātus	Vorherrschaft, Vorrang	22
prīscus	alt, ehrwürdig	10
prīvātus	einem einzelnen gehörig, privat; Privatmann	23
prō	vor, für; an Stelle von, anstatt; im Verhältnis zu	20, 26, 30
proavus	Urgroßvater, Ahnherr	17
probitās	Redlichkeit, Rechtschaffenheit	30
procul	fern, in (aus) der Ferne	3
prōdere	überliefern, verraten	30
memoriae prōdere	der Nachwelt überliefern	30
prōdesse	nützen	21
prōdigium	Vorzeichen, Wunder	17
proelium	Kampf, Schlacht	29
profectō	sicherlich, wirklich	8

prohibēre	fernhalten, hindern	13
prōmittere	versprechen	28
prope	nahe (bei)	9
properāre	eilen, sich beeilen	23
propinquus	benachbart, nahe, verwandt	15
propitius	gnädig	17
propter	wegen	26
prōverbium	Sprichwort	29
prōvincia	Provinz	14
prūdēns	klug	35
pūblicus	öffentlich, allgemein	20
puella	Mädchen	2
puer	Knabe, Junge	10
puerīlis	jungenhaft, kindlich	35
pūgna	Schlacht, Kampf	9
pūgnāre	kämpfen	15
pūgnus	Faust	15
pulcher	schön	10
pulchritūdo	Schönheit	33
pulsāre	schlagen	38
pūnīre	bestrafen	37
pūrus	rein	22
putāre	glauben, meinen, halten für	12, 31
quam	wie	12
quam *nach Komp.*	als	31
quamdiū ?	wie lange ?	11
quamquam	obgleich	19
quandō ?	wann ?	11
quasī	gewissermaßen, sozusagen	22
– que	und	3
quem ?	wen ?	4
quī, quae, quod	*a)* der, die, das; wer, was *b)* welcher ? welche ? welches ?	21
quia	weil, da	18
quid ?	was ?	3
quidem	wenigstens, zwar	13
quis ?	wer ?	2
quō	wohin	7
ā quō ?	von wem ?	14
quōcum ?	mit wem ?	10
quod	weil, da; daß	18
quondam	einst, einmal	9
quoniam	weil ja, da ja	36
quoque	auch	22
quot ?	wie viele ?	14
quotannīs	(all)jährlich	15
radius	Strahl	1
rāmus	Zweig	21
raptāre	fortreißen, fortschleppen, rauben	23

rārō *(Adv.)*	selten	28
rārus	selten	28
ratiō	Berechnung, Vernunft	32
recēdere	zurückgehen, -weichen, -kehren	38
recitāre	vortragen, vorlesen	22
rēctus	gerade, richtig	2
recūsāre	zurückweisen, ablehnen, sich weigern	17
reddere	zurückgeben, machen (zu)	38
redūcere	zurückführen, wiederbringen	26
refugium	Zuflucht	22
regere	richten, lenken, regieren, beherrschen	24
rēgīna	Königin	18
regiō	Gegend	29
rēgnāre	König sein, herrschen	15
rēgnum	(Königs)herrschaft, (König)reich	8
rēgula	Regel	1
relinquere	zurück-, verlassen	28
reliquiae	Überreste, Trümmer, Ruinen	7
reliquus	übrig	11
remanēre	zurückbleiben	17
remigrāre	zurückwandern, -kehren	14
remittere	zurückschicken	28
reprehendere	tadeln	32
repudiāre	zurückweisen, abschlagen	30
rēs	Ding, Sache, Angelegenheit; *Plur.* Verhältnisse, Lage	20
rēs adversae	Unglück	20
rēs dīvīna	Gottesdienst, Opferhandlung	21
rēs pūblica	Staat	20
rēs secundae	Glück	20
resistere	standhalten, Widerstand leisten	29
respondēre	antworten	4
respōnsum	Antwort	29
retinēre	zurückhalten	13
revocāre	zurückrufen	27
rēx	König	24
rīdēre	lachen	3
rīpa	Ufer	8
rogāre	fragen, bitten	17
lēgem rogāre	ein Gesetz beantragen	24
rogus	Scheiterhaufen	31
rosa	Rose	1
rūrī	auf dem Lande	38
rūrsus	wieder(um)	18
rūsticus	ländlich	4

saccus	Sack	1
sacer	heilig	17
sacerdōs	Priester	26
sacrificāre	opfern	15
sacrificium	Opfer	21
saeculum	Jahrhundert	20
saepe	oft	3
saevus	wütend, rasend, grimmig	18
sagitta	Pfeil	18
saltāre	springen, tanzen	9
saltus	Bergwald, Waldgebirge	36
salūs	Gesundheit, Wohl, Heil	24
salūtāre	(be)grüßen	4
salvus	gesund, wohlbehalten	32
sānāre	heilen	3
sānus	gesund	2
sapientia	Weisheit	6
saxum	Stein, Fels	18
scelus	Verbrechen	24
schola	Schule	1
scientia	Kenntnis; Wissen, Wissenschaft	1
scīre	wissen, verstehen	37
scrībere	schreiben	28
scrīptor	Schriftsteller	23
rērum scrīptor	Geschichtsschreiber	23
sē	sich	13
secundus	folgend, günstig	5
sēcūrus	sorglos	24
sed	aber, sondern	5
sedēre	sitzen	11
sēdēs	Sitz, Wohnsitz	36
sēditiō	Aufstand	29
sēdulus	fleißig	37
semper	immer	3
sempiternus	immerwährend, beständig, ewig	3
senātor	Senator	29
senātus	Senat, Senatssitzung	22
senectūs	(Greisen)alter	39
senex	Greis	36
sententia	Meinung, Ansicht, Gedanke	36
sēparāre	absondern, trennen	4
sepelīre	begraben, bestatten	37
serēnus	heiter	4
sērō *(Adv.)*	spät, zu spät	37
serpēns	Schlange	38
serpere	kriechen	27
serva	Sklavin, Dienerin	8
servāre	bewahren, retten	9
fidem servāre	die Treue halten	20
servitium	Sklaverei, Knechtschaft	23
servitūs	Sklaverei, Knechtschaft	24

servus	Sklave, Knecht	3
sevērus	ernst, streng	9
sex	sechs	12
sī	wenn	19
sibī	sich	13
sīc	so	23
sīcut	wie	11
sīgnum	Zeichen, Feldzeichen	17
silva	Wald	4
simplex	einfach	36
simulācrum	Bild, Götterbild	17
sine	ohne	16
sinister	links	10
sinus	Krümmung, Bucht	22
situs	gelegen	10
societās	Bündnis, Vertrag	30
socius	Gefährte, Kamerad, Bundesgenosse	17
sōl	Sonne	23
sōlācium	Trost	16
sōlus	allein, einzig	32
nōn sōlum – sed etiam	nicht nur – sondern auch	32
solvere	lösen, freisprechen	26
iūsta solvere	die letzten Ehren erweisen	37
nāvigia (nāvēs) solvere	abfahren, in See stechen	26
somnium	Traum	16
somnus	Schlaf	27
soror	Schwester	23
sors	Los, Schicksal	36
spatium	Raum, Zwischenraum, Zeitraum	31
spectāre	(an)schauen, sehen (auf), trachten (nach)	5, 28
spērāre	hoffen	20
spēs	Hoffnung	20
spoliāre	berauben	9
spondēre	geloben	33
stabulum	Stall	8
statim	sogleich, sofort	4
statua	Standbild, Statue	1
stēlla	Stern	3
stīllāre	tropfen	24
stilus	Schreibstift, Griffel	1
strēnuus	tüchtig, fleißig	2
studēre	sich bemühen	13
studium	Eifer, Beschäftigung, Studium	1
stultus	töricht, dumm	3
suādēre	raten	26
suāvis	lieblich, angenehm	36
sub *b. Akk. u. Ab.*	unter; unmittelbar vor	29, 34

subitō *(Adv.)*	plötzlich	12
subvenīre	zu Hilfe kommen	37
suffrāgium	Abstimmung, Wahl	30
testulārum suffrāgia	Scherbengericht	30
sūmere	nehmen	28
summa	Hauptsache, Höhepunkt	21
summus	der höchste	12
vir summus	ein bedeutender Mann	32
sunt	(sie) sind	2
superāre	überwinden, besiegen, übertreffen	9
superbia	Hochmut, Stolz	18
superbus	hochmütig, stolz	18
superesse	übrig sein	22
supplicium	Hinrichtung, Todesstrafe	13
suprā	oben	15
suprēmus	der oberste, höchste	24
surgere	aufstehen, sich erheben	25
sustinēre	aushalten, tragen, auf sich nehmen	17
suus	sein, ihr	9
taberna	Bude, kleine Stube	10
tabula	Tafel, Brett, Bild	1
tacēre	schweigen	3
tam	so	11
tamen	trotzdem, dennoch, doch	16
tandem	endlich	13
tangere	berühren	36
tantus	so groß	19
taurus	Stier	12
tē	dich	10
temerārius	unbesonnen, leichtsinnig	18
temere *(Adv.)*	unbesonnen, leichtsinnig	36
temperantia	Mäßigung	32
tempestās	Unwetter, Sturm	26
templum	Tempel	1
tempus	Zeit	23
tendere	dehnen, spannen, (aus)-strecken	38
tenēre	(fest)halten, innehaben	9
ter	dreimal	31
tergum	Rücken	12
terra	Erde, Land	2
terrā marīque	zu Lande und zu Wasser	33
terrēre	(er)schrecken	5
terror	Schrecken	29
testāmentum	Testament	1
testula	Scherbe	30
theātrum	Theater	1
tibī	dir, für dich	9
timēre	(sich) fürchten	5
timidus	furchtsam	21
timor	Furcht	23
titulus	Inschrift, Aufschrift, Titel	1
tolerāre	erdulden, ertragen	5
tormentum	Wurfmaschine, Folter	33
tōtus	ganz	7
tractāre	behandeln, verrichten	28
trādere	übergeben, anvertrauen, überliefern	32
tragoedia	Trauerspiel, Tragödie	1
trahere	ziehen, schleppen	24
trānsportāre	hinüberschaffen,-bringen	15
tribuere	zuteilen	29
tribūnus	Tribun	24
tribūtum	Abgabe, Tribut	15
triumphus	Triumph	1
trivium	Weggabelung	19
tū	du	14
tum	da, damals, dann, darauf	3
tumulus	Hügel, Grabhügel	15
turris	Turm	33
tūtēla	Obhut, Schutz	8
tūtus (ā)	sicher (vor), geschützt	6, 19
tuus	dein	2
tyrannus	Tyrann, Alleinherrscher	9
ubī	wo	7
ūllus	irgendeiner	32
ultimus	der letzte	18
umbra	Schatten	8
umerus	Schulter	17
ūnā	zusammen	29
unda	Welle	5
unde	von wo, woher	16
undique	von allen Seiten	24
ūnus	ein(er), einzig, allein	12, 32
urbānus	städtisch, gebildet	36
urbs	Stadt	34
urna	Krug, Topf, Urne	1
ūsque (ad)	bis (zu)	11
ūsus	Gebrauch, Nutzen, Erfahrung	22
ut 1. *b. Ind.*	wie	9
2. *b. Konj.*	a) = utinam	17
	b) = daß, damit *(Begehrs- und Finalsätze)*	17
	c) daß, so daß *(Folgesätze)*	23
uter?	welcher von beiden?	32
uterque	jeder von beiden	32
ūtilis	brauchbar, nützlich	35
utinam (nē) *b. Konj.*	*(in unabh. Begehrssätzen)* o daß doch (nicht), wenn doch (nicht)	17

ūva	Weintraube	22
uxor	Gattin	23
vacāre	frei sein	16
vacca	Kuh	8
valdē	sehr	4
valē! valēte!	lebe wohl! lebt wohl!	36
valēre	gesund, stark sein, Einfluß haben, gelten	24
validus	gesund, stark, kräftig	12
vallum	Wall	1
varius	verschieden	20
vāsa	die Gefäße	22
vāstāre	verwüsten	15
vehemēns	heftig	36
vel	oder	4
vēlum	Segel	28
velut	wie, zum Beispiel	22
vēnātiō	Jagd	31
vēnditāre	verkaufen	23
venia	Gnade, Verzeihung	15
venīre	kommen	37
ventus	Wind	5
vēr	Frühling	23
verberāre	schlagen	23
verbum	Wort	6
versus	Zeile, Vers	22
vertere	wenden	38
vērus	wahr, wahrhaft, echt	3
vesper	Abend	11
vesperī	abends, am Abend	13
vester	euer	10
vestīmentum	Kleidungsstück; *Plur.* Kleidung	29
vetus	alt	30
vetustus	alt	36
vexāre	plagen, quälen	9
via	Weg, Straße	1
vīcīnus	Nachbar	9
victor	Sieger	23
victōria	Sieg	1
vīctus	Lebensunterhalt	24
vidēre	sehen	4
vīlla	Landhaus, Landgut	1
vincere	(be)siegen	26
vindicāre	bestrafen	18
vīnum	Wein	4
violāre	verletzen, kranken, beleidigen	17
vir	Mann	10
vīrēs	Kräfte	33
virga	Rute, Zweig	10
virgo	Mädchen, Jungfrau	37
virtūs	Mannhaftigkeit, Tüchtigkeit, Tapferkeit, Tugend	24
vīs	Gewalt, Kraft	33
vīsitāre	besuchen	4
vīta	Leben	4
vītāre	(ver)meiden	21
vitium	Fehler, Laster	35
vituperāre	tadeln	4
vīvere	leben	24
vix	kaum	28
vōbīs	euch, für euch	9
vocābulum	Bezeichnung, Wort, Vokabel	1
vocāre	(aus)rufen, herbeirufen, nennen	15
in iūs vocāre	vor Gericht stellen	23
volāre	fliegen	13
voluntās	Wunsch, Wille	26
voluptās	Vergnügen, Lust	24
volvere	wälzen	38
vōs	ihr	14
vōs	euch	10
vōx	Stimme, Wort	26
vulnerāre	verwunden	6
vulnus	Wunde	23

DEUTSCH-LATEINISCHES WÖRTERVERZEICHNIS

Aufgeführt werden nur die Wörter, die in den Beispielen zur Hinübersetzung vorkommen

am Abend	vesperī
aber	sed, autem *(nachgestellt)*
aber . . nicht	neque vērō
die Absicht haben	in animō habēre
abwesend sein	abesse
Acker	ager
alle	cūnctī, omnēs
allein	sōlus. ūnus
allezeit	semper
als *(Temp.-Satz)*	cum *b. Konj.*
als *(nach Komp.)*	quam
alt	antīquus, vetustus, vetus
(bei Altersangaben)	nātus
an	in *b. Abl.*; ad *b Akk.*
an – entlang an – vorbei	praeter *b. Akk.*
Anblick	aspectus, cōnspectus
andere	aliī
ein anderer *(von mehreren)*	alius
der andere *(von zweien)*	alter
anfüllen	implēre
angenehm	iūcundus
Angst haben	timēre
ankommen	advenīre in *b. Akk.*
Anstrengung	labor
antworten	respondēre
anwenden	adhibēre
arbeiten	labōrāre
arm	miser, pauper
Art	genus
Arznei	medicīna
Arzt	medicus
auch	etiam, quoque *(nachgestellt)*
auf *(wo?)*	in *b. Abl.*
auf *(wohin?)*	in *b. Akk.*
aufbauen	aedificāre
aufbrauchen	cōnsūmere
sich aufhalten	= sein
auflauern	īnsidiās parāre
aufmerksam	attentus
Aufruhr	sēditiō
ein Lager aufschlagen	castra collocāre, pōnere
aus	ex, ē *b. Abl.*
aushalten	sustinēre, tolerāre
auslachen	irrīdēre
ausrufen	exclāmāre
außer	praeter *b. Akk.*
auswandern	ēmigrāre

bald	mox
bauen	aedificāre
Bauer	agricola
Baum	arbor
Bauwerk	aedificium
beabsichtigen	in animō habēre
bebauen	colere
Becher	pōculum
befehlen	imperāre
befestigen	firmāre, mūnīre
sich befinden	sein
befreien	līberāre
Begierde	cupiditās
begrüßen	salūtāre
behalten	tenēre
im Gedächtnis behalten	memoriā tenēre
behandeln	tractāre
behaupten	affirmāre
behüten	custōdīre
bei	apud *b. Akk.*
beide	uterque
Beispiel	exemplum
bekannt	nōtus
bekanntlich	= es ist bekannt
beleidigen	violāre
Belohnung	praemium
beobachten	observāre
bereiten	parāre
Berg	mōns
berichten	nūntiāre, narrāre
beruhen auf	esse in *b. Abl.*
berühmt	clārus, celeber
beschaffen	parāre, comparāre
Beschäftigung	studium
beschenken	dōnāre
beschwerlich	molestus
besiegen	superāre, vincere
besitzen	esse *m. Dat.*
besser	melior
bestatten	humāre, sepelīre
der beste	optimus
bestellen *(d. Acker)*	colere
bestrafen	pūnīre
bestürmen	oppūgnāre
besuchen	vīsitāre
betrachten	spectāre
betreten	= eintreten
bettelarm	= sehr arm
bewachen	custōdīre
bewegen	movēre

Bewohner	incola
bis jetzt	adhūc
bitten	ōrāre
bleiben	manēre
blühen	flōrēre
Blume	flōs
Bote	nūntius
brennen	ardēre
Brief	epistula, litterae
bringen	portāre, apportāre
Bruder	frāter
Buch	liber
Buchstabe	littera
Burg	arx
Bürger	cīvis

da (= **dann**)	tum
da (= weil)	quod, quia; cum *b. Konj.*
da (= dort)	ibī̆
daher	itaque
da ja	quoniam
damit	ut *b. Konj.*
damit nicht	nē *b. Konj.*
dankbar	grātus
dann	tum
da sein	adesse
daß	
(*Aussagesatz*)	*a. c. i.;* quod *b. Ind.*
(*Begehrs-u. Finalsatz*)	ut *b. Konj.*
daß nicht	
(*Begehrs- u. Finalsatz*)	nē *b. Konj.*
(*Konsek.-Satz*)	ut nōn *b. Konj*
dein	tuus
denn	nam, enim (*nachgestellt*)
dennoch	tamen
der, die, das (*demonstr.*)	is, ea, id
der, die, das (*rel.*)	quī, quae, quod
derjenige, diejenige, dasjenige	is, ea, id
derselbe, dieselbe, dasselbe	īdem, eadem, idem
derselbe wie	īdem atque (ac); īdem, quī
deshalb	itaque
dich	tē
Dichter	poēta
als Vorbild dienen	exemplō esse
dieser, diese, dieses	hic, haec, hoc; is, ea, id
Ding	rēs
dir	tibī̆
doch	sed, tamen
(daß) doch	utinam *b. Konj.*
dort	ibī̆
durch ... hindurch	per *b. Akk.*
dürfen	= erlaubt sein

Ebene	plānitiēs
Ehre	honor
Eifer	studium
einer	ūnus
einer von	ūnus ex *b. Abl.*
der eine (*von zweien*)	alter
einführen	importāre
einige	nōnnūllī
einst, einstmals	ōlim, aliquandō
Eintracht	concordia
eintreten	intrāre
Einwohner	incola
Elefant	elephantus
elend	miser
Eltern	parentēs
(weit) entfernt sein von	(procul, longē) abesse ā *b. Abl.*
sich enthalten	abstinēre (ā) *b. Abl.*
entlang an	praeter *b. Akk.*
er, sie, es	is, ea, id
erbauen	aedificāre
Erde	terra, mundus
erfahren	perītus
erfreuen	dēlectāre
erlauben	permittere
erlaubt sein	licēre
es ist erlaubt	licet
ermahnen	monēre, admonēre
ernähren	alere
erobern	expūgnāre
erschrecken	terrēre
ertragen	tolerāre, sustinēre
erwarten	exspectāre
Ehre erweisen	honōrem tribuere
erzählen	narrāre
Essen	cēna
euch (*Akk.*)	vōs
euch (*Dat.*)	vōbīs
euer	vester
ewig	aeternus, sempiternus

Faden	fīlum
fahren (*m. e. Schiff*)	nāvigāre
falsch	falsus
Familie	familia
faul	īgnāvus, piger
Feder	penna
fehlen	abesse, deesse
Feind	adversārius, hostis, inimīcus
Feld	ager
Feldherr	imperātor, dux
Fenster	fenestra
fern (*Adj.*)	longinquus
fern, in der Ferne	procul

fernhalten	arcēre, prohibēre
Festtag	diēs fēstus
Feuer, Feuersbrunst	incendium, flammae
finden	invenīre
fleißig	strēnuus
fliegen	volāre
fliehen	fugae sē mandāre
Flotte	classis
Flucht	fuga
Flügel	āla
Fluß	fluvius
folgen	= gehorchen
fordern	postulāre
fragen	interrogāre
Frau	fēmina, mulier
frei sein (von etw.)	vacāre (ā) *b. Abl.*
Freiheit	lībertās
fremd	aliēnus
Freude	gaudium
sich freuen	gaudēre
Freund	amīcus
Friede	pāx
froh	laetus
fromm	pius
Frucht	pōmum, frūctus
fruchtbar	fēcundus
Frühling	vēr
sich fügen	cēdere
führen	dūcere
Krieg führen	bellāre, bellum gerere
Leben führen	vītam agere
Führer	dux
für	prō *b. Abl.*
für wen?	= wem?
füllen	implēre
Furcht	metus, timor
fürchten, sich fürchten	timēre
furchtlos	impavidus
am Fuße von	sub *b. Abl.*

ganz	tōtus, omnis
Garten	hortus
Gastfreund	hospes
Gattin	coniux, uxor
Gebäude	aedificium
geben	dare
Gebrauch	ūsus
Gedächtnis	memoria
Gefahr	perīculum
gefährlich	perīculōsus
Gefährte	socius
gefallen	placēre
gegen	contrā *b. Akk.*
Gegend	regiō
gehen	ambulāre, migrāre
gehorchen, gehorsam sein	obtemperāre, pārēre, oboedīre
es gehört sich	oportet
gelangen	pervenīre
gelehrt	doctus
Gerät	īnstrūmentum
gerecht	iūstus
gerechter Sinn	= Gerechtigkeit
Gerechtigkeit	iūstitia
Gerechtigkeitsgefühl	aequitās
gering	parvus
gern	libenter
gern haben	lieben
Gesandter	nūntius, lēgātus
Geschichte	fābula
Geschlecht	genus
Gesetz	lēx
gestern	herī
gesund	sānus
Getreide	frūmentum
gewähren	praebēre
Gewalt	vīs
gewissenhaft	dīligēns
es gibt	= ist, sind
glauben	putāre, existimāre
der gleiche	īdem, eadem, idem
Glück	rēs secundae
glücklich	beātus, fēlīx
Gold	aurum
golden	aureus
Gott	deus
Göttin	dea
Greis	senex
Griffel	stilus
groß	magnus
sehr groß	maximus
Größe	magnitūdo
größer	maior
der größte	maximus
Großvater	avus
Grundlage	fundāmentum
grüßen	salūtāre
günstig	secundus
gut	bonus, *Adv.* bene
gütig	benīgnus

haben	habēre
die Absicht haben	in animō habēre
in Sinne haben, beabsichtigen	in animō habēre
haben (= besitzen)	esse *m. Dat.*
Hafen	portus
halten (für)	putāre, existimāre *m. dopp. Akk.*

die Treue halten	fidem servāre
eine Rede halten	ōrātiōnem habēre
Hand	manus
handeln	agere
hart	dūrus
häufig *(Adv.)*	crēbrō
Haupt, Hauptstadt	caput
Haus	aedificium, domus
hausen	habitāre
Hausherr	dominus
Heer	exercitus
heilen	sānāre
heilig	sacer
Heimat	patria
heiter	serēnus
helfen	adesse
heranbringen	apportāre
herankommen	appropinquāre
herbeiholen	arcessere
herbeirufen	vocāre
Herr	dominus
Herrschaft	imperium
herrschen	rēgnāre, imperāre
herrschen	= sein
heute	hodiē
hier	hīc
Hilfe	auxilium
zu Hilfe kommen	auxiliō venīre, subvenīre
Himmel	caelum
hinabsteigen	dēscendere
hindern	prohibēre, impedīre
hinter	post *b. Akk.*
hinterlassen	relinquere
hoch	altus
Hochmut	superbia
hochmütig	superbus
der höchste	maximus, summus
Hoffnung	spēs
holen	apportāre, arcessere
Honig	mel
hören	audīre
Horn	cornū
Hügel	collis
ihr *(refl.)*	suus
(nichtrefl.)	eius; eōrum, eārum
immer	semper
in *(wo?)*	in *b. Abl.*
in *(wohin?)*	in *b. Akk.*
die höchste Stelle innehaben	summīs rēbus praeesse, prīncipem locum obtinēre
Insel	īnsula
irren, sich irren	errāre
(er, sie, es) ist	est
Jahr	annus
Jahrhundert	saeculum
jeder	omnis
jener, jene, jenes	ille, illa, illud
jetzt	nunc
Junge	puer
junger Mann	adulēscentulus, adulēscēns, iuvenis
Kamerad	socius
kämpfen	certāre, pūgnāre, bellāre
kaufen	emere
Kaufmann	mercātor
keiner	nūllus, nēmo
keiner von beiden	neuter
Kinder	līberī
klar	clārus
klein	parvus
klug	prūdēns
Knabe	puer
Knecht	servus
Knechtschaft	servitūs
kommen	venīre
zu Hilfe kommen	auxiliō venīre, subvenīre
König	rēx
können	posse
Körper	corpus
kostbar	pretiōsus
Kraft	vīs
Kräfte	vīrēs
krank	aegrōtus
Krankheit	morbus
Kranz	corōna
Krieg	bellum
Krieg führen	bellāre, bellum gerere
Kriegsschiff	nāvis longa
kühn	audāx
Kunstwerk	artificium
Küste	ōra
lachen	rīdēre
Lage	rēs, condiciō
Lager	castra
Land	terra, ager, agrī
zu Lande und zu Wasser	terrā marīque
Landleben, Leben auf dem Lande	vīta rūstica
lang	longus
lange	diū
Länge	longitūdo
Lärm	clāmor
Last	onus

laufen	currere
laut	= groß
leben	vīvere
Leben	vīta
Lebewesen	animal
lehren	docēre
Lehrer	magister
Leichnam	corpus
leicht *(zu tun)*	facilis
lenken	regere
lernen	discere
lesen	legere, recitāre
der letzte	ultimus
leuchten	lūcēre
lieben	amāre, dīligere
Lied	carmen
liegen	cubāre, iacēre
liegen (= gelegen sein)	esse *(mit und ohne* situs*)*
List	dolus
Literatur	litterae
Lob	laus
loben	laudāre
Mädchen	puella
mahnen	monēre, admonēre
Mangel	inopia
Mann	vir
junger Mann	adulēscentulus, adulēscēns, iuvenis
Markt, Marktplatz	forum
Marsch	iter
Maschine	īnstrūmentum
Maßhalten	temperantia
Matrose	nauta
Mauer; Mauern	mūrus; moenia
Medizin	medicīna
Meer	mare
nicht mehr	nōn iam
mein	meus
meinen	putāre, exīstimāre
die meisten	plērīque
melden	nūntiāre
Menge	cōpia, multitūdo
Mensch	homo
menschlich	hūmānus
Metall	metallum
mich	mē
Milch	lac
mir	mihī
mit (= zusammen mit)	cum *b. Abl.*
Mond	lūna
morgen	crās
morgens	māne
Mühe	labor
mühselig	labōriōsus, molestus
müssen	dēbēre, oportēre
mutig	animōsus
Mutter	māter
nach *(örtl., wohin?)*	in *b. Akk.*
(zeitl.)	post *b. Akk.*
Nachbar	vīcīnus
nachdem	postquam *m. Ind. Perf.*
nachgeben	cēdere
nachher	posteā
nachstellen	īnsidiās parāre
nahe, in der Nähe	prope *b. Akk.*
nahen, sich nähern	appropinquāre
Name	nōmen
nennen	appellāre, nōmināre, vocāre, dīcere
neu	novus
von neuem	dēnuō
nicht	nōn
(im Begehrssatz)	nē *b. Konj.*
nicht mehr	nōn iam
nicht nur – sondern auch	nōn modo (sōlum) – sed etiam
nichts	nihil
nie, niemals	numquam
niemand	nēmo
noch nicht	nōndum
notwendig, nötig	necessārius
nur	sōlus, ūnus; nōn – nisi, nēmo – nisi, nihil – nisi
nützen	prōdesse
nützlich	ūtilis
Obst	= Früchte
obwohl	quamquam, etsī, etiamsī
es ist offenbar	appāret
öffentlich	pūblicus
oft	saepe
ohne	sine *b. Abl.*
Opfer	sacrificium
opfern	sacrificāre, immolāre
Partei	factiō
Pfeil	sagitta
Pferd	equus
Pflicht	officium
Pflug	arātrum
Philosoph	philosophus

Plan	cōnsilium
preisen	laudāre, celebrāre
Priester	sacerdōs
Provinz	prōvincia
quälen	vexāre
Rat	cōnsilium
Räuber	latrō
rauh	asper
Recht	iūs
mit Recht	iūre
Rechtschaffenheit	probitās
Rede	ōrātiō
regieren	regnāre, praeesse *m. Dat.*, regere
Reich	imperium, rēgnum
reich	opulentus, dīves
Reichtum	dīvitiae
Reise	iter
Reiter	eques
retten	servāre, cōnservāre
richtig	rēctus
Rose	rosa
rufen	vocāre
Ruhm	glōria
Ruinen	ruīnae, reliquiae
Sache	rēs
Sage	fāma
sagen	dīcere
sagt(e) (er, sie, es)	inquit *(in die Rede eingeschoben)*
Satrap	praefectus
Säule	columna
schaden	nocēre
Schar	manus
scheinen	= leuchten
schenken	dōnāre
Vertrauen schenken	fidem habēre
Scheune	horreum
schicken	mittere
Schiff	nāvigium, nāvis
Schiffer	nauta
Schlacht	pūgna
schlafen	dormīre
Schlange	serpēns
schlecht	malus, *Adv.* male
schließlich	dēnique, postrēmō, tandem
Schmähwort	maledictum
schmücken	ornāre
schnell	celer, cito *(Adv.)*

schon	iam
schön	pulcher
Schönheit	pulchritūdo
schrecken	terrēre
sich schrecken lassen	terrērī
schreiben	scrībere
schreien	clāmāre
Schuld	culpa
Schule	schola
Schüler	discipulus
Schülerin	discipula
Schutz	tūtēla
schweigen	tacēre
schwer	gravis; difficilis
Schwester	soror
schwierig	difficilis
schwimmen	natāre
Seefahrer, Seemann	nauta
segeln	nāvigāre
sehen	spectāre, vidēre
sehr	valdē
zu sehr	nimis
sein *(Verb)*	esse
sein *(refl.)*	suus
(nichtrefl.)	eius; eōrum, eārum
von allen Seiten	undique
selbst, selber	ipse, ipsa, ipsum
selten	rārus, *Adv.* rārō
setzen auf	collocāre in *b. Abl.*
sich *Dat.*	sibī
Akk.	sē
sichern	firmāre
Sieg	victōria
Sieger	victor
(sie) sind	sunt
singen	cantāre, canere
Sinn	animus
im Sinne haben	in animō habēre
Sitte	mōs
sitzen	sedēre
Sklave	servus
so *(bei Verben)*	ita, sīc
(bei Adj. u. Adv.)	tam
sogleich	statim
so groß	tantus
Sohn	fīlius
Soldat	mīles
sondern	sed
Sorge	cūra
sorgen	cūrāre
Sorgfalt	dīligentia
sowohl – als auch	et – et
spazierengehen, spazieren	ambulāre
später	posteā

Spiel	lūdus
spitz	acūtus
an der Spitze stehen	praeesse *m. Dat.*
Sprache	lingua
sprach er (sie)	inquit
Staat	rēs pūblica, cīvitās
Stadt	oppidum, urbs
Standbild	statua
stehen	= sein
an der Spitze stehen	praeesse *m. Dat.*
Stein	saxum
Stelle	locus
die höchste Stelle innehaben	summīs rēbus praeesse, prīncipem locum obtinēre
sterben	dēcēdere
sterblich, der Sterbliche	mortālis
Stern	stēlla
stets	semper
Stier	taurus
Stimme	vōx
stolz	superbus
streng	sevērus
Studium	studium
Stunde	hōra
Sturm	tempestās
süß	dulcis

tadeln	vituperāre, reprehendere
Tafel	tabula
Tag	diēs
täglich *(Adv.)*	cottīdiē
Teil	pars
teilnehmen an	interesse *m. Dat.*
Tempel	templum
Theater	theātrum
Tier	bēstia
Tochter	fīlia
Tod	mors
Tor	porta
tot, der Tote	mortuus
töten	necāre, caedere
träge	īgnāvus, piger
tragen	portāre
traurig	maestus
treu	fīdus
Treue	fidēs
trinken	bibere
trotzdem	= dennoch
Truppen	cōpiae
tüchtig	strēnuus
Tugend	virtūs
Tür	porta
Turm	turris
Tyrann	tyrannus

üben	exercēre
über	dē *b. Abl.*
Überreste	reliquiae
übertreffen	superāre, praestāre *(m. Dat.)*
überwinden	superāre, vincere
übrig	reliquus
Ufer *(v. Fluß)*	rīpa
(v. Meer)	ōra, lītus
unbekannt	īgnōtus
und	et, -que, atque
und nicht	neque; *(im Finalsatz)* nēve
unerschrocken	impavidus
Ungeheuer	mōnstrum
ungerecht	iniūstus
Ungerechtigkeiten	iniūriae
Unglück	rēs adversae
ungünstig	adversus
unmittelbar	*durch* ipse *auszudrücken*
Unrecht	iniūria
uns *(Akk.)*	nōs
(Dat.)	nōbīs
unser	noster
unter *(wo?)*	sub *b. Abl.*
(wohin?)	sub *b. Akk.*
unter (= zwischen)	inter *b. Akk.*
unterrichten	ērudīre

Vater	pater
Väter (= Vorfahren)	maiōrēs
Vaterland	patria
verdanken	dēbēre
verehren	colere, dīligere
vergeblich	frūstrā
sich verirren	errāre
verlangen	postulāre
verletzen	violāre, vulnerāre
vernachlässigen	neglegere; deesse *(m. Dat.)*
Vers	versus
versichern	affirmāre
versöhnen	plācāre
verstecken	occultāre
verteidigen (vor, gegen)	dēfendere (ā) *b. Abl.*
Vertrauen	fidēs
Vertrauen schenken	fidem habēre
vertreiben	pellere, expellere

verwunden	vulnerāre
viele	multī
vieles	multa
Volk	populus
voll	plēnus
von	ā, ab *b. Abl.*
(= über)	dē *b. Abl.*
von – herab	dē *b. Abl.*
vor	ante *b. Akk.*
Vorbild	exemplum
vorlesen	recitāre, legere
Vorrat	cōpia
Wächter	custōs
Waffen	arma
Wagen	currus
waghalsig	audāx
wahr	vērus
während	inter *b. Akk.*
Wald	silva
wandern	migrāre
wann ?	quandō ?
(er, sie, es) war	erat
(sie) waren	erant
warten auf	exspectāre
warum ?	cūr ?
was ?	quid ?
was *(im Relativsatz)*	quod, quae
Wasser	aqua
weder – noch	neque – neque
Weg	via, iter
wegen	propter, ob *b. Akk.*; causā *b. Gen.*
wegführen	abdūcere, dēdūcere
weichen	cēdere
weil	quod, quia *b. Ind.*; cum *b. Konj.*
Wein	vīnum
weinen	flēre
weise	sapiēns
Weisheit	sapientia
weit und breit	longē lātēque
welcher, welche, welches *(interrog. u. rel.)*	quī, quae, quod
welcher von beiden ?	uter ?
Welle	unda
wem ?	cuī ?
von wem ?	ā quō ?
wen ?	quem ?
für wen ?	cuī ?
wenige	paucī
weniges	pauca
wenn	sī
wenn nicht	nisi
wenn auch	= obwohl
wenn doch *(Wunsch)*	utinam *b. Konj.*
wenn doch nicht	(utinam) nē *b. Konj.*
wer ?	quis ?
wer *(im Relativsatz)*	quī
werden zu	mūtārī in *b. Akk.*
Werk	opus
Werkzeug	īnstrūmentum
Wetter	caelum
widrig	adversus
wie *(bei Adj. und Adv.)*	quam
(bei Verben)	ut
(nach idem*)*	atque, ac; quī
wieder	rūrsus, iterum
wiederaufbauen	dēnuō aedificāre
wie viele ?	quot ?
Wille	voluntās
Wind	ventus
Winter	hiems
wissen	scīre
nicht wissen	īgnōrāre, nescīre
genau (wohl) wissen	nōn īgnōrāre, nōn nescīre
Wissenschaft	litterae
wo ?	ubī ?
Woge	unda
wohin ?	quō ?
Wohl	salūs
wohnen	habitāre
Wort	verbum
Wunde	vulnus
wunderbar	mīrus
wunderschön	= sehr schön
wünschen	optāre
Zahl	numerus
zeigen	mōnstrāre
Zeile	versus
Zeit	tempus
Zeitalter	aetās
zerstören	dēlēre
Zirkus	circus
Zorn	īra
zu	in, ad *b. Akk.*
zuerst	prīmō
zufrieden	contentus
zurückhalten	retinēre
zurückkehren	remigrāre
zurücklassen	relinquere
zusammenkommen	convenīre in *b. Akk.*
zu sehr	nimis
zuteilen, zuweisen	tribuere
zuweilen	interdum
Zweig	rāmus
Zwietracht	discordia

ERLÄUTERUNGEN ZU DEN BILDERN

Umschlag — *Kopf eines Knaben mit der Siegerbinde.* Lebensgroße Bronze, um 420 v. Chr. – München, Staatliche Antikensammlung; Foto Marburg

Tafel I (nach S. XVI) — *Concordia-Tempel von Agrigent (Sizilien),* Blick von SO; 5. Jh. v. Chr. Die Kultur der griechischen Kolonien Süditaliens und vor allem Siziliens überragte zeitweise sogar die des Mutterlandes. Die bedeutendsten griechischen Kolonien auf Sizilien sind Syrakus (8. Jh.), Gela und Selinunt (7. Jh.) und Agrigent (im 6. Jh. von Gela aus gegründet). Der griechische Dichter Pindar nennt Agrigent die „schönste Stadt der Sterblichen". 480 errangen die Griechen Siziliens bei Himera einen entscheidenden Sieg über die Karthager, die auch Kolonien auf Sizilien hatten (Palermo). In der darauf folgenden Blütezeit sind die meisten der herrlichen Tempel Siziliens entstanden. Seit etwa 600 n. Chr. bis 1784 wurde der Concordia-Tempel als christliche Kirche benutzt. – Foto Bildarchiv Herbert Kraft

Die Akropolis von Lindos auf Rhodos. Der wichtige Hafenplatz Lindos liegt an der Ostküste der Insel Rhodos, 56 km von der Hauptstadt Rhodos entfernt. Der Tempel der Athena Lindia wurde nach 330 v. Chr. an Stelle eines älteren Tempels aus dem 6. Jh. auf der antiken Akropolis über einem steil zum Meer abfallenden Felsen erbaut. Der Aufgang von der Stadt zum Tempel war zu einer großartigen Anlage ausgestaltet. – Foto Holle Bildarchiv

Tafel II (vor S. 1) — *Achilleus und Aias beim Brettspiel.* Ausschnitt aus einer Amphora des Exekias, um 530 v. Chr., gefunden in Vulci. – Vatikan, Museo Gregoriano Etrusco; Hirmer Fotoarchiv

Achilleus und Patroklos. Innenbild von einer Trinkschale des Sosias, um 500 v. Chr., gefunden in Vulci; Gesamtdurchmesser der Schale 32 cm. Achilleus verbindet den verwundeten Arm seines Freundes Patroklos mit großer Sorgfalt. Links der Pfeil, der aus dem Arm des Patroklos entfernt wurde. Der verwundete Patroklos wendet das Gesicht zur Seite und stemmt sich in seinen Schmerzen mit dem linken Bein gegen einen Widerstand. – Berlin, Staatliche Museen der Stiftung Preußischer Kulturbesitz, Antikenabteilung; Foto Walter Steinkopf

Seite 4 — *Bauer mit Mähmaschine.* Fragment eines Grabsteins aus dem römischen Gallien, 2./3. Jh. n. Chr.; 1958 bei Buzenol in Belgien entdeckt. Durch eine Reihe kammartig angeordneter Eisenmesser werden die Ähren abgeschnitten. Das Tier, das die Maschine bewegt, geht in einer Gabeldeichsel hinter der Maschine, da sonst das Korn vor dem Mäher niedergetreten würde. Der Landarbeiter vor der Maschine geht rückwärts und schiebt mit einem Brett die von der Maschine erfaßten Ähren in einen Sammelkorb hinter den Messern. – Virton, Musée Gaumais; Foto Römisch-Germanisches Zentralmuseum Mainz

Seite 6 — *Segelschiff aus dem Altertum.* Relief auf einem Sarkophag der Kaiserzeit, 1914 bei Sidon entdeckt. Das Schiff auf dem Sarkophag kann mit dem Beruf des Verstorbenen zusammenhängen, es kann aber auch den Übergang aus dieser Welt in eine andere und damit den Glauben an die Unsterblichkeit der Seele symbolisieren. – Musée de Beyrouth; Foto Archives Photographiques, Paris

Seite 8 — *Münze aus Syrakus.* Dieses Dekadrachmon ist nach dem Sieg der Syrakusaner über die Athener im Jahre 413 geprägt. Die Vorderseite zeigt den siegreichen Wagenlenker eines Viergespanns in hohem Galopp, eine geflügelte Siegesgöttin mit dem Siegeskranz schwebt ihm entgegen; darunter Waffenpreise für die Wettspiele zur Siegesfeier. Auf der Rückseite der Kopf der syrakusanischen Quellnymphe Arethusa und Delphine. – Hirmer Fotoarchiv

Tafel III (nach S. 8) — *Die Meerfahrt des Dionysos.* Trinkschale des Exekias, um 530 v. Chr., gefunden in Vulci; Durchmesser 30,5 cm. Dionysos ruht, mit Efeu bekränzt, halb aufgerichtet in dem Schiff, den Körper mit dem sternengeschmückten Mantel halb bedeckt, ein Füllhorn in der Rechten. An dem Mast wächst ein Rebstock hoch, dessen Zweige mit den Trauben die obere Bildhälfte einnehmen. Das Schiff gleitet schwebend mit geschwelltem Segel (das ursprünglich ganz weiß war) über das Meer, das durch sieben Delphine angedeutet ist, die um das Schiff herum spielen und die untere Bildhälfte beherrschen; durch die Delphine wird zugleich auf die Seeleute angespielt, die den Dionysos zu entführen versuchten und von ihm verwandelt wurden. Das Delphinmotiv kehrt auch am Bug und Heck des Schiffes wieder. – München, Staatliche Antikensammlung; Hirmer Fotoarchiv

Tafel IV (vor S. 9) — *Alexanderschlacht.* Mosaikfußboden aus der Casa del Fauno in Pompeji; 5,12 × 3,13 m. Die Casa del Fauno in Pompeji war mit zahlreichen Mosaiken geschmückt. Unser Mosaik stellt dar, wie Alexander mit seinen Reitern in der Schlacht bei Issos (333 v. Chr.) gegen Dareios vorstürmt, dessen Wagen sich zur Flucht wendet. Entsetzt blickt Dareios zu einem Edlen seiner Umgebung zurück, der von der Lanze Alexanders durchbohrt worden ist. Das Mosaik ist wahrscheinlich nach einem Bild des Philoxenos aus dem Jahre 318 v. Chr. angefertigt. – Neapel, Museo Nazionale; Foto SCALA

Seite 11 — *Schulszene.* Sandsteinrelief auf einem Grabmal aus dem Moselland, um 180/190 n. Chr. Der Lehrer sitzt zwischen zwei Schülern mit Schriftrollen, ein dritter Schüler tritt grüßend hinzu. – Trier, Rheinisches Landesmuseum

Seite 15 — LABYRINTHVS – HIC HABITAT MINOTAVRVS. Wandkritzelei eines Schülers im Haus des M. Lucretius in Pompeji.

Tafel V (nach S. 16) — *Artemis.* Ausschnitt aus der Amphora des Androkides-Malers, um 520 v. Chr. Artemis schaut dem Kampf ihres Bruders Apollon mit Herakles um einen Dreifuß zu. In ihren Händen trägt die Göttin stilisierte Zweige mit Ranken. – Berlin, Staatliche Museen der Stiftung Preußischer Kulturbesitz, Antikenabteilung; Hirmer Fotoarchiv

Tafel VI (vor S. 17) — *Diskuswerfer des Myron.* Römische Marmorkopie, Höhe ohne Basis 1,25 m; das um 460 v. Chr. entstandene Original war aus Bronze. Die Figur ist wahrscheinlich ein Weihebild, das der Sieger oder seine Vaterstadt zum Dank für den Sieg dem Gott weihte. Dargestellt ist der sog. fruchtbare Moment, in dem der Sportler nach dem weiten Ausholen zur Vorwärtsdrehung ansetzt. Hier ist „Bewegung zu unvergleichlich gesetzlicher Form gebracht“ (K. Schefold). – Rom, Museo Nazionale; Hirmer Fotoarchiv

Seite 20 — *Die attischen Seeleute jubeln über den Sieg des Theseus.* Ausschnitt aus einem Krater des Kleitias und Ergotimos, um 570 v. Chr. Theseus wollte die Besatzung seines Schiffes vor jeder Gefahr schützen; er hatte ihr daher befohlen, sich während seines Kampfes mit dem Minotauros von der Insel zu entfernen. Auf dem Bild ist dargestellt, wie die Besatzung des athenischen Schiffes nach dem Sieg des Theseus wieder auf Kreta landet und die geretteten Jünglinge und Mädchen jubelnd begrüßt. Der Mast des Schiffes ist niedergelegt; am Bug des Schiffes zwei Ruder; einer der Seeleute krault an Land. – Florenz, Museo Archeologico; Hirmer Fotoarchiv

Seite 24 — *Junge Griechen beim Sport.* Marmorrelief, 81 cm breit, 32 cm hoch; um 510 v. Chr. Das Relief ist die Vorderseite der quadratischen Basis für eine Statue. Es zeigt junge Griechen in der Ausgangsstellung verschiedener Sportarten: einen Läufer, zwei Ringkämpfer und einen Speerwerfer. Das Kunstwerk war als Baustein beim

Bau einer Mauer in Athen verwendet worden und wurde erst 1922 wiederentdeckt. – Athen, Nationalmuseum; Foto Marburg

Tafel VII (nach S. 24) *Laokoon und seine Söhne.* Marmorgruppe, Höhe 1,84 m. Dieses berühmte Werk rhodischer Künstler aus dem 1. Jh. v. Chr. zeigt im Gegensatz zum Maßhalten der klassischen griechischen Kunst äußerste Spannung und Erregung. – Rom, Vatikan; Fotograf. Gall. Museo Vaticano

Tafel VIII (vor S. 25) *Athene.* Weihrelief aus Marmor, 54 cm hoch, gefunden auf der Akropolis von Athen; 2. Viertel des 5. Jh. v. Chr. Athene steht sinnend, auf ihre Lanze gestützt, vor einem Pfeiler, dessen Deutung umstritten ist. – Athen, Akropolis-Museum; Foto Marburg

Seite 25 *Herakles im Kampf mit dem Nemeischen Löwen.* Amphora des Psiax, Höhe 48,5 cm; nach 520 v. Chr. Der Kampf mit dem Nemeischen Löwen war das erste der Abenteuer, die Herakles im Auftrag des Königs Eurystheus zu bestehen hatte. Der Löwe war durch menschliche Waffen nicht zu verwunden; Herakles erwürgte ihn. Rechts steht Athene mit ausgestreckter Rechten, in der Linken hält sie Schild und Lanze; links hinter Herakles sein Begleiter Iolaos mit zwei Lanzen. – Brescia, Civico Museo Romano; Hirmer Fotoarchiv

Seite 29 *Der heilige Bezirk in Olympia.* Das Modell gibt den Zustand um 200 n. Chr. wieder. In der Mitte der Zeustempel; am linken oberen Rand des heiligen Bezirks der Tempel der Hera, dahinter die halbrunde Brunnenanlage und die Reihe der Schatzhäuser; vor dem Heratempel das runde Philippeion, das Philipp von Makedonien zur Erinnerung an seinen Sieg bei Chaironeia (338 v. Chr.) errichten ließ; zwischen dem Zeustempel und dem Heratempel das Pelopion mit dem Grab des Pelops; vor der Schatzhäuserterrasse der Tempel der Meter; am unteren Bildrand das Leonidaion, das von dem Architekten Leonidas im 4. Jh. v. Chr. errichtete Gästehaus; am rechten Bildrand die Südhalle und das Rathaus; im Hintergrund rechts oben das Stadion; quer davor die Echohalle, eine 98 m lange Wandelhalle. – Foto Prof. Walter Hege

Seite 31 *Trinkschale des Xenokles-Malers mit Viergespann.* Höhe 17 cm, Durchmesser 32 cm; Mitte des 6. Jh. v. Chr. – Tarquinia, Museo Nazionale; Hirmer Fotoarchiv

Tafel IX (nach S. 32) *Das Stierspiel.* Wandmalerei aus Knossos, kurz nach 1500 v. Chr. Die Reste der Wandmalereien aus dem Palast von Knossos geben uns einen Einblick in das glanzvolle Leben dieser Epoche. Beim Stierspiel packten die jungen Männer (auch Mädchen) den anstürmenden Stier bei den Hörnern, ließen sich von dem hochgeworfenen Kopf des Tieres emporschwingen, überschlugen sich über seinem Rücken und landeten hinter ihm. Stierkämpfer unserer Zeit erklären dieses Kunststück für unmöglich. – Heraklion, Museum; Foto Konrad Helbig

Thronsaal im Palast von Knossos. Um 1550 v. Chr.; moderner Wiederaufbau. Hinter dem Thronsitz Fresken mit je einem Greifen zu beiden Seiten des Thrones. In den Sagen um Minos bewahren die Griechen die Erinnerung an die Macht und Herrlichkeit der kretischen Epoche. Der Palast von Knossos aus der Zeit von 1700 bis 1400 v. Chr. enthielt in 5 Stockwerken ungefähr 1300 Räume. In die griechische Sage ist dieser gewaltige und verwirrende Gebäudekomplex als das Labyrinth eingegangen. Um den Palast herum lag eine ausgedehnte Stadt. Die Palast- und Stadtanlagen Kretas sind völlig unbefestigt; die Kreter waren zur See so mächtig, daß sie keinen Angreifer fürchteten. – Der Palast wurde um 1400 v. Chr. durch eine Naturkatastrophe oder durch einfallende Mykener vom griechischen Festland zerstört. Der englische Archäologe Sir Arthur Evans hat zu Beginn unseres Jahrhunderts den Palast ausgegraben und Teile von ihm wiederaufgebaut. Die Ausgrabungen werden heute noch fortgesetzt. – Foto Konrad Helbig

Tafel X (vor S. 33) — *Das Heraion von Olympia.* Überreste des Heratempels (um 600 v. Chr.) im heiligen Hain von Olympia. – Foto Bildarchiv Herbert Kraft
Der Zeustempel von Olympia. Überreste des Zeustempels aus der Mitte des 5. Jh. v. Chr. im heiligen Hain von Olympia. – Foto Rudolf Diehl

Seite 38 — *Das Löwentor in Mykene.* Kalkstein, um 1400 v. Chr.; Höhe des Tores 3,25 m, Höhe des Löwenreliefs 3 m, Gesamthöhe 7,45 m. Im Gegensatz zu den kretischen Palästen waren die Burgen des Festlandes in der mykenischne Zeit stark befestigt; diese Burganlagen waren fast uneinnehmbar, ihre Mauern bis zu 16 m hoch und bis zu 11 m dick. Die Griechen der späteren Zeit glaubten, daß diese aus gewaltigen Steinen zusammengefügten Mauern von den Kyklopen errichtet worden seien und nannten sie daher „kyklopische Mauern". Bei Homer ist Agamemnon, der Herrscher von Mykene, der mächtigste der griechischen Fürsten.
Die Köpfe der Löwen waren wahrscheinlich aus Bronze gearbeitet; die kretische Säule zwischen den beiden Löwen weist deutlich auf den Zusammenhang zwischen der damaligen Kultur Griechenlands und Kretas hin. – Hirmer Fotoarchiv

Seite 41 — *Odysseus blendet den Polyphem.* Krug aus Caere; Höhe 41 cm; um 520 v. Chr. Die Blendung des Polyphem ist das bekannteste Abenteuer des Odysseus; er hat den Kyklopen betrunken gemacht und stößt ihm mit seinen Gefährten das Auge aus. – Rom, Villa Giulia; Hirmer Fotoarchiv

Seite 43 — *Alexander.* Münzbild Alexanders als Zeus Ammon mit den Widderhörnern auf einem Tetradrachmon des Lysimachos, des Nachfolgers Alexanders in Thrakien und Kleinasien (323–281 v. Chr.). – Hirmer Fotoarchiv

Seite 50 — *Athenische Münze* mit der Eule, dem heiligen Vogel der Athene, und einem Olivenzweig; um 480/460 v. Chr. – Foto Dr. Graf Lanckoronski

Seite 51 — *Der Parthenon,* Ansicht von NW. Der Tempel der Athena Parthenos auf der Akropolis, der Burg von Athen, wurde in den Jahren 447–438 auf Geheiß des Perikles von den Baumeistern Iktinos und Kallikrates im dorischen Stil erbaut. Auf dreistufigem Unterbau erheben sich die Säulen, an den Längsseiten je 17, an den Schmalseiten je 8. Hinter den Säulen liegt die Cella des Tempels. Ihre Außenwand war mit einem 160 m langen Reliefband geschmückt, das den Prozessionszug am Panathenäenfest darstellte. Das Innere bestand aus einem Säulensaal mit der Kolossalstatue der Göttin aus Gold und Elfenbein von der Hand des Phidias sowie aus einem Schatzraum.
Der Parthenon wurde im 5. Jh. n. Chr. in eine christliche Kirche und im Jahre 1456 von den Türken in eine Moschee verwandelt. Als er im Jahre 1687 im türkisch-venezianischen Kriege als Pulvermagazin benutzt und von einem Geschoß getroffen wurde, flog der ganze Mittelteil in die Luft.
Poseidon, Apollon und Artemis vom Ostfries des Parthenon. Der Platz mit den thronenden Göttern bildet das Ziel der Panathenäenprozession des Parthenonfrieses; dieser Teil des Frieses stammt von der Hand des Phidias. – Hirmer Fotoarchiv

Seite 56 — *Hermes, Eurydike, Orpheus.* Römische Marmorkopie nach einem attischen Grabstein vom Ende des 5. Jh. – Rom, Villa Albani

Tafel XI (nach S. 56) — *Die Akropolis von Athen,* Blick von SW. Im Vordergrund das Odeion des Herodes Atticus (2. Hälfte des 2. Jh. n. Chr.). – Foto Konrad Helbig
Das Theater von Epidauros. Um 330 v. Chr. Die griechische Theateranlage besteht aus drei Hauptteilen: Vor der Skene (Bühne mit Bühnenhaus) ist die kreisrunde Orchestra, auf der der Chor steht und seine Bewegungen ausführt; um die Orchestra herum steigen halbkreisförmig die Zuschauerreihen auf.
Epidauros ist der Sage nach der Geburtsort des Heilgottes Asklepios, der dort

auch seinen berühmtesten Tempel hatte. Von weit her kamen die Kranken dorthin, um Heilung zu suchen. In dem Theater, das eine ausgezeichnete Akustik hat, finden heute noch Aufführungen antiker Kunstwerke statt. Das Theater bot ursprünglich Platz für 30000 Zuschauer, heute noch für 17000. – Hirmer Fotoarchiv

Tafel XII (vor S. 57) *Das Erechtheion* wurde in der 2. Hälfte des 5. Jh. v. Chr. auf der Akropolis von Athen an der Stelle errichtet, an der die ältesten Heiligtümer der Stadt gestanden hatten. An der Korenhalle dieses Tempels haben Mädchenfiguren (Koren) die tragende Funktion der Säule übernommen. – Foto Internationales Bildarchiv Horst von Irmer

Der Nike-Tempel. Um 435 v. Chr. Dieser kleine jonische Tempel auf der Akropolis von Athen läßt die Cella als den Kern des Tempels erkennen, wo sich das Kultbild befand. Je 4 Säulen stehen vor und hinter der Cella. – Foto Bavaria-Verlag

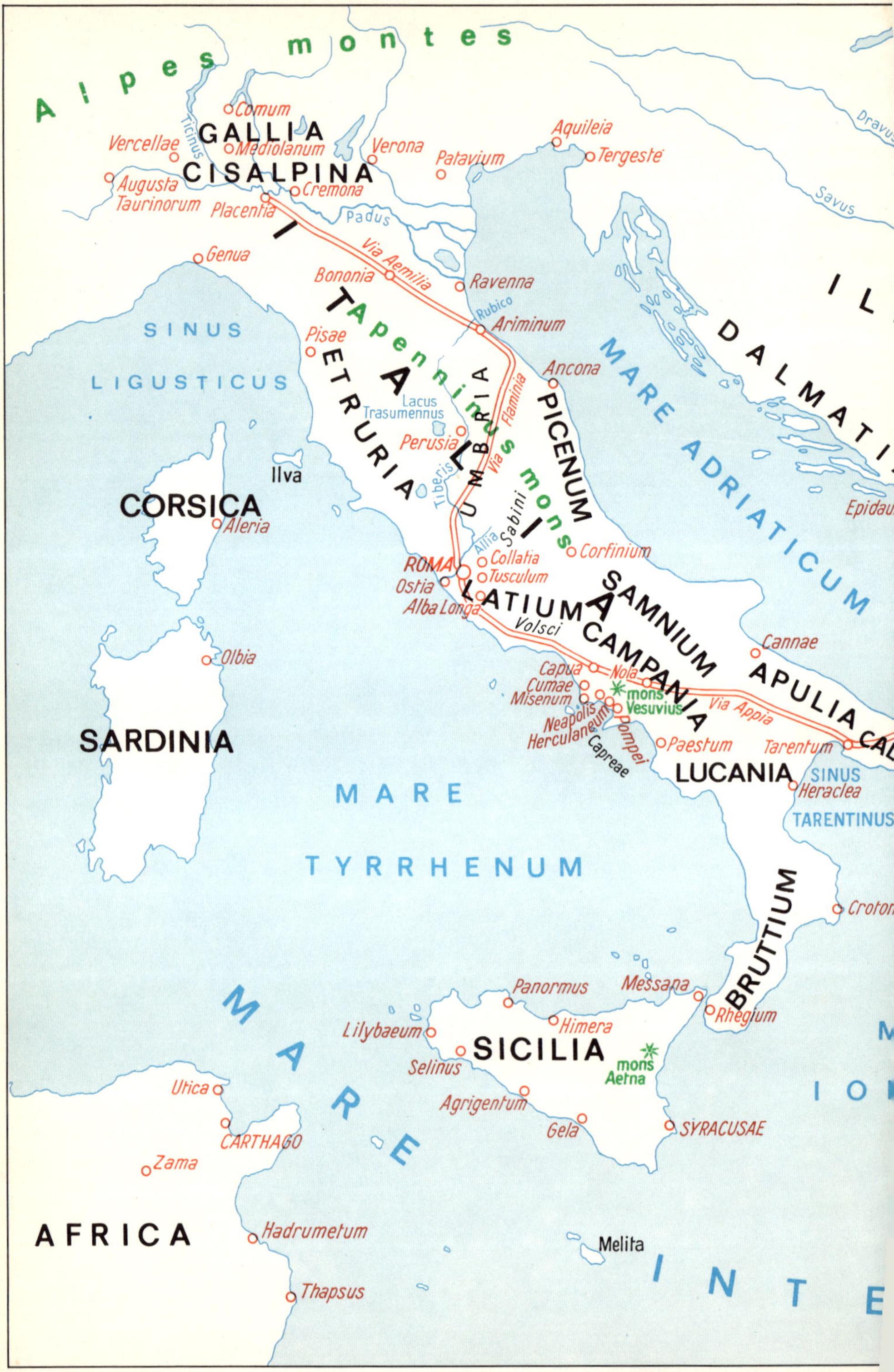

Alpes montes
GALLIA
CISALPINA
Comum
Ticinus
Vercellae
Mediolanum
Verona
Augusta Taurinorum
Cremona
Placentia
Patavium
Aquileia
Tergeste
Dravus
Savus
Padus
Via Aemilia
Genua
Bononia
Ravenna
Rubico
Ariminum
ITALIA
Apenninus mons
SINUS LIGUSTICUS
Pisae
ETRURIA
UMBRIA
Via Flaminia
Ancona
PICENUM
MARE ADRIATICUM
ILL
DALMATIA
Lacus Trasumennus
Perusia
Tiberis
Ilva
CORSICA
Aleria
Sabini
Allia
Corfinium
Epidaur
ROMA
Collatia
Tusculum
Ostia
Alba Longa
LATIUM
SAMNIUM
Volsci
CAMPANIA
Cannae
APULIA
Capua
Nola
Cumae
Misenum
mons Vesuvius
Neapolis
Herculaneum
Pompei
Via Appia
Capreae
Paestum
Tarentum
CAL
LUCANIA
SINUS TARENTINUS
Heraclea
Olbia
SARDINIA
MARE TYRRHENUM
BRUTTIUM
Croton
Panormus
Messana
Rhegium
Lilybaeum
Himera
SICILIA
Selinus
mons Aetna
Agrigentum
Gela
SYRACUSAE
MARE
Utica
CARTHAGO
Zama
AFRICA
Hadrumetum
Thapsus
Melita
MARE INTE
M
IO